U0128229

飲食文化與保健

Dietary cultural
and health

李瑞娥 著

麗文文化事業

■ 國家圖書館出版品預行編目(CIP)資料

飲食文化與保健 / 李瑞娥著. -- 初版. -- 高雄市
：麗文文化, 2018.08
面；　公分
ISBN 978-986-490-126-5(平裝)

1.飲食風俗 2.文化史 3.健康食品

538.78　　　　　　　　　　107008671

飲食文化與保健

初版一刷・2018年8月

作者	李瑞娥
責任編輯	林瑜璇
發行人	楊曉祺
總編輯	蔡國彬
出版者	麗文文化事業股份有限公司
地址	80252高雄市苓雅區五福一路57號2樓之2
電話	07-2265267
傳真	07-2264697
網址	www.liwen.com.tw
電子信箱	liwen@liwen.com.tw
劃撥帳號	41423894
臺北分公司	23445新北市永和區秀朗路一段41號
電話	02-29222396
傳真	02-29220464
法律顧問	林廷隆律師
電話	02-29658212

行政院新聞局出版事業登記證局版台業字第5692號

ISBN　978-986-490-126-5（平裝）

麗文文化事業

定價：350元

我們都知道進食是生理需求，同時食物負載著個人的情感，和個人的回憶緊密連結，飲食更反映了人們的價值觀、信仰、態度與行為方式，飲食可視為人類最悠久且複雜的文化之一，包含了感恩、藝術與享樂的概念，更是社會地位的表徵，飲食文化的轉變就意味著生活方式的改變，意味著人類社會、經濟與文化的變遷。

從飲食文化可以發現人類生活方式、經濟與文化的變遷，從烹調的演進，更可以窺見社會興衰現象；而飲食受到地理環境的影響，則可展現出不同地方的飲食特色，也展現跨文化的飲食現象，飲食文化的發展是一個動態的過程。

在通識領域教授多元文化相關科目多年，發現有關飲食的教材能引發學生的學習樂趣與動力，而今支援食品營養系的相關業務，在系上開一門「飲食文化與保健」科目，將介紹人類飲食文化的發展、飲食禁忌與保健觀念及世界各國用餐文化、節慶飲食，然後瞭解世界各國的飲食文化與保健觀念，並探討宗教的飲食，休閒飲品中的茶、咖啡、酒的文化與保健意義，還有生機飲食、保健食品，最後探究飲食文化在人類社會所隱含的性別區隔。

本書介紹世界主要國家的飲食文化發展資料，並探究其本身所隱含的文化意義及營養保健概念，讓大家在欣賞各國美食和瞭解其文化意義之餘，更能瞭解人類在生活上的飲食營養保健需求，及瞭解人類的飲食受到地域、民族、習俗、地形等等因素影響，所形成具有別具一格的飲食文化。

近年來受到科技的影響，而使人類社會跨越了時間與空間的藩籬，使世界緊密結合成一體的全球化現象，也形成了多元文化現象，在「通識專業化，專業通識化」的教育政策下，本書既能豐富跨領域的學術知識，亦能使食品營養系專業實務研究顯得更有意義，可以幫助大家瞭解人類飲食發展的文化意義與營養保健概念。

李瑞娥 謹識

2018 / 8

contents

目　錄

contents
目　錄

contents

目　錄

Chapter

1

飲食文化意義 與發展

我們都知道飲食是人類生存的必需品也是人類生活的必需活動，飲食是人類生活的一部分，飲食與人類的生活文化有非常密切的關係。同時飲食文化會受到時空的影響，飲食文化不僅展現人類生活方式與型態的變化，更蘊涵社會、經濟與文化的變遷（李瑞娥，2017）；從烹調的演進，可以看出人類歷史的進步；從餐飲文化的認知，可以窺見社會興衰的現象（卓文倩，2005）；飲食是日常生活中十分重要的一部分，具有深刻的歷史文化，表現出不同地方文化之特色，飲食文化的差異不僅是跨文化的，也存於特定文化之內，且飲食文化是一個動態發展的過程，是物質與精神生活的累積，飲食本身的變化與整體社會的變動是緊密連結在一起的（黃克武，2009）。食物是一種深具彈性且普遍存在的傳播媒介，因為進食是一種生理需求，在食物與回憶之間具有緊密的連結關係，這又使得食物能負載著深厚的情感意涵（Cwiertka, 2006；陳玉箴譯，2009）；飲食不僅是人們維持生命的基本物質需要，在中國人的觀念裡，飲食還包含著豐富的文化內涵（楊彥杰，2009）。「飲食」滿足人類最基本的生理需求，也反映出人們的價值觀、信仰、態度與行為方式，飲食可視為人類最悠久且複雜的文化之一，它包含了感恩、藝術與享樂的概念，也是一種儀式或社會地位的表徵。

　　同時，飲食不單是吃飽為止，還有非營養、非吃飽的一面，在社會與經濟面都非常重要。明朝文人集團的飲茶生活，是藉茶表達當時的社會關係，代表當時的生產者跟非生產者之間的不同，不同文化對飲食的採擇跟經濟社會有密切關係（李亦園，2009），飲食文化發展是一種連續性過程（蔡倩玟，2015），基本上，飲食在社會生活中隱含著深厚的文化意義，飲食文化的轉變就意味著生活方式的改變，意味著人類社會、經濟與文化的變遷。

第一節　飲食文化與全球化發展

壹、什麼是文化

　　文化（Culture）是古羅馬哲學家西塞羅首次使用拉丁文「cultura animi」定義，原意是靈魂的培養；最早把文化做為具有現代涵義的專用術語使用的是英國的「人類學之父」－泰勒（E. B. Taylor），泰勒在 1871 年發表的《原始文化》一書中，把文化定義為一個複雜的總體，包括知識、信仰、藝術、道德、法律、風俗以及人類社會成員所具有的一切能力與習慣（Taylor, 1871）。文化可視為社會中或族群中歷經時間變遷所累積的價值、思想體系、活動，形成一種價值觀融入生活之中，並產生一種社會制約的模式或習俗（郭百修，2000）；文化是一群人的生活方式與態度，地方文化就是一個社群的生活方式、生活態度、生活價值（劉維公，2007）。原則上，文化是經由學習得來而非遺傳而來（全中好譯，2005）；文化是人類相互透過學習而產生的思想與行為，包括文字、語言、建築、飲食、工具、技能、知識、習俗、藝術等，文化就是一個族群的生活形式，它是族群長時間所累積的一種生活習慣與方式。

　　文化可區分為物質文化和精神文化二類（吳國弘，2000）：

一、 **物質文化**：物質文化即指文化的物質部分，包括人類通過勞動製造出來的一切物質產品，由人類創造並賦予意義的全部製品或是有形物品，如衣服、車子、船、飛機等等。

二、 **精神文化**：即所謂的非物質文化，是更為抽象的創造物，如語言、思想、信仰、規範、習俗、神話、家庭模式、政治制度。

　　文化可分成三個範疇（傅佩榮，1997）：

一、 **器物**：舉凡跟人類有關或創造出來的物品，例如碗盤、陶器。

二、 **制度**：為了生活或與人類發展創建或衍生出來的相處模式，如婚姻制度、考試制度等。

三、 **精神**：主要指人類的思想，例如哲學思想。

楊明華（2009）認為文化的構成最常見的是物質文化、制度文化和精神文化：

一、 **器物層次**：人類為了克服自然或適應自然，創造了物質文化，簡單說就是指工具、衣食住行所必需的東西，以及現代高科技創造出來的機器等等；人類藉助創造出來的物質文化，獲取生存所必需的東西。

二、 **制度層次**：為了與他人和諧相處，人類創造出制度文化，即道德倫理、社會規範、社會制度、風俗習慣、典章律法等。人類藉助這些社群與文化行動，構成複雜的人類社會。

三、 **理念層次**：為了克服自己在感情、心理上的焦慮和不安，人類創造了精神文化。比如藝術、音樂、戲劇、文學、宗教信仰等。人類藉助這些表達方式獲得滿足於安慰，維持自我的平衡與完整。

基本上，文化是人類相互透過學習而產生的思想與行為，是一個族群長時間所累積的一種生活習慣與方式（李瑞娥，2017b）。文化是一個族群成員的生活習俗與表現方式，包括語言、飲食、節日、音樂和藝術創作等等表現，因而形成了各族群的文化殊異性。

然而，近年來科技的變遷而使人類社會跨越了時間與空間的藩籬，縮短了人與人之間的溝通距離，使世界緊密結合成一體的全球化現象（李瑞娥，2010），全球化是一個社會過程，它使得經濟、政治、社會和文化活動不再受到地理環境所限制，人類不僅逐漸覺察到全球化的趨勢，而且亦配合著全球化的進行安排活動（Waters, 2001）。在全球化趨勢下，跨國企業、國際組織、網絡全球化等文化霸權下的產物開始對世界各地進行文化侵略，造

成地方文化普同化現象，但流動的文化相對而起的是地方的認同（Castells, 2000）；而全球化的文化傳播，傾向「一元化」的文化霸權宰制，各國在地化的文化自覺，又形成「多元化」的文化並存現象，這些文化間的接觸涵化，往往依不同層次（如器物、制度、思想觀念）而有差異（劉阿榮，2008a）；全球化帶來一種真實的挑戰機會與危機，每個國家為了抗衡全球化衝擊，而創發了「在地化」行動因應（李瑞娥，2017）；據聯合國「地球高峰會－《里約宣言》」及「世界高峰會－《約翰尼斯堡永續發展宣言》」，擬定永續發展策略與行動方案，以「全球考量，在地行動」的國際共識，由生活環境、消費行為、經營活動，從民間到政府，從每個個人到整體社會，以實際行動，全面落實永續發展（陳巧蓁，2009）。在地化行動就是期望能打造一個安全、健康、舒適、永續的生存環境，建構一個多元、和諧、充滿生機和活力的地球村。

在全球化與在地化考量的思潮中呈現了多元化價值觀社會，強調多元文化價值觀（Usher, Bryant and Johnston, 1997），在文化趨於多元、族群衝突日益增加的社會來說，多元文化教育是一種好的教學方法，其目的在於創造一個較美好的民主社會（丁雪娟，2007）。我們都知道在一個擁有不同文化的社會，思想行為的衝突經常是無法避免的，我們可以把文化差異所衍生出來的衝突化為動力，以多元化知覺、評鑑、信仰和行動，去理解和學習文化本身的多樣性，然後接納及欣賞不同族群文化所具有的差異性，以多元文化價值觀去欣賞各族群的文化與習俗。

貳、飲食文化的全球化發展

人類生活在全球化的發展下，國與國之間在政治、經濟貿易上緊密互相依存，全球化帶來國際貿易的增長、國際旅遊業的發展、各種文化的融合及創新等，而最常接觸的便是飲食；在臺灣，日本料理、泰式料理、美式速食、義大利料理等等全球各地的美食可說是應有盡有，從小商圈的平價

小吃，到裝潢華麗的高級餐廳都可享用到不同風味的異國飲食。夜市有天婦羅、牛排、肉圓、香菇肉羹、貢丸、擔仔麵等等；還有提供法國料理、高檔牛排等等的餐廳，可見全球化在臺灣飲食文化上已經有著非常深遠的影響。

飲食文化是人們所發展，決定自己飲食的方式與喜好的程度，所食用的食物會因取得途徑與地區，而發展出截然不同的飲食文化（Marion, 1995）；飲食文化是人們對食物、選擇、口味、烹調、進食方式的總和，具有個人營養、成長與健康的生理意義，且具有廣泛而深刻的社會文化意義，這些飲食文化隨著社會發展可能改變，但無法完全脫離最初的食物與習慣。美國的地方菜記錄著各國傳統烹調方法和風味，但是，來自歐洲的芝麻小圓麵包夾漢堡肉及融化的起司、淋辣椒醬的法蘭克福香腸、奶油肉汁配的比司吉，這些食物都和原始做法相去甚遠，不論在餐廳吃的或自己看食譜做的，幾乎都已經失真，但是美國料理絕對不只是肉和馬鈴薯而已，移民所帶來的食材和烹調技術早已共同創造了一種新的美國食物，例如豆腐通心麵、鮪魚可頌三明治、辣醬義式麵條、蛤蜊馬鈴薯海鮮濃湯、龍蝦牡蠣派、什錦雞肉海鮮炒飯、茄汁小龍蝦、墨西哥餅、烤螃蟹等等（全中好譯，2005），其實美國的飲食就是一種全球移民共同創造的多元飲食文化。然而，2000 年美國人的生活劇變，21 世紀的工商業社會，美國人食物消費每 1 塊錢就有 50 分用於餐廳，而且絕大部分是速食，經常是免下車點餐的方式消費，傳統美國肉類與馬鈴薯的飲食內容，被大多數冰凍、冷凍乾燥處理、富含脂肪與鹽的漢堡和炸薯條取代（邱文寶譯，2008）。講究時間與效率的美國速食餐當中，最受歡迎的是漢堡、熱狗、三明治、薯條、沙拉配可樂、啤酒等，而在美國強大政經與文化力量的影響，以及全球媒體與跨國連鎖餐飲業的拓展之下，美國速食店所販售的食品成為最具影響力的全球化飲食文化。

麥當勞的金色雙拱已成為世界公認的流行文化標誌，96% 的美國孩童都熟悉麥當勞，有 96% 的美國人至少去過一次麥當勞，有 8% 的美國人平均每天都吃麥當勞，香港和東京的情形也類似，正急起直追的是北京的麥當勞，麥當勞無疑早已成為跨國企業的經典，也是跨國經營的活教材，它不

僅從美國本土拓展到其他西方國家，麥當勞也成功地打入以米食為主的亞洲市場，甚至讓麥當勞成為亞洲年輕人生活中非常重要的一部分；在跨國經營的背後，麥當勞其實十分重視文化差異這件事，當日本人覺得正餐一定要吃飯才吃得飽，又想吃燒烤的料理時，東京的麥當勞就開始賣咖哩飯和照燒豬肉堡，麥當勞會根據不同的市場環境在經營方式上做調整（嚴雲翔等譯，2005）。在大陸北京麥當勞旗鑑店－王府井大街餐廳－自 1992 年 4 月開張之後，一直保持著每日客流量 1 萬多人的盛況，1993 年麥當勞的代表性食物巨無霸漢堡的售出額占當年總銷售額的 20%，速食被認為是人們生活水準提高後出現的飲食品種，舒適、衛生也是必要的（嚴雲翔，2009）；西式速食餐廳在內部擺設、服務方式、食品搭配包裝等等優勢下，加上民眾對「洋貨」充滿新奇感，人們急於與現代國家的人「分享」現代化生活方式，促使人們特別是收入比較好的中青年人，蜂擁西式快餐，使之一時間成為北京城一大時尚（于長江，2009）。美式速食餐廳成為全球化的飲食文化之一，另外美國星巴克跨國連鎖咖啡店，目前是全球化的最大連鎖咖啡店，發源地位於美國華盛頓州西雅圖，供應咖啡、茶飲等飲料，及三明治、糕點等點心類食品，星巴克已成為美式生活的象徵之一，世界各國都會區設有很多連鎖店。

動物性食物容易提高罹患癌症、心血管疾病、糖尿病等風險，研究顯示每週至少吃五次紅肉的男性罹患前列腺癌的風險，是每週吃紅肉少於一次的男性的 2.5 倍，此外，過量的動物性蛋白質容易累積在人體內無法被消化而可能引起過敏，也會導致體內鈣質隨尿液流失，從而提高罹患骨質疏鬆的風險，肉、奶、蛋類攝取比例愈高的國家如英、美，人們患有骨質疏鬆症的病例數字不僅居高不下，甚至全球居冠（陳昭妃，2015）。

現在歷史以新的轉折重現，5,000 年前中東地區國家人民所飲用的石榴汁，在美國以健康飲料包裝行銷，宣稱是比綠茶或蔓越莓汁更具有效的抗氧化劑，美國食品暨藥物管理局祭出警告信，諸如黑斑馬、巴利卡威及大彩虹等的傳統番茄，再度重返超市；中世紀開始退流行的未成熟葡萄汁「酸果汁」，在加州的那帕製造銷售，是沙拉調味料中替代醋的好材料；加州廚師

羅珊・克雷恩使食物返璞歸真，處理食物的方式從烹煮改回生食，任何食物都不會加熱超過華氏 180 度；法國人排斥基因改造食品，其他歐洲國家對基因改造食品也興趣缺缺，他們尤其反對將基因改造技術用於葡萄酒製造；2002 年洛杉磯統一學區投票將汽水販賣機踢出校園，還有不斷增加的計畫倡導自然與食物的治療能力，他們的目標只有一個，就是確保這一代及後代子孫都能享有優良的健康食物（邱文寶譯，2008）。顯然，世界各國現在都非常關注飲食與保健的議題，這種現象同樣影響了全世界的飲食文化。

在全球化飲食文化中，臺灣現在的飲食文化發展現象有：

一、 從原先只求溫飽，現在是要求吃得健康，同時因為經濟改善、工作忙碌、雙薪家庭增多，外食人口也就增多了。

二、 在飲食多元化的社會仍舊傳承傳統很有特色的飲食文化，端午節吃粽子、中秋節吃月餅、冬至吃湯圓、春節吃年糕、還有日常生活中食用的肉羹、肉圓、粄條等等在地食物。

三、 社會進步到處都有超市和便利商店，不過仍然還是有許多人習慣在傳統市場買現宰肉類、蔬果等等。

四、 速食食品的可樂、漢堡、披薩、冷凍食品等等已經成為日常生活中一種飲食選擇。

五、 農業改良使得蔬菜不再受季節影響，同時基因改造食品增多，影響現代人的飲食習慣與身體健康。

六、 現代人重視健康與保健，飲食上有人會選擇有機食物、生機飲食。

現代人因為社會進步，物質生活富裕享受美食及追求精緻飲食，日積月累下來形成所謂的「文明病」，人們開始注重健康、天然、不含人工添加物的飲食方式，臺灣飲食文化隨著世界潮流的變化，有很多人開始採用生機飲食與有機食物，以便享受飲食的養生觀念。美國農業部在 2000 年制定有機食物國家標準，若要達到「百分之百有機食品」的標準，必須符合下

列條件：未經輻射處理的食品、非基因改造食品、無人工殺蟲劑、無化學肥料、無化學除草劑、無生長激素、無污泥（邱文寶譯，2008）。而李秋涼（2016）認為生機飲食的「生食」扮演著不可或缺的角色，提供身體所必需的酵素及遇熱即被破壞的維生素 C，請記得生食材料一定要有機栽培，而且要仔細洗乾淨，過程中要注意不要無意中把自來水中的氯污染找進來；鄭金寶（2000）也認為生機飲食強調食物盡量以不經加工烹調的方式入口，減少營養素的破壞，生食較能保留營養素，例如生食蔬菜汁，富含維生素 A、C、E、高量的鉀與少量的鈉以及纖維素，而維生素 A、C、E 是抗氧化劑，可增強體力並提升免疫力，降低罹患疾病的機會。現代無論中外都普遍認為不含人工及化學品的天然食物才有益於人體的身體健康，這些回歸大自然的簡單養生飲食，具有預防各種慢性疾病、抗癌的效果，顯見全球飲食文化在追求美食之餘，更關心食物的天然、安全與健康保健的議題。

第二節　飲食文化在文化中的位置

我們都瞭解飲食是一種生理需求，且食物與回憶有緊密的連結關係。食物負載著個人深厚的情感與文化意義，無論「盛餐」或家常菜都隱含著個人本身的生活記憶與文化（李瑞娥，2017），飲食文化在文化系統中占有最基本、最重要的位置，而這個位置是最難改變的，每一個人都會懷念小時候或年輕時的食物味道。

食物的味覺經驗，隨著歲月積累成味覺記憶，家鄉的食物是充滿濃濃的地方味（李謁政、陳亮岑，2014）；飲食文化是指一個國家及民族的飲食食物、飲食器具、飲食的加工技藝、烹調方法等飲食方式，及飲食為基礎的思想、哲學、禮儀、心理等（萬建中，1995）；飲食文化除了人類所食用的食物種類，更包含食物的如何取得、如何儲存、如何烹調、如何食用，及誰來

食用（全中妤譯，2005）；各民族傳統食物的生產或是採集方式、烹調的習慣、進食的禮儀都有本身的模式（張珣，2007）；食物是民族文化中十分關鍵的部分，更是日常生活中持續突顯民族性特別有力的方式，有許多民族取笑其他民族飲食習慣的例證，都清楚地反映了這一點（Cwiertka, 2006；陳玉箴譯，2009）。所以飲食隱含著個人的生活記憶與文化意義，是建立文化認同很理想的方式，就誠如蔡倩玟（2015）所言，對法國人來說，對飲食的注重是一種大眾熟悉且代代傳承的價值觀，具有創新應變特性，也是族群認同，是外國人看待法國人的重要象徵。

食物具有以日常生活中的食物生產、交換、消費、聯絡感情，反過來說，若是飲食文化支解或與其他文化混雜，那麼就表示該文化系統也瓦解了（林淑蓉，2007）。在法國，他們的「盛餐」是慶祝個人或群體的重要時刻，在法國是一種公認的社會習俗，具有社會文化功能，有助於聯繫家人、朋友間的感情及強化社會互動關係外，還具有共同認可的準備及享用儀式（蔡倩玟，2015），可知飲食文化隱含著認同的意義與作用。其實，人類整個飲食文化的過程就是一套從求生存到自我實現的馬斯洛自我需求理論系統（全中妤譯，2005）：

一、 **生理需要（Physiological needs）**：這是最基本的需求，就如同被餵食的動物需求一般，為了攝取每天必需的食物營養而生存。

二、 **安全感需要（Safety needs）**：當達到了第一階段的果腹需求後，人們就要為未來做準備，如將食物儲存在穀倉或冰箱以備下次食用，這就是一種安全感的表現。

三、 **隸屬感（Belongingness）**：食物的選擇常常表示對不同族群或團體的歸屬感，因為這些食物能帶給他們舒適和快樂，尤其當人們遇到壓力或生病時，往往想要嘗一嘗一生難忘的食物，同時在高級餐廳、一般茶會、學校用餐、酒吧和友人共飲，甚至和情人野餐，都發現不同場合用餐禮儀不同，所代表的歸屬感也不相同。

四、 **地位（Status）**：食物可做為社會地位的表徵，如香檳、魚子醬代表富裕，約會時男士帶的禮物是巧克力而絕不會是花椰菜。

五、 **自我實現需要（Self-actualization）**：當以上狀況都被滿足後，個人的喜好才會被考慮，同時才會去嘗試其他族群不一樣的食物。

　　人類的飲食文化受到地理、氣候環境、歷史背景、信仰等等因素交互作用，而慢慢激盪產生出來，所謂「靠山吃山、靠海吃海」，就描述了人類飲食文化的圖像與風貌。大自然的地理環境、氣候環境影響農作物的種類與人類的飲食方式，亞熱帶地區的東亞、東南亞與環地中海地區形成了米食文化；溫帶的歐洲、美洲及中國大陸北方等地區發展出麵食文化；在高原與放牧、游牧的地區，以肉食為主的飲食文化。所以同樣是吃，為何有人吃饅頭、包子，有人是麵包，有人是米飯，同樣是菜，有人是蒜頭、蔥，有人偏好咖哩，這便是多元文化的存在（張耀宗，2006）。日本四面環海造就生魚片的飲食特色；歐洲有名的葡萄酒取決於大自然溫暖、日照充足與溫度適中的氣候；熱帶地區盛產香料植物，塑造出印度咖哩飲食文化；冬季嚴寒的韓國，為了能在寒冷的冬天食用蔬菜便醃製出多種的泡菜。然而在全球化時代，食物與物產突破地理環境的限制，國家間的飲食文化便相互的影響，在美國餐廳可食用墨西哥料理；在香港，粵菜餐廳成為香港飲食文化主流，因為鄰近中國廣東與廣州，當地廚師大量流入香港，但是，在世界各地域的人們，仍然習慣於最初大自然所塑造的飲食習慣與文化。

　　其實，人類不僅是社會的動物也是煮食的動物，「料理」這件事在過去5,000年來，一直都是人類最重要的技術，和我們的社會、政治與經濟體系，和我們的健康與疾病，及對道德和宗教的信念息息相關，整個世界的料理地圖，就是政治、宗教、社會與經濟的地圖，而料理演變的歷史就是全球交流的歷史（馮奕達譯，2017）；人類的許多歷史事件直接、間接影響了當地的生活價值觀與飲食文化，如戰爭、貿易、殖民、開發、異國聯姻、移民等，像17世紀的美國移民潮形成美國多元的飲食文化；澳門的葡式蛋塔來

自葡萄牙飲食文化;越南街頭小販的法國麵包三明治,來自曾經是法國殖民地;而臺灣曾經被日本殖民 50 多年,有許多飲食習慣是受到日本的影響,如果我們深入去瞭解各國的飲食文化都隱約可以瞭解一個國家的歷史事蹟。

一個族群由於自然或社會原因離開了原來生活的環境,遷移到新的環境裡生活,為了適應新的自然環境,其生活文化必然發生變異,但這種變異往往表現為族群文化增添了與現實自然環境相對應的新文化成分,而一些生活傳統文化的基因往往會不同程度地長期傳承,做為一種禮儀或記憶在其後裔中代代傳承(李謁政、陳亮岑,2014);一般來說生活文化認同的過程有:(一)濡化是文化跨越世代而被學習與傳承的社會化過程;(二)涵化是兩個文化相互接觸時,某些文化可能被改變,但是每一個群體仍舊保持其本身的獨特性;(三)同化是當弱勢群體遇到優勢群體時,弱勢群體的聲音經常被忽略,本身的文化便可能逐漸消失(李瑞娥,2017)。

我們可從日常飲食文化去思考相關的知識經驗與認識本身的族群文化,否則就會如 Cwiertka(2006)所言:日本民族的成員最後都「遺忘」了他們原本多元的文化源頭,而認定自身隸屬一種單一而全面性的民族文化。其實日本料理是日本本國多元文化的同化現象,原本各地的獨特飲食文化已在同化中消失,而趨向現在大家所熟悉的日本飲食文化(陳玉箴譯,2009);這是全球化社會的「去文化」現象,這種現象不僅出現在國家之間,更可能出現在一個國家各族群之間的「同化」現象,其實,飲食隱含著文化認同與政治意義(李瑞娥,2017);早在第二次世界大戰後,法國便曾以國宴級美食在「維也納會議」中宴請各國外交人員,而把戰敗國的傷害減到最低,維持了法國原有的國際地位(蔡倩玟,2015)。我們可以瞭解到飲食文化對一個族群、一個國家是那麼的重要,它關係著族群文化認同、民族認同與國家的永續生存。

我們都知道飲食文化是一個動態發展的過程，飲食文化是人類物質與精神生活的累積，飲食文化會隨著社會變遷產生變化。從食物風味來說有季節食材、刀工做法、呈現方式、用餐環境的變化都會影響飲食的變化（黃克武，2009）。從人類開始知道用火烹煮食物，便開啟人類多彩多姿的飲食方式與飲食活動，人類從狩獵、農業、畜牧、工業社會到現在，飲食便隨著時間的流逝而不斷的傳承、持續變化與創新，其實許多著名美食背後都存在著有趣的故事，有些飲食典故已流失，但是都在時間的累積下豐富了人類的飲食文化。

第三節　飲食文化的禁忌與保健

人類的生活在自然環境、人文歷史背景及文化的交互作用下，制定了一些規範限制民眾的飲食行為，後來形成一種飲食禁忌，然後伴隨著社會習俗承襲而流傳下來。飲食具有維持或增強生物體健康的功能，而與飲食有關的禁忌規定及其他社會文化因素，將對人體健康產生正面或負面的影響，這樣的觀點似乎已經成為社會科學界的一個共識（許木柱、簡美玲，2009）；有些飲食文化禁忌與習俗在特定地區對人類所產生的約束力，有時比法律更有效用，一般來說飲食禁忌會隨著空間、族群、時代變遷而改變，飲食禁忌不會通用於全世界，相同的食物在不同的族群可能有著完全不同的意義，有些地區在習俗傳承下會在特定日子有飲食禁忌，有些還發展出性別的飲食禁忌，將陽剛與陰柔的性別意識型態反映在飲食分工與飲食行為，飲食禁忌所產生的歧異性，形成了人類複雜且多樣的飲食文化。

有關飲食禁忌，宗教信仰的潛在性文化影響了成千上萬人的飲食習慣，佛教禁食葷腥食物、伊斯蘭教禁食豬肉、印度人禁食牛肉、臺灣漁民吃魚不翻面，魚翻面寓意捕魚時可能翻船。根據美國學者 Kittler、Sucher 的研究，在美國，草莓被認為可導嬰兒有紅色胎記而禁吃，有些孕婦也會避免吃

牛肉，認為牛蹄會撕裂嬰兒的下顎（全中妤譯，2005）；有關飲食禁忌最初可能來自於衛生、宗教、禮儀或迷信，我們無法確定各種飲食禁忌的源由，然而各族群透過這些飲食行為規範與禁忌，在不斷重複的飲食行為規範中建構了族群本身的歸屬感與認同感；而現代營養學家則以營養學觀點及保健養生觀念，來探討一般飲食禁忌和疾病禁忌對人類的意義。

壹、一般飲食禁忌與保健

中國漢人的飲食禁忌和中醫養生有關，將飲食分類為冷／熱、乾／濕、水煮／油炸等等，而養生之道在於食用食物時要注意「陰陽互補」、「五行調和」等觀念，選擇食物時要有相互調和的飲食禁忌。中國傳統營養學關鍵是「氣味合而服之」的觀點，認為食物皆含有「氣」、「味」，其氣為陽，味為陰，「合」是指和合，氣味和合就是性味平衡，像膳食的「四性」之和，就是指食物的寒、熱、溫、涼要協調，只有食物寒溫調節得和合，處於均勢狀態，才能使機體相當平衡（王子輝，2009）。漢人陰陽觀念中設定男陽女陰的身體準則，女人身體陰性在食物禁忌上便不能攝取太多太冷的食物，尤其是月經期間勿吃生冷食物，應該盡可能地進食補血飲食保養，成為婦女對自己身體的認知；對婦女們來說，四物湯成為最受歡迎的調經補血聖品，四物丸或是四物湯特別是在月經前後婦女會加以食用，而當歸逐漸被建構成為是女性調經的聖品，當歸，這種飲食承載著相當豐富的文化意涵（張珣，2007）。做月子時，產婦不能吃白蘿蔔，不能吃糯米稀飯等被認為涼性的食物，做月子要吃薑、糖、酒、雞、蛋等食物，這些食物被認為是性溫食物對產婦恢復身體有好處，而哺乳期間，嬰兒依賴母乳的營養，媽媽應禁食辛辣食物與性寒食物，禁喝咖啡以免咖啡因影響嬰兒的健康，這些傳統上飲食禁忌來自對食物「陰陽互補」的保健觀念。

中國社會對有特別社會地位或社會義務的人，不僅在稱呼、行為、服飾上標明他們的身分及地位，在飲食上，中國文化也為這群人界定了特別的

禁忌，有特別身分地位者藉由忌食來突顯特殊身分，對當事人具有重要的社會－心理功能，而男人、女人及小兒之忌食，在其所擁有的社會義務，有傳宗接代的社會責任，女人忌食的食物「令無孕」，男人忌食在「令痿陽滑精」，小兒忌食主因，在小兒於家族、社會上的意義有一脈相承理論，而孕婦忌食之物最多，主因在保護胎兒，可瞭解中國社會對家庭的重視（許木柱、簡美玲，2009）。

我們日常生活中的飲食原則有：

一、 **寒性體質的人**：經常面色發白、四肢冰冷、怕冷、腸胃不好的人，應該少食用寒性食物，如綠豆、豆漿、莧菜、芹菜、瓜類等。

二、 **燥性體質的人**：經常面色紅潤、肢體溫暖、便祕的人，應該少食用生薑、辣椒、桂圓、荔枝、胡桃、羊肉等。

從季節來說，冬天氣候寒冷，人體需要飲食補充人體必需的營養素，才能提高耐寒能力和免疫功能，而天氣寒冷會促進和加速蛋白質、脂肪、碳水化合物等的分解，冬天必須多食用能增加熱能的食物，適當攝入富含碳水化合物和脂肪的食物，這是傳統冬天進補保健的觀念，家裡可以煮當歸鴨，或是到夜市吃碗當歸麵線、當歸羊肉，冬天時蔬菜數量少，容易發生口腔潰瘍、便祕等症狀，可食用冬季盛產的大白菜、白蘿蔔等冷性食材，吃火鍋時加入大白菜、白蘿蔔，這是「陰陽互補」很重要的飲食保健觀念。

貳、疾病的飲食禁忌

現代人生活步調快，飲食習慣改變，一日三餐可能都來自外面速食店、自助餐、微波加熱的便利食品，外食最大的問題是缺乏蔬菜水果，還有攝取高熱量、低營養的食物。因此，有營養不均衡的健康危機（謝明哲，2011）：

一、 攝取過多的動物性蛋白質和動物性脂肪，容易罹患癌症、心血管疾病；偏好內臟、海鮮類食品易造成膽固醇過高。

二、 飲食過於精細造成纖維質攝取不足，像白米飯、精白麵包、豆腐、豆製品、少蔬菜、果汁、魚、蛋、奶，容易導致便祕、腹痛、大腸癌。

三、 飲用大量加糖飲料，或是攝取過多的精緻醣類，如蔗糖、果糖、麥芽糖、糖漿等等，容易造成齲齒、肥胖、心血管疾病。

四、 食品過度的加工、精製處理及不當的調理，有太多食品添加物，如人工調味料、人工香料、保色劑、防腐劑、漂白劑、抗氧化劑、色素等等。

有下列症狀的人，應注意的飲食禁忌有：

一、 **痛風**：忌飲啤酒、禁食動物的內臟、海產、豆類食品、忌食酸辣及刺激性食物，可多吃有利尿作用的蔬菜，如苦瓜、絲瓜、冬瓜，及新鮮水果。

二、 **便祕**：禁食烤炸、辛辣的食物，食用多纖維食物，如木耳、海帶、竹筍、糙米等並多喝水。

三、 **經痛**：禁食冰冷飲料及冷性食物。

四、 **青春痘**：禁食辛辣食物，如酒、濃茶、咖啡、辣椒、薑等，同時少食高油脂及乾果。

五、 **失眠**：忌食刺激性和興奮性食物，如濃茶、咖啡。

現代人生活忙碌，加上食用人工精緻、高油、高糖、高熱量的食物，提高罹患糖尿病、高血壓、高血脂等慢性疾病之風險。所有人都希望長壽、健康，遠離癌症、心臟病、高血壓、糖尿病等，但絕大多數人還是不顧後果地食用不健康的食物，並且放任自己想吃就吃，毫無節制，日常所攝取的食物會影響人們的容貌、感覺和行為，從更深的角度來看，食物是免疫系統的能源，當人們攝入過多的動物性食物或其他高脂肪的食物時，實際上就會使免

疫系統因缺乏營養，而失去與疾病對抗的能力（陳昭妃，2015）。顯然地，大家都知道健康飲食有益身體的健康，然而，現代人的飲食行為似乎存在著認知與行動之間的差距，對於食物的選擇仍然受到自我喜好與社會風潮的影響。

1. 請問什麼是全球化文化？臺灣有哪些全球化產品與現象？

2. 請問什麼是飲食文化？同時飲食文化具有哪些功能？

3. 請問現代有哪些營養不均衡的健康危機？

4. 請問飲食禁忌的來源？另外有痛風和經痛現象的人應注意哪些飲食禁忌？

Chapter

2

世界各國用餐文化
與節慶飲食

人類社會在用餐時會有一些公認的行為標準而形成一套餐桌禮儀，用餐行為包含語言、服飾、動作、手勢、表情等等表現，如果用餐時做了相反的行為會被認為無禮，或影響別人食慾，各國生活文化有差異，用餐文化也有很大的差異。

第一節　世界各地區用餐方式

　　世界各地區的地理、氣候差異影響農作物的種植，位於赤道邊緣的氣候適合種植稻類作物便形成米食文化圈，中國南方、臺灣、東南亞和南亞地區都是米食比較普遍的地區；而遠離赤道的溫帶適合種植麥類作物便形成麵食文化圈，中國北方及歐美等溫帶地區都以麥類製作的麵食比較普遍。「飲食文化圈」是由於地域、民族、習俗乃至於宗教等原因，歷史地形成的，具有某種同一集團性格的飲食文化區域類型，係飲食文化地理空間的命題（趙榮光，2009）。而人類的米食文化與麵食文化便自然形成不同的飲食方式與器具，當然，人類在遠古時代全部都是用手取食物食用。

　　現代依據飲食方式可區分手食文化圈、箸食文化圈及刀、叉、湯匙食文化圈（石毛直道、鄭太聲編，1995）；手食文化圈占全球總人口的44%；箸食文化圈占28%；刀、叉、湯匙食文化圈占28%，其中有混合型及轉變中的型態（丁怡、翔昕譯，2002）。有關世界三大飲食方式文化圈分類與地區，如下頁表2-1。

表2-1 三大飲食方式文化圈				
食法	機能	特徵	地域	人口
手食文化圈	攪拌 抓 捏 推	伊斯蘭宗教區 印度教 東南亞區部分 用餐禮儀有嚴格規範	東南亞 中東 非洲 大洋洲	44%
箸食文化圈	攪拌 夾 推	自中國開始用火時間算起 中國、朝鮮半島筷子和湯匙並用 日本僅用筷子	日本 中國 朝鮮 臺灣 越南	28%
刀、叉、湯 匙食文化圈	切 刺 撈	自17世法國宮廷料中確定 麵包則是用手食之	歐洲 前蘇聯 北美洲 南美洲	28%

資料來源：（石毛直道、鄭太聲編，1995）。

壹、箸食文化圈

在《韓非子·喻志》篇中，古筷稱櫡，從這個字從木從竹來看，中國最早的筷子大多是木質筷子和竹筷子，筷子是起源於中國的食具。中國最古老筷子是在雲南祥雲大波出土的青銅製兩對銅筷，後來在安徽貴池挖出春秋晚期的竹筷，中國應該是在戰國末期至前漢期間開始使用筷子，而且主要是從南方開始（丁怡、翔昕譯，2002）；中國自戰國時代開始使用筷子和湯匙飲食，古時用湯匙吃食品及米飯，直到明朝使用筷子吃飯，湯匙就成為專用以喝湯的食具，可是朝鮮半島仍用湯匙吃飯，日本不用湯匙，以木碗盛湯直接用口啜飲（王秋桂編，2009），後來箸食影響了日本、韓國、越南、馬來西亞和新加坡等等國家。

使用筷子時要拿筷子前端起三分之二的地方，上面部分的筷子要用大姆指、食指、中指三根手指夾住，下方部分用無名指和小指自然的撐住，筷子前端要對齊，傳統上使用筷子時不可把筷子橫放在碗或盤子上面、不可用筷子移動碗盤等食器、不可用筷子傳遞食物、不可用筷子戳食物、不可拿著筷子比手劃腳、筷子不用時要把筷子平放才有禮貌（全中好譯，2005）。中式飲食有多人同桌共食的習慣，共同夾食盤裝的菜餚，大家都用自己的筷子夾取食物，有衛生上的問題，現在部分家庭和餐廳，有個人碗筷，每一道菜都備有一雙公共筷子，稱為公筷，利用公筷把盤中菜餚夾到個人的碗中，再用自己的筷子食用，有些小吃店或餐廳為了衛生方便及節省成本提供一次性的隨手丟便利筷或稱衛生筷，但是使用一次便丟掉的筷子不夠環保，需要砍伐大量樹木製作筷子，現在鼓勵大家自己攜帶環保筷子。

貳、手食文化圈

手食文化圈是以手抓食的文化區域，其範圍有印度教、伊斯蘭宗教區及東南亞地區的伊斯蘭教徒，印度使用右手抓取食物，用右手給別人遞食物、餐具，他們認為右手乾淨，左手是髒的，只能在上廁所時使用左手。而日本學者山內昶認為為什麼要規定哪隻手吃飯？原本人類認為口食是動物的行為，脫離動物性的人類便開始手食，但是有許多動物是手食的，像松鼠、水獺、猴子，現代手食的人類再度與動物性扯上關係，結果人類就再以右手和左手的記號論差異，區隔其與動物的不同，這麼說似乎有點惡作劇，然而人類通常視右手為上的文化，卻是一個不爭的事實（丁怡、翔昕譯，2002）。印度菜都是為了方便手食用，而做成的食物，大部分菜餚都做成糊狀，用手把餅撕成片狀包裹食物捲著吃，或是用手把飯與咖哩混和後食用，在傳統的家族中，每人面前擺放一個大盤子，把米飯盛上再澆上菜和湯，用手稍加混合並捏成團狀送進嘴裡，吃東西時盡量用拇指和前兩隻手指，必須先將食物擺到自己餐碗裡，再用手抓食，不可用手直接在盤中抓取。街頭小吃店通

常用一種樹葉壓製成的盤子盛食物，有的餐館會給客人一片新鮮葉子，用來盛米飯等食物，吃完就丟掉，算是非常環保的飲食文化。

參、刀、叉、湯匙食文化圈

人類使用刀叉進食的方式可能起源於歐洲古代遊牧民族的生活習慣，古代遊牧民族生活在馬背上，並以所畜養的動物為食物，這些肉類食物都需要使用刀子分割才能食用，而且大塊肉燒熟後需要使用器具固定才能方便割下來食用。叉具最初的雛形應該是分叉的樹枝、枝幹，方便用來壓制東西，就是如鋼叉、魚叉般的用具，這種前端尖銳的器具不僅可用以殺獵物，還能刺穿其肉、架於火上燒烤；叉具、匙具、刀具是人類長期以來普遍使用的食具，日本江戶時代的藝妓們即用簪子取代叉子，而西元 1 世紀的羅馬，的確已有人使用叉具用餐，這種餐桌用的叉具或許偶爾出現於優雅的拜占庭宮廷晚宴，但是叉具後來在西方餐桌消失，直到中世紀後半才再度出現（丁怡、翔昕譯，2002）。但是路易十四對進食用的餐叉相當排斥，終其一生，都是以手取食，18 世紀中，許多英國人前往義大利旅行、學習，看到義大利人使用餐具進食，駭異不止，直到 19 世紀以後，因為煉鋼技術發達，合金普遍，刀叉等餐具量產後，西方世界使用餐具進食的習慣才逐漸固定，而餐具改變，飲食內容便隨之調整，燉煮等熱食容易取食後，西餐中講究溫度的做法才變得實際（馮奕達譯，2005）；歐洲人隨著社會文明的發展慢慢以優雅姿態使用刀叉，刀叉有多樣化的功能，可用來宰殺、切割牛羊的肉，燒熟食用時，可當作食具，又可用叉子捲麵條吃，顯然非常適合歐洲人的麵食文化。

有關刀叉拿法，右手拿刀，左手拿叉，拿叉時叉背朝上，左手手掌整個握住叉柄，食指放在叉柄前方，指尖緊緊壓住叉子；刀子是整個握在右手裡，食指伸直放在刀背上施力，讓刀刃更加穩定，另外大拇指和食指牢牢握住刀刃根部也可以（何鳳儀譯，2014）；一般在用刀切斷食物時，以左手大拇指和食指之間持叉，邊切邊吃，或將食物切下一口份量後，再用右手持叉

進食，湯匙是用右手持匙，手心向上，匙柄置於大拇指、食指之間，用中指在柄下托住，使支持牢固，湯匙不可全部送入口中，有一種比較小的茶匙，是喝咖啡時用來攪拌糖及奶精。

原則上，用西餐取用刀、叉、湯匙時，離自己盤子最遠的先取用，刀、叉有大有小時，使用大型的刀、叉切割肉類與菜餚，使用刀、叉時兩臂向身體靠近，不可張開妨礙別人，更不可用自己的刀、叉，取用公共盤碟內的食物。人類生活的自然環境形成了不同的飲食習慣，而演變成刀叉飲食和筷子飲食的用餐文化，更影響了東、西方不同的生活觀念與飲食文化。

第二節　各國用餐文化

日本學者山內昶將著名的《美味的沉思》一書中「從一個人吃的東西就可以知道他是什麼樣的人」的警世之句，改為「看一個人用什麼吃東西，就可以知道他是什麼樣的人」；當東方遇到西方、當筷子遇見刀叉匙，人們如何將料理放入口中（丁怡、翔昕譯，2005），人們以不同的方式料理佳餚，便以筷子、刀叉、湯匙、手等餐桌儀式迎接豐盛的佳餚，而這就是聯繫人與環境、人與人的飲食文化開端。

壹、中國用餐文化

中國人用餐是共食文化，把準備好的菜餚放在飯桌，每人盛一碗飯共同配菜餚食用，飯吃完可以再盛飯。中式宴客大致都使用圓桌，餐桌上擺有飯碗、湯碗、淺盤、擱置湯匙與碗的盤子、筷子（筷墊）、湯匙（匙套）、水杯（飲料）、酒杯、餐巾、調味料碟子等（夏惠汶、成天明，1998）。用餐時的禮儀是用公筷夾起菜餚放在自己的淺盤或碗中，再把菜餚入口，筷子夾不起來的食物用湯匙取用，自己的盤中不要堆積太多食物；吃飯時避免筷子觸碰

飯碗而發出聲音；吃東西時細嚼慢嚥不發出聲音；嘴裡有食物時不要說話；轉動桌上旋轉盤時，注意旁邊的餐具；敬酒時，先敬長者和主賓，晚輩酒杯不能高於長輩酒杯，先為別人斟酒，再為自己斟，主人敬酒時不可推拒，可淺酌回應或以茶、果汁代酒，晚輩以雙手持酒杯並起立回敬。

中國人習慣吃三餐，外加許多的零嘴點心，北方人早餐通常吃豆漿，配上熱包子、饅頭或水餃、麵條；南方人喜歡吃加了魚鬆或魚的鹹粥；都市居民的午餐是晚餐的縮小版，包括熱湯、米飯或麵類主食，再配上蔬菜和肉類（全中妤譯，2005）。中國傳統上用餐有很多規矩，講求座位次序、女子不上席、吃飯不能說話等等，家裡用餐必須等到所有人到齊才可以開始用餐，長輩拿筷子夾菜後，晚輩才可動筷子，吃完飯要等長輩吃完離席才可離席，這些規矩顯現一個人的社會地位，從中隱含一個人的文化水平與家庭文化。

貳、日本用餐文化

日本人一天吃三餐，外加一份點心，早餐通常以鹹梅乾開胃，米飯配海苔，湯和醬菜，有些家庭加一個蛋；午餐更簡單，米飯配前一晚的剩菜，有時加些熱茶或熱魚湯在飯裡，或煮一碗麵加些魚、肉、蔬菜／剩菜；豐富的晚餐有米飯、湯和醬菜，主菜有魚貝海鮮，或烤、或蒸、或炸，當然還有生魚片搭配粉紅色的醃薑和綠色辛辣的哇沙米醬，再沾上醬油；在日本，會把每道菜放在碗碟後一次全盤托出擺列（全中妤譯，2005）；日本料理不能沒有醋拌菜，醋是鹼性食品，喝酒時特別需要搭配鹼性食品，醋拌菜能夠促進食慾，清除嘴裡的油膩感，通常會擺在餐桌中央，目的就是希望用餐的人一定要動筷子夾起來吃，這真的是日本飲食文化的前人智慧，會席料理最後端上桌的是飯、味噌湯與醬菜，當味噌湯出現時表示所有的菜已上桌，醬菜通常與飯一起食用，裡頭一定有澤庵（即醃蘿蔔），那一片醃蘿蔔一定要留到剩下最後一口飯後再食用（何佩儀譯，2014）。

日本人請客人用餐通常有飯、味噌湯、兩道或三道菜餚，配菜越多越有誠意，日本人用餐禮儀感覺很嚴謹，但是日本人吃麵時可以直接從湯碗把麵吸啜入口，且必會發出響聲，表示麵食很美味；吃壽司時日本人習慣用手拿著壽司沾醬油直接放入口中；味噌湯是直接用喝的，用筷子撈出裡面的湯料食用，而不用湯匙喝湯。用餐時，一定要先食用生魚片，再吃其它的熟食，如果先食用其它熟食再吃生魚片，口中味蕾會被其它調味料所刺激，再吃生魚片時就沒辦法百分之百的感受到生魚片的美味，生魚片擺盤上的生魚片會切成奇數，味道較淡的魚肉是擺在左邊，右邊擺放貝類、蝦類，中間擺放味道較濃的紅鮪魚魚肉（陳弘美，2010）；吃生魚片時把山葵放在生魚片上，再將魚肉沾醬油，不可把山葵放在醬油裡攪拌，徒手拿握壽司時，應以拇指與中指夾住壽司，並用食指輕壓生魚片與米飯，入口時，魚片朝上，米飯朝下（陳乃華等，2010）。

　　有機會到日本旅遊時，如果在溫泉旅館或高級和食料亭享用道地會席料理時，先品嘗味道淡的生魚片然後是味道濃的，由白肉魚到紅肉魚，食用握壽司時一口吃下，才能品嘗到完整的新鮮美味；「煮物」通常是以清淡時蔬或海鮮燉煮的菜餚，食用時用筷子切成小口品嘗，不可將「咬了一半」的食物放回容器，碗裡有湯汁就直接喝完；「炸物」天婦羅，擺放在愈前面的口味愈清淡先食用，搭配白蘿蔔泥醬汁時沾取些許醬汁就好，才能保持部分酥脆口感，咬過的食物不可再放回容器；「漬物」大多是用鹽、砂糖、味噌、醋等醃漬的野菜，留到最後和飯搭配食用。日本人喜歡以酒會友，日本的「乾杯」是指互相輕碰酒杯的行為，不一定非要將杯中美酒一次喝光，勸酒是日本飲酒禮儀，日本人非常包容夜晚氾濫時期在街道上的醉漢行為。

參、法國用餐文化

　　法國餐桌上擺有水杯、玻璃杯、刀子、湯匙、叉子、盤子、奶油刀、麵包盤等（夏惠汶、成天明，1998），盤子放中心其他餐具放兩邊，甜點匙與

叉通常排在餐盤上方；有關餐具的用法，從離自己餐盤最遠的刀、叉、湯匙開始取用，朝著餐盤的方向，每道菜依序使用一種餐具。

　　法國人的早餐較清淡，包括一個可頌麵包或塗果醬的法國麵包和一杯熱咖啡加牛奶或熱巧克力，法國早餐就是美國通稱的歐洲大陸式早餐；午餐是全日的主餐，大部分地區午餐休息時間 2 小時，前菜是一塊肉餡餅，主菜是肉魚或蛋，再配上蔬菜和麵包，甜點有水乳酪和水果，餐廳用餐會再配上冰淇淋、卡士達布丁和蛋糕，酒是佐餐用，咖啡在餐後飲用（全中好譯，2005）；法國人切肉排時，左手持叉，右手切肉時從左端開始切成可以一口食用的大小，一邊用叉子叉起來食用，可喝一口充滿苦味、酸味與澀味的葡萄酒，將肉的絕美風味整個提引出來，配菜中的蔬菜如果太大片就先切成兩半，其中一片從左端一點一點切好，再用叉子食用，喝湯時應該用湯匙從碗裡舀出一匙湯，然後從湯匙邊緣啜飲，麵包撕成小片來吃（何佩儀譯，2014）；法國人用餐十分講究，法國餐通常有麵包、酒和水，用餐後可喝不含酒精的可樂、蘇打水、咖啡等飲料，但是如果用餐期間不喝酒，可選擇喝礦泉水，奶油只能抹在正要吃的這片麵包上，乾酪是法國菜的主要菜餚，可嘗試味道溫和的乾酪，切乾酪時切出一部分。在餐廳用餐時，如果要暫時離開把餐巾留在椅子上，用餐結束把餐巾整齊地放在餐桌上自己餐盤的右邊。傳遞菜餚時一律向右手邊傳遞，取菜時一次不要拿太多，想要取用的菜餚或物品拿不到時，請離它最近的人幫忙。

　　使用刀叉切食可分為「美式」和「歐式」，美式用右手拿刀，左手拿叉，用叉子把食物固定在盤中，用刀子切成一口大小的塊狀，切了幾塊，把刀橫放在餐盤上方的邊緣，刀鋒向內，再用右手叉食物吃；歐式右手拿刀、左手拿叉切完食物後，直接用左手叉起切好的食物食用，用餐完後通常把刀叉呈交叉狀放在餐盤裡，也可以刀叉並排放，確定放好在餐盤裡。

肆、義大利用餐文化

義大利人的早餐傾向清淡，包括咖啡加牛奶或茶、巧克力飲料，搭配麵包和果醬；中餐是一天的主食，以開味菜開始，包括火腿、香腸、泡菜和橄欖，接下來是溼的菜餚像湯，或乾的菜餚如麵食或小水餃，主菜是魚、肉或家禽類，配上澱粉類副菜或綠色蔬菜，再來是沙拉，點心是吃水果和起司；晚餐較清淡，中、晚餐都會配酒，晚餐後會喝杯咖啡，還有酒味卡士達甜點（全中妤譯，2005）；義大利人的用餐時間是一家人相聚的時光，一邊品嘗美食，一邊討論及分享彼此的生活情況。

義大利人使用刀叉吃披薩，這樣就能輕鬆食用熱騰騰且美味的披薩，淋在披薩上的油脂也不會弄髒手，麵包店和咖啡吧賣的「切片披薩」是方便客人站著吃才用手拿披薩；晚宴的正式場合，通常都提供義大利餃的義大利麵、千層麵、短麵條，不會招待長麵條，食用長麵條時需用叉子捲著吃，且不要一次捲太多，義大利父母會先將義大利麵切成小段，再給孩子吃，學校營養午餐會用短麵條。義大利人的一餐飯最鮮明的特點是它的材料好、新鮮，義大利的掌廚人每天都要去市場；同時，義大利家庭常吃的一道食物是奶油燉飯，用橄欖油來炒南瓜、蘆筍和時蔬，然後米就直接加入鍋裡一起炒（請注意，他們的米是不洗的），然後加入熬好的高湯，煮熟後再加入帕瑪吉諾 cheese 和奶油（林慶弧，2017）。基本上，義大利人用餐是互動關心與交流時刻，用餐過程中分前菜、沙拉、湯、主菜及甜點，這樣就能夠依序品嘗食物美味並拉長用餐時間，以增進彼此感情，義大利人把飲食用餐視為一種生活風格，用餐後一起喝咖啡，聊聊彼此生活上的事情。

伍、英國用餐文化

英國傳統上一天進食四餐，有早餐、中餐、茶點和晚餐，20 紀初期早餐很豐富，包含燕麥粥、燻肉、火腿或香腸、各種吃法不同的蛋、用培根

油煎的麵包、塗上果醬或橘子醬的土司、烤番茄或洋菇、燻魚或煮成辛辣口味的腰子，這些佐以茶飲來食用；蘇格蘭早餐習慣吃燕麥粥，現在的英格蘭從星期一到星期五的早餐常吃包裝的穀類食品，只有在週末或特別節日的早餐才比較豐富（全中好譯，2005）。英國人對早餐非常講究！起床喝茶沖去睡意後，傳統英式早餐有煎培根、香腸和煎土司，叫做「煎食」，現在的早餐有玉米片加牛奶、優格加新鮮水果、土司塗果醬、喝茶、咖啡、或果汁，餐館供應的餐點有果汁、水果、蛋類、肉類、麥粥類、麵包、果醬及咖啡等等，而炸魚薯條是一道英國常見的街邊小吃和外帶食物。

在世界美食地圖，似乎從來不將英國食物列入其中……，食物的色彩－灰色的肉、灰色的馬鈴薯、灰色的蔬菜、灰色的調味料；而英國的食物最具代表性為人所知的，就是炸魚和炸薯條；……同時在英國想要每天買到新鮮的肉類、蔬菜、魚類和乳酪，可能不是一件容易的事（林慶弧，2017）；午餐工作繁忙時可能是一個肉派、魚和炸馬鈴薯，有人早上在家做好三明治，當作午餐食用，或是到酒館吃一頓簡單的便餐，再喝杯生啤酒；晚餐是一天中的主餐，有肉、魚、蔬菜和澱粉類食物，每餐都有麵包，最後有甜點布丁、水果和咖啡（全中好譯，2005）；一日三餐外，英國人十分講究「下午茶」，公私機關每天下午 4 點半，會提供免費的紅茶、白糖、牛奶或少許點心。下午茶源自 18 世紀英國一位女伯爵安娜瑪麗亞，英國人習慣晚上 8、9 點才用晚餐，每天下午約 3 點至 5 點肚子餓了，請女僕準備簡單的點心跟一壺紅茶，後來請朋友至家中享用，茶點變得越來越豐富，喝下午茶便成為英國上流社會的風氣（汪淑珍等，2011）。當時茶葉、瓷杯都由東方傳入，英式下午

▲ 圖 2-1 下午茶餐飲

茶的專用紅茶來自印度大吉嶺紅茶、斯里蘭卡錫蘭紅茶、伯爵茶，早期的下午茶是上流社會的飲茶風氣，現在英式下午茶比較平民化，如果有機會到較高級的下午茶餐廳用餐時，以乾淨、整潔的素色、淺色系服裝為主。

早期英國喝下午茶時男士須穿著燕尾服，女士穿長裙，現在白金漢宮的正式下午茶會，男性來賓仍須穿燕尾服戴高帽及手持雨傘，女性穿正式洋裝且一定要戴帽子；一般下午茶由女主人著正式服裝親自為客人服務，表示對來賓的尊重，有精緻的茶具、糖罐、牛奶壺，點心是用三層點心瓷盤裝盛，最下層放三明治、餅乾等，中間層放傳統英式點心司康餅（Scone），最上層則放蛋糕及水果派，由下層往上食用，司康餅先塗果醬、再塗奶油，吃完一口、再塗下一口，正統英式下午茶如果茶要加牛奶的話，必須先把牛奶倒入杯中再倒茶。現在英國的下午茶已成為一頓午後大餐，包括小三明治、司康餅、圓麵包和琳琅滿目的各式糕點和餅乾（全中好譯，2005）。喝下午茶時宜慢飲，茶點細細品嘗，以前必須要用大拇指和食指捏住杯柄，現在可以把手指伸進杯圈優雅地把杯子送到嘴邊，其實，喝下午茶的最重要意義是「與朋友分享一段美好時光」！

現在英式早午餐（Brunch）是英國人深覺自豪的一道餐食，早午餐是英國創造的新名詞，就是早餐和午餐結合起來的餐食，食物有茶、果汁、牛奶、炒蛋煎培根、麵包、奶油、果醬、優酪、咖啡等等；英國人認為贏過法國人的寒酸早餐內容，英國笑法國的早餐，只有三 C，Coffee（歐蕾咖啡）、Croissant（可頌）、Cigarette（香菸）（林慶弧，2017）。另外，英國有好多大大小小各具風味的酒館（Pub），有的已經有數百年歷史，酒館是個很重要的公共空間，尤其是社區酒館，居民可以聊天交誼，或談談足球或議論時事，有很重要的社區功能，朋友最常相約見面的地方，大概就是酒館；同事經常會先去喝一杯再回家，酒館供應簡易餐點有炸魚薯條、三明治、乳酪、麵包、沙拉、雞肉派、牛排、啤酒，但是嚴格執行打烊時間。

第三節　烹調方法與飲食器具

　　我們可能永遠都無法瞭解人類如何開始使用火烹調食物。科學家推測火的起源是因閃電而意外造成的，人類有了火怎麼開始烹煮的？也是意外造成的，推論森林大火將動物的肉烤熟，人類嘗到煮熟的肉的滋味，有人認為烹煮是人類一種更精心控制的行為，無論如何，至少人類懂得烹煮之後，可選擇的食物不再限於生鮮吧與韃靼牛肉（譯註：以碎的生牛肉製成的一道菜）（邱文寶譯，2008）。現在烹調食物的方法，主要是利用切、剁等方式讓食物易於食用，而醃漬或加入調味料是為了使食物更可口，食物加熱可以把食物變軟方便食用，同時可以殺菌保健康，可改變食材的組織成分，使食物的營養成分更容易吸收，食物的種類有穀類、肉類、蔬果、食用油及調味料，食材的多樣化必須有不同的烹調方法與烹煮器具，才能使食材容易食用與消化。

壹、烹調方法與器具

　　人類最原始的烹調方法是將食物放在燒得滾燙的石頭上烤熟，這就是「石烹」，而穀物、蔬菜、動物內臟等不適合用石烹，就發展出「煮」的方式，於是做成鼎等烹煮用具，後來為了節省烹調時間便改為「炒」的方式，然後利用水與蒸氣煮炊食物，而食物烹煮好後需要有器物來盛裝，就發明了碗、碟、盤等器具。自古以來中國出產的炊事用具都很簡單、特殊、耐用，且構造蘊含科學性，圓底的鍋便於加油脂於鍋底熗，三足的鼎便於平穩放置而且有利於利用火力，蒸籠保溫性能好便於高溫蒸食物，帶柄便於翻炒菜餚和及時出菜，還有笊篱和鏟、菜刀和砧板、麵杖和案板、爐灶、箸等，每件炊事用具都有數種用途（王秋桂編，2009）；古人以火堆當作熱源烹調食物，然後在地上挖土坑，用土或磚壘砌成不可移動的灶，再發展出用鐵鑄成的爐，最後演變成瓦斯爐與電磁爐，隨著飲食文化的發展再使用烤箱烹煮食物。

人類在飲食發展過程中真的是充滿了智慧與心力。中國飲食文化強調「五味調和」,「和」主要是由「鼎中之變」來完成的,鼎是中國進入烹飪之始的炊具之一,把水與火擺放到烹調的重要地位,水煮食物是中國產生炊具陶鼎之後,最先出現的烹調方法,其作品是大羹,羹是中國的第一美味;蒸食是鼎後發明了「甑」的烹調方法,食物由煮發展成蒸,有蒸穀為飯的記載,日本學者認為蒸的技術是中國具有典型特徵的飲食調法之一,可運用來蒸饅頭、蒸羊、蒸熊、蒸豬頭、蒸藕等食物;而油炒食物是一個漫長發展過程,高成鳶先生認為炒法的獨立與成熟,是以炒蔬菜為標誌的,時間上與梁代的素食流行相當,清炒蠶豆達到了嫩、香、鮮兼而有之的整體效應,梁實秋先生說,西人烹調方法不外乎油炸、水煮、熱烤,就是缺了我們中國的炒,石毛直道認為油脂的出色利用是中國烹調的又一特色,它典型地體現在高熱迅速的烹調法「炒」上(王子輝,2009)。綜合人類的烹調方法,以最原本的煎煮炒炸,後來演變成更精細的方式來料理食物:

一、水煮類

（一）　**煮**：用水煮食材,如煮飯、煮蛋、煮湯、煮粥。

（二）　**燉**：鍋中放入食材、湯汁,將鍋放入裝有水分的大容器中,隔水長時間加熱到熟,如燉牛肉湯。

（三）　**熬**：將材料炒一下,再加水慢煮成美味湯汁。

（四）　**燴**：將材料炒一下,加少許水煮熟後,加太白粉勾成濃汁,如鱔魚麵。

二、醬燒類

（一）　**燒**：食物加入醬油和水,用中火慢煮至湯汁濃稠,如紅燒魚。

（二）　**滷**：食物加醬油、水及香料,小火燒煮入味將食物撈出、切盤,如滷豆干、滷牛肉、滷海帶。

三、快炒類

（一） 炒：起油鍋，食材入鍋翻炒，熟了就起鍋，如客家小炒。

（二） 爆：鍋子放油用大火熱油後，放入食材快炒後盛起，如蔥爆羊肉。

四、油炸類

（一） 煎：鍋中放少量油燒熱，放入食材讓它熟透，如煎蛋、煎魚、煎餅。

（二） 炸：鍋中用大量油，將食物浸在熱油中熟透，如炸雞、炸油條。

五、燻烤類

（一） 烤：把食物放在架上後，再放在火上直接加熱或烤箱，使食物變熟，如烤雞、烤麵包。

（二） 燻：食物架在網上，利用濃煙的熱氣，將食物弄熟，如煙燻豬排。

六、汆燙類

（一） 燙：將食物放入熱油或滾水中，讓它半熟或全熟再撈出，再和蒜、香油、醋、醬油等混合食用，也可快炒，如燙青菜、涼拌小黃瓜。

（二） 涮：肉切得很薄，入滾湯一燙夾出沾醬食用，如涮羊肉。

（三） 蒸：以水蒸氣使食物熟透，如蒸蛋、蒸饅頭。

　　這些烹調方法以汆燙、涮、蒸等比較能保存食物的營養素且符合健康保健理念；而食物用燉、煮、熬方法烹調，營養會融入湯汁，湯汁變得十分鮮美濃郁，如果食材多肉類的話，湯汁會含有過多油脂、鹽分、營養素，容易引起痛風或高血脂等，而且蔬菜經過長時間的烹煮，容易破壞維生素；而爆炒可保持食物原味及鮮度，但是熱鍋容易使食用油變質而產生致癌物，必須選擇油質穩定的油爆炒食物才能有益健康；油炸食物需要高溫，而高溫容易使油變質，且油炸食物含有高油脂、高熱量的問題，像香雞排、鹽酥雞、臭豆腐等食物，在享受美味時要注意健康問題，而燻烤的食物容易致癌少吃為宜。

現代人可運用非常多元的烹調方式，但需要有各種適當的烹調器具才能擁有美味且健康的飲食，所需要的器具有：

一、 鍋子：傳統上使用的鐵鍋（黑鐵鍋），導熱慢，散熱慢，保溫比較好，耐用但容易氧化生鏽；而鋁鍋輕、導熱快，不適合烹煮酸性食物；而不鏽鋼鍋耐用，不會生鏽，但有些人覺得太重，烹調時需多放些油；另外，鑄鐵鍋是用鐵鑄造的，耐用熱度平均，緊密厚重的鍋蓋，可防止水分和食物美味散失，保溫時間長。

二、 烤箱：家用烤箱要有烤盤和烤架，品質良好的烤盤和烤架不會變形，烘烤時烤箱要預熱，選擇正確的溫度和時間，選擇正確的上下火比例，烤盤上的食物要大小一致、排列整齊均勻，才能受熱均勻同時烤熟。

三、 電鍋：煮飯的工具，現在的電鍋有多功能用途，有些能炸薯條，有電鍋料理食譜，把食材放進電鍋就有美味菜餚，不用顧著爐火煮飯，節省時間跟人力。

貳、飲食器具

飲食器具依照日本人山內昶的觀點，食器是吃飯用的器具、容器，食具是吃飯的準備及裝盛食物的器皿，有吃飯用的器具、容器，其分類有（丁怡、翔昕譯，2002）：

一、 食器：碗、飯碗、盤子、淺盤、深盤、湯碗、茶碗、水杯、酒杯、酒壺、水壺、其他。

二、 食具：筷子、匙具、刀、叉、其他。

三、 調味容器：裝醬油、調味汁、醋、鹽、砂糖、胡椒等容器、其他。

四、 清潔用具：餐桌布、餐巾、圍兜、筷架、杯洗、餐後洗手水盆、其他。

臺灣傳統上所使用的飲食器具來源：

一、 碗盤：早期臺灣人所使用的碗盤大多是中國大陸漳州、泉州的移民

帶來的食器，後來在南投、鶯歌、北投等窯業開始生產陶瓷碗盤。從家庭所使用的碗盤可以看出家庭背景，傳統農家所使用的碗盤比較平實，富裕家庭使用比較華麗的碗盤。以前是用比飯碗大的碗公裝菜餚、裝湯，現在普遍用盤子裝菜餚，小型碗個人用來盛飯或盛湯食用，大型碗用來裝湯供眾人食用。

二、　筷子與筷子筒：筷子有銀製、象牙製、魚骨製、金屬製、木製及竹製，一般都使用竹筷子、木筷子、金屬筷子，臺灣早期比較富裕的家庭會選用銀製、象牙製、魚骨製的筷子。早期臺灣家庭裡都有盛裝筷子的容器稱為「筷子筒」，普通民家通常使用素燒成紅磚色的筷筒，如圖 2-2，有的使用素燒後加釉再燒製的鏤空雕花紋或吉祥圖案，筷子筒是

▲ 圖 2-2 素燒的筷子筒

為了讓清洗乾淨的濕筷子能夠透氣、通風、乾燥，通常都是鏤空且底面有數個小洞，現在有不銹鋼和塑膠的筷子筒的製品，但是，現在一般人都使用烘碗機烘乾碗筷了。

三、　湯匙和匙套：最常見用來喝湯，據說湯匙是古人依照北斗七星形狀做成的進食用具，中式湯匙通常是瓷器或陶器製作，現在有金屬及其他材質的湯匙，湯匙也可做為烹調上的容量度單位，匙套通常在正式宴會使用，放置湯匙用。

第四節　節慶飲食

人類社會有許多節慶，而在節慶食用一些特別的食物，更能增添歡愉氣氛。節慶是慶祝一些特別的日子或事物，包括宗教節慶（耶誕節、猶太教的

逾越節）、民俗節日（感恩節、越南人的新年）、個人節日（生日、結婚、逝世），所有節慶的食物都需要依禮俗來做準備（全中妤譯，2005）。每一個地區的節慶飲食習俗都有各自的文化與歷史，而食物在世界各國的節慶中都占有很重要的地位，有關節慶飲食的食材和生活環境有密切關係，所以世界各地的節慶便有不同的節慶食物。

壹、亞洲節慶飲食

一、中國農曆新年飲食

一年中最重要的節慶是農曆新年，傳統上過年就是要把過去一年積欠的債務還清，還包括拜祖先，向父母長輩拜年請安等，過年期間所有要吃的食物必須在除夕夜前就準備好，因為新年第一天不能動刀，否則「好運氣」就會被砍光（全中妤譯，2005）；在中國，新年慶典被稱為春節，春節與中國古代農業文化密切相連，春節總共持續15天，通常人們很早就開始準備過年，除夕的年夜飯是傳統食物的盛宴，據說能為來年帶來好運與興旺，中國每個地區都有特色菜，沿海的年夜飯可能會有明蝦、蚵乾、魚生、髮菜及象徵「早生貴子」的滾水煮餃子，全魚或帶頭爪和屁股的全雞象徵豐盛；北方人吃包子，吃麵條不可把麵條切斷象徵長壽。新年是包紅包的日子，人們用紅紙（紅色是好運的顏色）將錢和禮物包起來，彼此交換，並且向親朋好友拜年（邱文寶譯，2008）。

春節是農曆新年，是中國人最重要的節日，春節前一夜為除夕，每個家庭成員都會返家吃年夜飯。過年前打掃、清洗家庭用品、購買糖果、年貨等，通常有臘味、肉乾、年糕（年年高升）、糖果、甜鹹糕點等美味食品；在守歲的除夕夜，家家戶戶團圓，享用豐盛的年夜飯菜餚，傳統上中國華北地區普遍稱為年夜飯，又稱圍鑪；江南、華南地區稱為團年飯、團圓飯。中國南方人在除夕祭祖後將祭品做一頓豐富菜餚，有雞、魚、肉等；中國北

方人多會圍爐吃火鍋，餃子是中國北方年夜飯的重要食品，傳統上餃子在除夕夜就做好冷凍好，春節期間煮水餃配年菜食用，原則上，中國北方人吃餃子，南方人吃米糰子、水磨年糕、菜頭粿，年夜飯必定全家大小留在長輩家吃飯，現在有些家庭為了方便改上餐廳或預定年菜宅配到家。

　　日本古時候受到中國唐朝文化的影響，節慶都和中國節慶日期相同，現在日本將原來節慶日期的農曆轉為西曆。日本國曆 1 月 1 日就是過年，就像臺灣過年會在門口貼上春聯，日本會在門上掛稻草繩、門松、鏡餅三種物品，感謝神明今年的保佑，日本的春節食用日式年糕和御節料理；日式年糕又稱鏡餅，色白味淡，傳統的製作方式是把飯糰放在大木桶中，以槌子不斷擊打而製成；雜煮是將麻糬和蔬菜一起燉煮的料理，各地口味不同，在東京地區的雜煮通常是較清淡的湯頭；伊達卷是用魚漿和雞蛋做成，看起來就像是蛋壽司，日語中「伊達」有華麗、華貴的意思，形狀象徵一家團圓，是日本年節不可或缺的菜餚（林嘉翔，2000）。御節料理是在新年期間會吃的特別料理，人們會提前準備御節料理，日本在傳統習俗上新年初一到初三是不開伙料理的，據說，這是為了避免料理的聲音打擾到在新年迎來的神明；日本除夕夜當天，一家團聚吃象徵長壽的蕎麥麵，又細又長的麵條，象徵好事延綿之意，同時有容易咬斷的特性，象徵「切斷今年的災禍、厄運」，日本過年同樣也吃年糕，有的用烤的，有的和紅豆煮成湯，有的和肉類、蔬菜一起煮成雜湯，日本吃年糕有希望和堅韌的意思。

　　泰國春節稱為「潑水節」在 4 月 12 ～ 15 日，潑水節又稱宋干節，泰國全國放假 4 天。潑水節又名「浴佛節」，源於印度，是古婆羅門教的一種儀式，後為佛教所吸收，約在西元 12 世紀末至 13 世紀初經緬甸隨佛教傳入中國雲南傣族地區，傣族潑水節，傣語稱為「比邁」（意為新年），高棉、泰國、緬甸、寮國等國也過潑水節；潑水節是傣族最隆重的節日，人們清早起來便沐浴禮佛，之後便開始連續幾日的慶祝活動，期間，大家用純淨的清水相互潑灑，祈求洗去過去一年的不順；潑水節是展現傣族水文化、音樂舞蹈文化、飲食文化、服飾文化和民間崇尚等傳統文化的綜合舞台，是研究傣族

歷史的重要視窗，具有較高的學術價值，2006 年 5 月 20 日，該民俗經中華人民共和國國務院批準列入第一批國家級非物質文化遺產名錄（華人百科，2017）。

在泰國，潑水節這天人們會抬著或用車載著巨大的佛像出巡，佛像後面跟著一輛輛花車，車上站著化了妝的「宋干女神」，成群結隊的男女青年身著色彩鮮艷的民族服裝，敲著長鼓載歌載舞，遊行隊伍經過道路兩旁，善男信女用銀缽盛著有香料的水，潑灑到佛像和「宋干女神」身上，祈求新年如意，然後人們相互灑水，祝福親朋新年幸運。泰國人在新年第一天都在窗台、門口放一盆清水，家家戶戶都要到郊外江河中去進行新年沐浴，慶典活動有打水仗，在 4 月就已相當炎熱的泰國，也是一種降溫的好辦法，泰國人認為水是純淨的象徵，以水沐浴淨身，潑水可以洗去過去不順利的一年，緬甸、寮國與柬埔寨等國家都同時慶祝潑水節，潑水節時對待長輩是用葉子沾水輕灑幾滴，其他的是瘋狂大潑水，被潑的人不能躲，不然會躲掉福氣，年輕男子可藉「潑水」對心儀的女子表示愛慕。

二、元宵（燈籠節）

春節過後緊接著是賞燈的元宵節，元宵節是每年農曆正月 15 日，元宵節晚上會懸掛著七彩奪目的花燈，還有猜燈謎晚會為人們帶來不少歡樂，現在的猜燈謎、花燈製作可彰顯古人智慧及民間藝術技巧。元宵是應節食品，元宵在中國北方叫做元宵，在南方叫做湯圓，兩者的製法略有不同，元宵是用桂花白糖、山楂、白糖、什錦、棗泥、豆沙等做餡，用糯米粉揉好後做餅皮，放入餡料再沾水，然後在糯米粉中滾裹而成，吃的時候可以油炸、可以水煮；吃湯圓代表團圓的習俗，餡料有豆沙、麻蓉、花生、魚肉、鮮肉等，放在手心搓揉成小球形，湯煮或煎炸都美味可口。

三、端午節

農曆 5 月 5 日端午節是我國的重要節日之一。相傳古代楚國愛國詩人屈

原憂慮國家的發展，而投入汨羅江溺斃，當時許多船隊到汨羅江搶救屈原，這便是端午節龍舟競賽的來源；後來發現屈原已經溺斃，便將熟飯丟入水中，讓魚群吃飽不要吃屈原屍體，後來改用竹葉包裹著熟飯丟進水裡，而演變為端午節吃粽子。鹹粽是用粽葉包糯米再加豬肉、豆類、鹹蛋黃、花生等煮熟；也有甜粽用粽葉包糯米再加入紅豆沙；還有客家人的鹹粽把糯米洗淨後加上適量鹼粉再用粽葉包裹煮熟後沾糖水食用；及用糯米糰包炒熟的豬肉、蝦米、香菇、蘿蔔乾，再用竹葉包裹後煮熟或蒸熟的粄粽。

日本的端午節是陽曆 5 月 5 日，習慣吃柏餅。柏餅（かしわもち）是和菓子的一種，流行於日本關東地區，外型像中國的茶果，呈圓形或半圓形，以洗淨的粳米（蓬萊米）磨成的上新粉（中間粗度的粉）製成，包入甜餡料，做好後用槲櫟葉對折包起來；餡的種類有紅豆粒餡、豆沙、味噌餡等，由於槲櫟葉在新芽生出前，老葉不會掉落，有「子孫繁榮」的意義，據說是德川幕府九代將軍德川家重時開始出現，自江戶時代流傳至今（維基百科，2017）。不過日本人也會用磨成的米粉蒸熟成年糕糰，再用葉子包成圓錐形，放在蒸籠裡蒸成形，口感有點像客家粄粽。

越南人在端午節吃的粽子是用瘦肉、鹹蛋黃、紅豆做餡，甜粽是用糯米粉捏成團狀，再將椰肉絲、紅豆或綠豆餡塞入糰子做成菱形的粽子，蒸熟後沾上糖水或砂糖吃。

四、中秋節

農曆 8 月 15 日中秋節，家家戶戶或親戚朋友都會共聚一起，觀賞全年最大、最皎潔的月亮，中秋節的習俗是吃月餅，傳統的月餅用麵團、蓮蓉、鹹蛋黃烘烤而成，現在也有採用白蓮蓉、紅豆沙、綠豆沙、各式果仁、乾果、火腿等製成。中秋節在農曆 8 月 15 日，因為月亮代表的是「陰性」，所以這個節日傳統上是女人所慶祝的，時至今日則代表一家團圓的聚會（全中妤譯，2005）。有關中秋節的傳說非常豐富，有嫦娥奔月、吳剛伐桂、玉兔搗藥等等的神話故事；而根據中國民間傳說，月餅的起源是在元朝末年，蒙

古人害怕漢人造反，對漢人有許多的規範，漢人想起來反抗，卻無法傳遞訊息，漢人劉伯溫便想出了妙計，向人民宣告今年要有冬瘟，除非在中秋節時買月餅來吃，才能趨吉避凶，於是人民購買月餅回家，進食時掰開月餅，發覺月餅內藏著紙條子，寫著：「八月十五殺元兵，家家戶戶齊動手」，於是眾人紛紛起義，中秋節吃月餅習俗便流傳下來，現在全球的華人都會在中秋節吃月餅。

▲ 圖 2-3 日本糰子（配黃豆粉、紅豆）

日本人同樣有中秋節，中秋節稱為十五夜，是指農曆的 8 月 15 日，日本人在十五夜吃的糰子叫「月見糰子」，是用糯米粉做成的，裡面沒有餡料，就像沒有餡料的大湯圓，煮熟後放涼，食

▲ 圖 2-4 日本糰子（沾醬油）

用時沾上黃豆粉、黑芝麻、花生粉、糖粉、紅豆、醬油等食用，現在日常生活都會食用，有甜有鹹；另外，日本在秋天時可以捕獲大量秋刀魚，中秋節時非常盛行烤秋刀魚食用，就像臺灣吃柚子一樣。

五、中元節

農曆 7 月 15 日是我國民間的重要節慶－中元節，民間相傳農曆 7 月是鬼月，在這個月「好兄弟」們都會來到人間受人祭拜，是祭祀孤魂野鬼的節日。中元普度其實是道教「中元節」和佛教「盂蘭盆會」的結合，魏晉以來佛道融合成為民間信仰，將神佛混為一體乃民間信仰的普遍現象，道教以農曆正月 15 日為上元節，是天官賜福日；7 月 15 日為中元，是地官赦罪日；10 月 15 日為下元，乃水官解厄日，三位神明民間合稱為「三界公」，其地位僅次於玉皇大帝。中元普度基本上是為了撫慰亡靈祈求平安，它出自對無

主孤魂的憐憫之心和對鬼魂的怖慄之情，從民間對普度的慎重，顯現臺灣民眾對孤魂野鬼的同情心和恐懼感（林茂賢，1999）。臺灣做生意的人都會在自己的店面騎樓祭拜所謂的「好兄弟」，客家人除了準備三牲禮祭拜以外，還會用芋頭和糯米糰做成半月形的芋粄；現在臺灣的寺廟在中元節都有「普渡」孤魂野鬼的儀式，而普渡的三牲祭拜習俗，漸漸被「米雕」取代，米雕牲禮是以麵糰為材料，捏成各式食品再加以染色祭拜，大多捏成羊、豬、雞等家禽、家畜及魚、蝦，再加上水果。

貳、歐美國家節慶飲食

一、踰越節（Passover）

踰越節通常在 3 月到 4 月為期 8 天，慶祝萬物的欣欣向榮和自由，同時也是猶太人出埃及的週年慶，猶太家庭會舉行家宴並朗讀《Haggadah》，書中講述當年猶太人出埃及記的故事，描述猶太人如何解脫奴役的痛苦生活，及上帝如何賜予人類生存和自由的權利；家宴通常準備雞湯、雞肉或其他肉類，及一種未經發酵的麵包餅，象徵當時逃離埃及時沒時間等麵餅發酵，7 天只能吃沒發酵的麵包（全中妤譯，2005）；猶太人曾遵照上帝宰殺一隻羔羊，將一束牛膝草浸血沾門柱與門楣，標示他們的住所，然後將這隻羔羊烤過，搭配無酵餅與苦草食用。踰越節晚餐所吃的宗教食物稱為逾越節家宴（Seder），包括以剁碎蘋果與堅果混合的綜合派，象徵以色列被迫建造金字塔時用的磚塊；還有山葵，象徵奴役之苦；及浸在鹽水中的全熟煮蛋，象徵奴隸哭泣流下的眼淚；還要連續 7 天吃無酵餅，因為猶太人離開埃及時太急促，來不及帶走酵母（邱文寶譯，2008）。英國著名的猶太裔歷史學家 Simon Schama（西蒙‧夏瑪）在《猶太人》一書中，說明猶太家庭每逢逾越節來臨，盛有無酵餅（當然不是基督徒用的那種聖餅）的盤子，連同苦草和苦菜（Maror，通常為薊草）依次端上餐桌，然後由家裡的長者撫摸在座每個人的頭頂（這是猶太人的一種儀式，似已失傳），意思是把一切封存在他

們的記憶中樞，代表他們的祖先出埃及時所吃的痛苦的食糧（黃福武、黃夢初譯，2018）。逾越節最主要的代表食物就是無酵餅、羔羊肉，無酵餅製作很簡單，用水與麵粉混和做成餅，不需等待發酵，馬上用烤箱烤熟，而烤羔羊肉，象徵古埃及時在踰越節所用的羔羊。

二、聖誕節

西方基督教將 12 月 25 日定為聖誕節，以紀念耶穌降生的節日，也稱耶誕節。美國歡慶的聖誕節是延襲自德國、英國、美國混合的傳統，也夾雜些異教徒儀式的遺跡，原始的聖誕老公公為聖・尼可拉斯，他是 4 世紀時住在現在土耳其的聖人；德國聖誕節會布置聖誕樹，還有枴杖糖、薑餅，有些國家聖誕節會連續到第十二夜，1 月 6 日也稱主顯節，三智者在這一天找到耶穌基督聖嬰（邱文寶譯，2008）；英國人慶祝耶誕節備有溫熱的水果酒或香味酒、烤鵝肉、烤火雞或火腿、李子布丁和碎肉派，再飲用波特酒、配一些堅果、水果乾；法國人有兩道傳統菜餚，一道是黑色或白色布丁（血香腸或豬肉香腸），另一道是鵝肉或火雞加栗子；德國耶誕夜的食物有鯉魚大餐及烤野兔、烤鵝，還加上蘋果和堅果類食品，甜點有做成各式水果和動物形狀且顏色鮮艷的杏仁糖，香味糕餅、水果蛋糕、耶誕樹形狀的蛋糕和薑餅屋（全中好譯，2005）。其實歐洲傳統聖誕大餐有多樣化菜式，包括烤火腿、烤牛肉、燻蹄、烤鵝等，而烤火雞是從北美洲的感恩節大餐傳入成為歐洲聖誕節大餐的新菜式，歐洲的傳統聖誕菜餚有烤鵝、閹雞、雉雞肉、孔雀等，再搭配季節性的菜餚及蘋果醬、乾梅子醬、小紅莓醬等各式果醬，還有百果餡餅做成馬廄模型，放上一個用麵團搓成的小嬰孩耶穌，傳統的百果餡餅用肉醬做餡，現在以甜水果做餡料，薑餅人也是很受歡迎的聖誕節小點心。

三、感恩節

美國在每年 11 月的第四個禮拜天是感恩節，1620 年 9 月，許多清教徒搭乘了五月花號啟程航向美國找尋新宗教自由，在美國的第一個冬天，貧

窮、糧食不足、繁重的工作和極差的天氣狀況，使得這些新移民受到病魔感染人數幾乎減少了一半，後來印地安人教導清教徒捕魚、製造肥料、打獵和耕種適合於當地生長的玉米、豌豆和南瓜農作物。第一次感恩節是在 1921年，51 位清教徒男女老少招待來自瓦婆濃族部落的 90 位原住民與酋長馬薩索特，當時是秋季，慶祝玉米的豐收（小麥與大麥的收成沒那麼好），這項慶典持續了 3 天，食物中包含「野禽」與 5 隻鹿；以國定假日表達感恩的想法出現於 1700 年代晚期，由美國第一任總喬治華盛頓推動，建議將 11 月26 日定為感恩節，一直到 1941 年才正式敲定 11 月的第四個星期四為感恩節（邱文寶譯，2008）。

美國在感恩節時，親友會聚在一起用膳、感恩及分享歡樂，感恩節盛宴，包括烤火雞、蜜汁火腿、奶油玉米和馬鈴薯泥，還有香栗子派、南瓜派等；感恩節盛宴是家人聚會的好時機，並共同聚在一起感謝上帝的賜福，據說美國感恩節烤火雞是因為歐洲人剛移民到美洲時鵝還沒有養好，只好吃美洲特產的火雞，烤火雞便成了美國人的感恩節美味。

四、復活節

復活節是慶祝神的兒子耶穌基督復活升天的節日，復活蛋及兔寶寶是歡樂的象徵，復活節食物有彩蛋、竹籃、軟糖、沒有蛋和奶製品的十字麵包，及復活節大餐。德國在復活節會把彩蛋藏在房間和花園裡讓孩子們去尋找，火腿和青豆泥是典型的復活節晚餐食物，還有做成蛋和兔寶寶形狀的復活節糖果；匈牙利一年中最大且最重要的一餐就是復活節前夕的晚餐，有水餃加麵條的濃湯、烤肉（火腿、豬肉或小羊肉），然後是幾樣醃漬泡菜，包餡的包心菜捲（高麗菜捲），最後是各種糕點和咖啡；英國復活節食物有熱的十字圓麵包（十字代表耶穌和祂的復活）和舒茲伯利餅（全中好譯，2005）。在歐洲許多國家，復活節主日的主餐均食羔羊肉，可以讓人紀念摩西借著羔羊的血，領導以色列人出埃及，羔羊是上帝的聖潔羔羊，藉祂在十字架上所留的血，為人洗淨罪業。復活節是一星期的活動，大多數虔誠的基督教徒

在復活節前都有齋戒，食用一些春季的蔬菜和復活節的彩蛋，復活節當天的料理就是肉類，比較傳統的是烤羊肉，基本上，復活節和聖誕節是一家團聚並吃聖餐的節日，而孩子們玩彩蛋，蛋是生命的泉源，用蛋來象徵生命的復活，西歐人普遍認為蛋具有兩次的生命，第一次是「新生」，第二次是「重生」，重生就象徵復活的意思，而基督教徒是慶祝耶穌受十字架刑求的復活。

1. 請問什麼是飲食文化圈？目前全世界可分為哪些飲食文化圈？

2. 請問中國用餐文化和法國用餐文化有哪些差異？

3. 請問人類的烹調方法有哪些分類？哪些烹調方法比較符合健康保
   健概念？

4. 請問飲食器具有哪些分類？

5. 請問節慶各具有哪些飲食特色？具有哪些保健概念？

中國大陸與亞洲各國
飲食文化

中國大陸的氣候帶共劃分為六種，分別為熱帶的廣東及雲南南部、亞熱帶的秦嶺以南及熱帶區域以北、暖溫帶的秦嶺淮河以北地區、溫帶的東北地區和新疆準噶爾盆地、寒帶則是黑龍江以北，及高山寒帶的青藏高原和四川西部。中國大陸地理位置的南北緯度相差大，氣候差異就非常大，再加上沿海地區的海洋性氣候，和其他地區的大陸性氣候的差異，中國大陸所種植的農作物便有顯著的差別，北方乾冷氣候適合種植小麥，南方溼熱氣候適合種稻子，因而影響了居民飲食習慣與飲食文化的發展。

而日本和韓國位於亞洲東北部，地理位置屬於溫帶地區，亞洲南部的印度和東南亞國家則屬於亞熱帶及熱帶地區，這些國家自古以來都受到中國文化的影響，飲食文化也受到影響，但是因為受到本身文化、宗教信仰、地理環境等因素及殖民文化的影響，也形成各自的飲食文化特色。

第一節　中國大陸飲食文化

中國是世界四大文明古國之一，中國歷史經過不斷的融合和擴張，然後形成一個規模龐大的帝國，從黃帝到清朝，在 5,000 年悠久歷史中傳承博大精深的飲食文化，中國的飲食文化關係著整個民族的命運，對維護和保證國民的身體健康有著深刻的社會意義；飲食是人類賴以生存的基礎，中國有句古話叫「民以食為天」，中國人的膳食結構是以雜糧、豆類、蔬菜、水果、穀類等植物性食料為基礎，主、副食界線分明，主食是五穀，副食是蔬菜，外加各種肉類，因為歷史悠久、幅員廣闊，中國飲食文化非常多元、有特色，形成了全世界知名的中國料理。中國人是世界上最能吃的民族，吃得豪邁也吃得細緻，就如 Kittler Sucher 所言，中國人幾乎什麼都吃，可能是生存環境所造成的，因為中國人長久以來飽受飢荒，只要有旱災或水災必定就會發生大飢荒（全中好譯，2005）；中國人可以把「天上飛的，地上爬的」都做成料理。

根據《隨園食單》的記錄可將中國菜餚分為七大類（朱振藩，2012）：

一、 宮廷菜：宮廷菜是封建社會皇室的御膳，用料高級、烹調精緻、種類繁多，是中國烹調的極致表現。

二、 官府菜：官府菜是封建社會官宦之家的膳食，著名的有「孔府菜」、「隨園菜」及「譚家菜」。

三、 寺院菜：寺院菜是泛指佛教及道教的宮、觀、寺、院所烹調的素食菜餚，根據學者的研究，素食是與五代十國時的梁武帝極力倡導有關。

四、 民間菜：民間菜是指一般市井小民所烹調和民間節慶的飲食，可說是中國烹調的基礎。

五、 民族菜：民族菜是指漢族以外其他民族的菜餚，以少數民族的菜餚為主，民族菜會受到各民族的歷史、地理環境、宗教、文化、風俗等影響，而具有不同的風格特色，較具特色的包含清真菜、維吾爾族菜、滿族菜、蒙古族菜、白族菜、壯族菜等。

六、 市肆菜：市肆菜就是餐館菜。

七、 地方菜：地方菜顧名思義就是受到地理環境的影響所產生的菜餚，而經過一段時間的發展，形成具有完整系統及地方特色的菜系。

壹、中國飲食文化

中國地大物博包含不同的地域與族群，在自然環境所形成的種種因素下，中國飲食強調「八大菜系」，意指中國菜餚在烹調中有影響和代表性八個流派，最為人們所公認的有川、粵、蘇、魯、閩、浙、湘、徽等菜系，有時再加上京菜和鄂菜，即為「十大菜系」，還有一些其他的支系有黔菜、桂菜、東北菜、臺菜、客家菜、潮州菜等，一個菜系的形成和它的悠久歷史與獨到的烹飪特色是分不開的，同時也受到該地區的多種自然與人文因素之影響（黃克武，2009）；中國地區遼闊受到各地地理位置的影響，其生產的農作物便形成各地區的特色菜系，有魯菜、川菜、粵菜、淮揚菜等四大菜系，

有川菜、魯菜、粵菜、蘇菜、閩菜、浙菜、徽菜、湘菜等八大菜系及十大菜系（謝定源，2008）：

一、 江蘇菜（蘇）：講究刀工、火候，有南京烤鴨、鹽水鴨、大閘蟹、排骨及雞和鱉燉煮而成的「霸王別姬」。

二、 廣東菜（粵）：由廣州菜、潮州菜、東江菜三種地方風味組成，有廣式點心、飲茶、脆皮乳豬、咕咾肉、蠔油牛柳、冬瓜盅、文昌雞等。

三、 四川菜（川）：色香味俱全、善用麻辣，有魚香宮保、麻婆豆腐、回鍋肉、魚香肉絲。

四、 山東菜（魯）：選料精細、刀法細膩，注重實惠，花色多樣，有名的孔府菜，糖醋魚、鍋燒肘子、蔥爆羊肉、蔥扒海參、紅燒海螺、炸蠣黃等。

五、 福建菜（閩）：以海鮮為主、選料講究、刀工精細，有佛跳牆、肉粽、蚵仔煎。

六、 浙江菜（浙）：製作精細，有龍井蝦仁、西湖醋魚、東坡肉、雪菜黃魚、冰糖甲魚、紹興酒。

七、 安徽菜（皖）：以烹製山珍野味著稱，擅長燒、燉、蒸，有一品鍋、紅燒果子狸、火腿燉甲魚、雪冬燒山雞、大雜燴。

八、 湖南菜（湘）：口味重酸、辣，辣味菜和煙燻臘肉是湘菜的獨特風味，有左宗棠雞、辣子雞丁、冰糖湘蓮、金錢魚。

九、 北京菜（京）：有四大名菜是北京烤鴨、涮羊肉、宮廷菜、烤肉。

十、 上海菜（滬）：稱本幫菜，上海傳統菜餚，油濃糖重色深，有炒脆鱔魚、紅燒下巴、冰糖元蹄。

　　中國八大菜系沒有北京菜，最主要原因就是北京菜有多樣化的料理，北京菜占主導位置是魯菜，但不影響接受四川菜、東北菜、西北菜和其他各種品味相去甚遠的少數民族的食品，人們對食品沒有高低貴賤概念，從「宮

廷御膳」到鄉土菜、家常菜，來者不拒。老北京食品有涮羊肉、北京烤鴨、炸醬麵等長期維持一種漸進的步伐，沒有隨經濟成長而出現跳躍式的發展趨勢（于長江，2009）；北京菜匯集了各地美食料理，明清時北京是全國政經及文化中心，宮廷御廚和大臣廚

▲ 圖 3-1 北京烤鴨

房都集中在北京，全國各地的飲食風味便聚集在北京，現今的北京菜是由山東菜、市肆菜、譚家菜、清真菜和宮廷菜所組合的風味。

　　中國菜的特點是色、香、味、意、形等被稱為「國菜五品」，有強烈的香氣與大量的調味，同時注重選料、刀工、火候和調味，中國料理中不可或缺的有醬油、豆漿、豆豉、豆腐、海鮮醬、蠔油（全中好譯，2005），中國菜的調味料是影響菜餚的主要原因之一，常用的調味料有：

一、　調色：醬油、紅糟。

二、　調香：麻油、麻醬、蔥、蒜、八角、桂皮、茴香、芫荽。

三、　調味：食鹽、醬油、醋、糖、蔥、蒜、辣椒、薑、胡椒、花椒。

四、　調型：太白粉、玉米粉、蕃薯粉。

　　如果以口味來區分，中國美食大概可為五大菜系，若以氣候和食材劃分，中國菜又可分為南方菜和北方菜，北方有北京烤鴨、木須肉等配上甜麵醬包裹在麵餅皮裡吃，還有糖醋鯉魚、蒙古涮羊肉鍋，南方有四川酸辣湯、樟茶鴨、核桃糊、廣東飲茶的燒賣和各式各樣點心，還有客家料理也是南方菜的一大特色，有時候甚至稱為中國南方的靈魂食物（全中好譯，2005）。中國菜對刀工非常講究，工具主要是菜刀和砧板，可將原料切成片、絲、條、塊、丁、粒等形狀，並要求大小、厚薄、粗細均勻，有些原料經廚師的刀工後可拼成美麗的圖案。

貳、中國大陸地方菜

地方菜顧名思義就是受到地理環境的影響所產生的菜餚，經過一段時間的發展，形成具有完整系統及地方特色的菜系（朱振藩，2012），地方菜是指使用當地的食材所做的家常菜，食材種類依季節及當地貯存條件而異（全中妤譯，2005），地方飲食文化不但涉及食物與政治經濟背景，也與生態環境、職業規範、文學表現、文化結構等因素有關（黃克武，2009）。中國地廣物博各地都有本身地方菜餚，簡單介紹如下：

一、 **山東偏北地區**：中國華北地區氣候較為寒冷，蔬菜比較少，擅長做熱量較高的菜餚，原料多是家畜、家禽、海產，善用爆、勾芡、蜜汁等烹調方法，以魚翅、鮑魚、燕窩、海參等高檔食材做出美味厚味大菜，名菜有扒原殼鮑魚、蔥燒海參、魚翅羹、糖酥鯉魚等，同時用麵粉製作饅頭、花卷、油條、水餃、燒餅等。

二、 **華中地區**：中國大陸的四川、湖南、貴州等西南地區，四季潮濕，辣椒有去濕、驅寒效果，當地居民喜歡吃辣椒，用辣椒、花椒、胡椒和薑等料理食物，有毛肚火鍋、五更腸旺、麻婆豆腐，湖南菜是酸和辣，將「大紅椒」用密封罈子以醋醃著成為酸辣，調味偏重香、酸、辣。

三、 **華南地區**：飲茶是廣東人特有飲食文化，茶樓精緻美味的點心有燒賣、蝦餃、牛肉丸、腸粉、叉燒包、春捲、燒鴨等等，茶有鐵觀音、烏龍、普洱、香片等等，廣東人喜歡臘味，如臘腸、臘肉、臘鴨等，用臘味「焗飯」或直接蒸熟做菜餚，廣東人愛吃野味，如田鼠、蛇，有龍虎鳳煲湯、三蛇羹等補品。

四、 **蒙古地區**：有先白後紅的飲食習俗，先食用各種白色乳製品，再食用肉類，以肉食為主的民族，內臟清潔整理後可烹飪出各種美味料理，有羊肉麵條、烤全羊、蒸羊背等，加上特殊香料都成為美味食物。夏季以風乾肉做麵條湯或菜湯，蒙古茶食在蒙古地區非常有名氣，有客

▲ 圖 3-2 蒙古水煮羊肉

人時會端上熱奶茶，茶加牛奶和一點鹽巴，還有馬奶酒、羊奶酒。

五、 **西南地區**：傣族飲食有米和肉，茶、檳榔、酒是待客的主要食物，主食是糯米，香竹飯是用糯米放在香竹筒裡烘烤而成，或用浸泡過的糯米為主料，再用芭蕉葉包紮，煮熟食用；喜歡吃酸肉和生肉（當地人稱剁生），酸肉是將新鮮生肉切成薄片，加入食鹽、辣椒等佐料，陶罐密封幾天後即可食；生肉是將剛宰的新鮮生肉剁成肉泥，加上辣椒、薑、蔥、食鹽和香料等佐料，倒入預先調好的酸醬汁，用筷子攪拌均勻便可食用，現在東南亞有些國家也吃生肉。

中國西南地區居民住在山谷之中，水泉冷澀，要常吃辣之物方能暖胃健脾，其次湘、黔等省長期嚴重缺鹽，許多民眾不得不用酸菜、辣椒等當鹽來調味佐食，當地許多民族對酸魚、醃肉、酸菜、辣味的嗜好和偏愛，或多或少保存了曲蠻百越等古老民族的食俗風味（黃克武，2009）；就如 Kittler Sucher 所言，中國人幾乎什麼都吃，雖然什麼都吃，但吃什麼自有一套規矩道理，食物要陰陽調和，飯和菜的比例也要適當，燥性食物通常在冬天食用，有些食用會影響血氣，有加速傷口癒合的療效稱為補品，補就是增強體魄的意思，像蜂王漿、靈芝、蛇肉、狗肉、烤甲蟲、大蒜、當歸、牛奶、小麥草汁、人參、鹿茸、犀牛角、磨成粉的海馬（全中妤譯，2005）。基本上中國傳統飲食文化有四種特點：

一、 **重視食物**：主食是稻米和小麥，還有小米、玉米、麥蕎、馬鈴薯、紅薯等五穀類，有各種麵類食物，如饅頭、燒餅、油條及各種粥類、麵條類及小吃類。

二、 **注重養生**：自古有「寓醫於食」，以食物養生的理念，利用食物本身

的醫療功能做成各種膳食菜餚，依據季節食用不同性質的食物，飲食與養生保健有密切關聯。

三、　**重視味道**：中華飲食講究色、香、味，各地地方菜配合在地食材，在選料、製作、調味品的調合下，各自擁有地方的特有風味與美味。

四、　**注重調理**：各種食物的搭配，以陰陽調和做為食物烹調原則，在膳食結構上強調飲食平衡，各種不同營養成分的食物互補，以五穀為主食，搭配其他水果、肉類、蔬菜等，及功用不相同的食品，使身體能得到陰陽平衡的養身目的。

中國人的「開門七件事－柴、米、油、鹽、醬、醋、茶」，其中調味料就占了四種；調味品的使用，除了可以增加食物的美味外，最重要的附加價值就是可以保存食物，尤其是肉類食品（林慶弧，2017）。同時中國大部分料理都是熱食類食品，除了水果，中國人很少吃生冷的食物，烹飪方式以節約能源為最先考量，希望能用較少的能源烹調出最多的食物，有炒、蒸、炸、燉、烤等方法，中國人通常不會在家裡烤食物，要吃就從外面的餐館買回來（全中好譯，2005）；同時根據中華人民共和國衛生部公布「既是食品又是藥品的物品名單」如下頁表 3-1。

這些既是食品又是藥品的原料是中國傳統上有食用習慣，且民間廣泛食用，但又於中醫臨床使用的原料，同時可做為保健食品的原料和輔料（周志輝，2009）。以蓮子來說，蓮子具有保護肝臟的功能、能調節免疫系統、降低血糖值、具有強勁的抗菌功效；枸杞含有高量多醣體、多酚、玉米黃質和葉黃素，可改善視力、有助於預防黃斑性病變和糖尿病性視網膜病變；蜂王漿可抑制腫瘤生長、抗炎、抗菌、天然安全的荷爾蒙來源；棗的果肉含有蛋白質、脂肪、糖、胡蘿蔔素、核黃素、抗壞血酸等營養；靈芝具有抗微生物、抗病和抗腫瘤的特性；香菇在傳統中國料理中扮演著重要角色，含有香菇嘌呤可幫助降低膽固醇、麥角硫因可保護細胞、多種胺基酸、維生素 B 群、數種礦物質等等，香菇多醣體可活化細胞、提高免疫力及抑制癌細胞

表3-1　既是食品又是藥品的物品名單				
丁香	八角茴香	刀豆	小茴香	小薊
山藥	山楂	馬齒莧	烏梢蛇	烏梅
木瓜	火麻仁	代代花	玉竹	甘草
白芷	白果	白扁豆	白扁豆花	龍眼肉
決明子	百合	肉豆蔻	肉桂	余甘子
佛手	杏仁（甜、苦）	沙棘	牡蠣	芡實
花椒	赤小豆	阿膠	雞內金	麥芽
昆布	棗（大棗、酸棗、黑棗）	羅漢果	郁李仁	金銀花
青果	魚腥草	薑（生薑、乾薑）	枳椇子	枸杞子
梔子	砂仁	膨大海	茯苓	香櫞
香薷	桃仁	桑葉	桑椹	桔紅
桔梗	益智仁	荷葉	萊菔子	蓮子
高良薑	淡竹葉	淡豆豉	菊花	菊苣
黃芥子	黃精	紫蘇	紫蘇籽	葛根
黑芝麻	黑胡椒	槐米	槐花	蒲公英
蜂蜜	榧子	酸棗仁	鮮白茅根	鮮蘆根
蝮蛇	橘皮	薄荷	薏苡仁	薤白
覆盆子	藿香			

資料來源：（周志輝，2009）。

（陳昭妃，2015）。中國飲食文化可說凝聚著並傳承著中華民族的智慧，中國注重食物養生的文化一直影響著民眾的日常飲食習慣與養生觀念，這些飲食習慣與養生文化將不斷弘揚、創新，並將永續傳承與發展。

第二節　日本飲食文化

日本飲食文化可以讓人感受到日本人的做事精神，日本料理讓人想到精緻美食，日本料理善於吸取各國文化的飲食精髓，且致力於維護日本的傳統飲食文化，這種傳統與創新並存的飲食特色，讓日本料理成為全球的著名飲食。

其實，日本一些主要的食物原料都是從中國料理中汲取而來，如米、大豆、茶。米是主食，和中國人略不同的是日本人喜歡吃的米比較短，澱粉含量較多，煮後比較濕黏，加入醋攪拌的米飯叫壽司，習慣搭配生魚片食用，吃用小麥做的烏龍麵、素麵／白麵和拉麵，還有用蕎麥做的蕎麥麵（全中好譯，2005）。日本的飲食文化主要是利用各季節的食材所發展的料理，包括生魚片、壽司、天婦羅、蕎麥麵、烏龍麵等是日本人最喜愛的食物，大家所熟悉的日本料理食物有：

一、　生魚片：以熟練技巧將魚切成片，日本人喜愛沾醬油、山葵食用，生魚片是日本料理代表，生魚片有鮪魚、鯖魚、鰹魚、鮭魚、旗魚等，廚師會依照魚肉特性配製不同的佐料，讓魚肉的鮮美充分展現出來。

二、　壽司：米飯摻醋做成的料理，種類非常豐富，是日本很有特色的美食，壽司手捲是將整片海苔鋪在竹簾上，加入用醋調味的米飯，再加上魚肉、海鮮、蔬菜或炒蛋等做配料，捲成長條再切塊。壽司可做為點心或正餐，配料可以是生的、可以是熟的，握壽司是把摻白醋的米飯捏成小團，上面放上生魚片，然後沾醬油、山葵食用。

三、 **天婦羅**：將新鮮蔬菜或海鮮先沾上摻水的麵粉漿後油炸的料理，沾特製醬油、香料或湯汁食用，可充分品嘗食材本身的滋味，日本人把油炸食物叫做「揚物」，可分素炸、乾炸、麵衣炸及麵衣變化炸等四種，麵衣炸是將食材沾麵粉、蛋、水調和的麵衣，再下鍋油炸，是最常見的方法。

四、 **蕎麥麵**：蕎麥麵是從中國大陸傳到日本的食物，成為日本人所喜愛的大眾麵食之一，原本是下酒菜，麵量不多。關東地區喜歡吃蕎麥麵，關西地區則喜歡吃烏龍麵，關東的湯是用柴魚熬煮，關西是用海帶，蕎麥麵可以冷麵食用，將煮好的蕎麥麵以涼水沖涼，再放在竹簾上並撒上紫菜碎片，沾撒有蔥花的醬油食用。

五、 **拉麵**：拉麵以其獨特配料展現味道，有玉米、叉燒、海苔、筍乾、蛋、豆芽、海鮮等為基礎，味噌拉麵的湯混合了豬骨、雞骨及新鮮蔬果的精華；東京的醬油拉麵是日本拉麵始祖，湯以雞骨熬煮，再配昆布、柴魚、小魚乾、醬油熬煮，最後加上海苔；豚骨拉麵的湯用豬骨以大火長時間熬煮出乳白色濃湯，加上蔥、蒜、麻油調味。

六、 **懷石料理**：懷石料理原本是日本修道和尚在寒冷時用燒熱的石頭放在懷中取暖，後來演變成日本茶道儀式前供應的簡單餐食，再演變成一種具有高級風格的精緻料理，用餐時有一定的禮法和程序，既可享受精心烹飪的季節佳餚，亦可欣賞精緻的餐具如圖 3-4。

▲ 圖 3-3 日本天婦羅配涼麵　　　▲ 圖 3-4 懷石料理菜餚

▲ 圖 3-5 日本烤魚　　　　▲ 圖 3-6 日本拉麵

七、 味噌湯：味噌湯是一種極具日本傳統飲食特色的湯品，味噌是用黃豆
　　製成的醬，味噌可做成各種簡單、美味、營養的湯品，在鍋子放入豆
　　腐、海菜及各種蔬菜，如蘿蔔、茄子、馬鈴薯、洋蔥等等食材煮軟後
　　加入味噌，就是味道鮮美，營養價值高的湯品。日本人吃飯前會先喝
　　口味噌湯，不用湯匙喝味噌湯，以口直接就湯碗喝。

　　日本料理大約分為吸物（清湯）；燉物／煮物，如關東煮；蒸物，如茶
碗蒸；油炸物，如天婦羅；壽司、醋涼拌的沙拉、茶泡飯或直接在餐桌上烹
煮取食的火鍋；將海鮮、魚肉、水果、蔬菜等材料和味噌、醬油、醋等醃泡
在一起的食物統稱為醋漬物，是餐餐佐配的小菜（全中好譯，2005）；最基
本傳統和食形式的飯加一汁一菜中，「汁」指的即為味噌湯，味噌本是貴族
藥補食材，現在，咖啡和麵包雖然大舉進駐日本人早餐的桌面，不過，懷舊
的家庭仍然堅持喝上一碗熱騰騰的味噌湯再出門，才是元氣滿滿的一天生活
之開始（林嘉翔，2000）。日本的飲食文化本身就非常豐富，加上日本餐飲
對外來食物的接受度高，更造就日本多樣及多選擇的飲食文化，日本食材全
球化後，口味普及化，使得日本料理不斷創新。

　　日本料理已是全球文化的一部分，倫敦一家時髦日本料理餐廳 Nobu 供
應的是當代無國界料理，融合了日本料理、南美、北美菜，已與典型的「日

本性」截然不同（Cwiertka, 2006）；在美國有家很受歡迎的「紅花」牛排館，包裝為日本傳統風格，讓客人能在具有異國情調環境中享用熟悉的食性，「紅花」是日本地區以外的第一家鐵板燒形式餐廳，但其行銷策略很清楚地是為了與其他講究精緻的日本料理餐廳做區隔（陳玉箴譯，2009），這便是日本料理所追求的目標，使得日本料理在世界飲食文化中，永遠占有一席之地。

近來非常流行的日本懷石料理原本用意是搭配日本茶道，用以搭配茶的美味而發展出來的日式料理，現今已成為高級日式料理的代名詞。「懷石料理」透過食物所傳達的其實是一種好客的溫暖，而非這些食物有多奢侈，懷石料理反映的是一種季節感，以及對人與人間情誼的感知（Cwiertka, 2006；陳玉箴譯，2009）；「懷石料理」是一種日本飲食文化的創新，其背後隱含日本的文化及人文元素，「懷石」原本是禪宗在修行打坐時，為了強忍腹中飢餓，故於懷中放置烤過的溫暖石頭，以抵擋飢餓禦寒，後來成為進行茶道前所進食的懷石料理，是一種寓意簡單自然的食物，同時避免空腹飲茶、保護腸胃。懷石料理從簡單的食物，轉變為精緻、講究的日本料理，並成為日本料理中最高級的經典料理，懷石料理的最大特色，就是配合季節選擇新鮮的蔬果調製，以量少、精緻、素食材成為其獨特的風格（李瑞娥，2017）。日本料理在臺灣一直都非常受到歡迎，且都是被定位成高消費的料理，近年來很受年輕人歡迎的迴轉壽司，算是風格獨特的日本料理，而居酒屋可品嘗各種酒類和以日本菜為主的下酒菜，價格較經濟實惠，有供應日本清酒、啤酒等飲料，有些快餐店提供日式牛肉飯、咖哩飯、壽司、天婦羅、蕎麥麵等日本食物。

▲ 圖 3-7 日本生魚片

日本飲食文化的特色就是「生」和「鮮」，在日本人的飲食觀念中新鮮的食物體內蘊含旺盛的生命力與豐富的營養，以生食和清淡飲食著稱的日本人平均壽命很高。世界衛生組織（WHO）發布的 2015 年版《世界衛生統計》報告指出，目前全球人口平均壽命為 71 歲，女性 73 歲、男性 68 歲，其中日本為最長壽國家，而平均壽命最高的是日本女性（87 歲）和冰島男性（81.2 歲），2013 年日本人平均壽命為 84 歲，蟬聯全球第一（盧素梅，2015）。日本人喜歡吃生魚片，像鮪魚、鯖魚、鰹魚、鮭魚、青花魚、沙丁魚等，都是深海魚類。深

▲ 圖 3-8 日本茶碗蒸

海魚類含有 Omega-3 脂肪酸（EPA、DHA），是幫助降低血液黏稠度並預防心血管疾病的重要營養物質，DHA 可以改善記憶力和認知功能，EPA則能降低血液裡的中性脂肪和壞膽固醇，防止動脈硬化，預防中風及老年癡呆症（王進崑等，2009）；同時日本人在日常各種料理中都會加入海帶，三餐的味噌湯有海帶、豆腐，日本人經常食用味噌湯，味噌湯有海帶、豆腐，大豆飽和脂肪含量低，不含膽固醇，纖維含量高是理想的蛋白質來源，同時大豆本身含有豐富且極易被人體吸收的鈣質和鐵質等礦物元素，且高量的大豆異黃酮能降低膽固醇和心臟病罹患率，大豆透過發酵製成豆豉、豆腐乳、納豆、味噌，在發酵過程中使所含的鈣、鐵、鋅等礦物質更容易吸收；而海帶所含營養為人體提供均衡完整的營養及豐富的礦物質微量元素、胺基酸、抗氧化劑、植物性雌激素、多醣體和酶，可抗炎症、抗細菌、抗老化、抗氧化、抗癌等等功效（黃齊，2008；李秋涼，2015）。另外，大豆性屬甘溫，順氣，寬中活氣，解散藥毒百毒；麴性亦屬甘溫，入胃後飲食過量者可幫助消化，消除閉塞之感，通元氣活新血、滋潤筋骨、解毒清血、止痛止癢，味噌被當成長命之藥及人民的營養劑，味噌對各種疼痛、紅腫、割傷等外傷也是靈丹妙

藥（程健蓉譯，2013），因此，日本的飲食文化可能就是其人民成為全球最長壽的原因之一。

第三節　韓國飲食文化

韓國飲食以穀物為主，配上辛辣的蔬菜和肉類、雞鴨、海鮮。由於地理位置影響，韓國冬季寒冷且時間很長，無法種植蔬果，便用醃漬發酵方式保存食品，韓國泡菜是韓國飲食文化的關鍵特色，韓國人用鹽來醃製蔬菜，各種蔬菜都可醃製泡菜，水果、魚類、肉類等都可醃漬製作成各種款式的泡菜。韓國泡菜種類很多，但大部分都是用中國大白菜和白蘿蔔，切塊後塗抹大蒜、青蔥、辣淑等調味料，然後放著讓它發酵（全中妤譯，2005）；在韓國，泡菜可以配飯、煮湯、下酒菜，泡菜是韓國國宴及民眾日常飲食中不可缺少的食物。

林慶弧（2017）認為在韓國料理中，韓國烤肉是最受國人喜愛的，烤牛肉和烤牛排，食用時以特製的剪刀剪成塊狀再佐以生菜、芝麻、辣椒醬等；而冷麵是最具韓國特色的料理，佐料以肉、蔬菜、水煮蛋為主，有加湯而爽口的「水冷麵」，及以辣椒醬調味的「拌冷麵」；拌飯中的石碗拌飯是韓國獨有的料理。韓國食物受到中國和日本的影響很大，但只要嘗到味道和看到顏色就可以分辨出是韓國菜，辛香料是韓式料理的精髓，韓式料理有：

一、　**米飯和粥**：韓國人食用米飯和粥時會添加豆類、栗子、紅豆、大麥，和小米、大麥輪流吃，用小麥、蕎麥做成麵條等。

二、　**湯**：湯會加蔬菜、肉類、貝類、海菜、牛肉、骨頭等等不同的食材，也可煮湯麵。

三、　**醃海鮮**：醃海鮮是用魚、蝦發酵製成的食物，可當作菜食用，或當調味料。

四、 **煎餅**：麵粉加蛋、蘑菇、魚乾、海鮮、蔬菜、泡菜，加鹽、胡椒、水拌勻煎成餅，可做主食或當點心。

五、 **石鍋拌飯**：韓國傳統米食代表之一，有多種小菜、雞蛋、肉片，再拌上韓式甜辣醬與泡菜，配菜有紅蘿蔔、金針菇或香菇、青江菜、黃豆芽菜、海帶芽等不同顏色的蔬菜，有時配上醃漬入味的烤肉片，是美味、營養的料理。

六、 **韓國烤肉**：將牛肉切成丁狀、薄片或肋排，先用大蒜、蔥、醬油和麻油等醬汁醃入味，然後在餐桌上炭烤後食用。

七、 **炒年糕**：長條狀年糕加牛肉、綠豆芽、蔥、香菇、蘿蔔及洋蔥料理，再用醬油、辣椒調味，有時加些銀杏及核桃。

　　韓國前幾年的電視劇《大長今》，使得韓國飲食及韓國宮廷料理受到關注，根據韓國旅遊網頁資料（宮廷料理，2017）朝鮮時代宮廷日常膳食的宮廷料理一天共五餐：一大清早先進食補藥、米湯或粥，上午 10 時左右為早晨水剌桌（意為御膳），下午 5 時左右為傍晚水剌桌，午餐與晚餐間備有簡單的餐

▲ 圖 3-9 韓國小菜

點；水剌桌是指包含十二碟菜餚的套餐，基本料理為兩種飯、兩種湯以及煲湯、燉品、小火鍋、泡菜、醬料等共十二道菜餚所構成，兩種水剌（米食）是指白飯與用煮沸紅豆水製成的糯米飯，兩種湯則為海帶湯和精熬牛骨湯，水剌桌由大圓盤（王與王妃坐在此大圓桌前進膳）、小圓盤（以附帶形式擺放湯碗的小圓桌）與方桌盤（模樣像書桌的飯桌，用途為輔助主菜圓盤）構成：

一、 **大圓盤**：白飯（白水剌）、海帶湯（藿湯）、大醬、醬油、醋醬油、醋辣椒醬、燒烤蔬食、熱燒烤、生肉片、醬瓜、生菜、熟菜、半熟蛋、

煎油花、蝦醬、鹹魚、紅燒、白切肉、蘿蔔塊泡菜、蝦醬汁泡菜、鹽水蘿蔔泡菜、燉品、大醬湯、蝦醬湯。

二、　**小圓盤**：紅豆飯（紅豆水剌）、精熬牛骨湯、空碗、空盤、茶碗（茶水）、茶罐。

三、　**方桌盤**：芝麻油、肉、雞蛋、蔬菜、清湯。

四、　**火鍋爐**。

　　古時的宮廷筵席不論在烹調、擺設和食材都相當精緻典雅，材料都是來自全國各地當季鮮食，包括野菜、生菜、醬菜、乾果、蝦醬、魚、肉、蛋等，調理方法以蒸、燉、烤、燙、煎、拌為主，有煎餅、米飯、調味且炒過的食品、甜粥、鹹粥、甜點和水果。韓國飲食文化注意食物本性陰陽和冷熱的道理，和其他亞洲人一樣，他們也謹守食物的分類食用，大部分蔬菜是陰性（涼性）食物，而牛肉、羊肉、狗肉、辣椒、蒜

▲ 圖 3-10 韓國泡菜

頭、薑等是陽性（熱性）食物（全中好譯，2005）。韓國泡菜的主要食材是大白菜、蘿蔔、小蘿蔔、茄子、小黃瓜、黃豆芽等等的陰性食物，但是搭配辣椒、薑、大蒜等食材一起醃漬，便能夠使食物陰陽調和。同時根據研究證明泡菜的營養極為豐富，以大白菜等蔬菜為主要原料，其營養成分包括維生素 A、B_1、C，鈣、磷、鐵、胡蘿蔔素、辣椒素、纖維素、蛋白質等，能起到殺菌、抗癌、預防便祕、降低膽固醇等諸多作用（徐靜媛，2006），而大醬的主要原料是大豆與麵粉，大豆和麵粉都含有豐富的營養與各種礦物質、維生素。

　　另外，韓國生產的高麗參及其相關的養生飲食，有人參雞湯、沙參涼拌菜等都是根據當地地理氣候所生產的食材，再經由祖傳烹調方法做出各種的養生飲食料理。而人參含有維生素 B、生物素、膽鹼、類黃酮、醣

類、礦物質、人參皂苷等等，人參皂苷對人體之中樞神經、內分泌系統、心血管系統均有良好之藥理作用，人參類黃酮是一種抗氧化劑，可預防自由基引起之疾病（黃進發、林士民、湯雅理，2006），原則上，人參具有抗衰防老、預防癌細胞生長、抑制脂肪吸收、增強免疫力、保護心臟、改善血凝等多種作用，因此，韓國的氣候與地理環境造就了韓國特有的飲食風味與保健飲食文化。

第四節　東南亞各國飲食文化

東南亞位於亞洲的東南地區，分為兩個區域：陸地區域有中南半島的柬埔寨、寮國、緬甸、泰國、越南與馬來半島；海洋區域有馬來群島的汶萊、東馬來西亞、東帝汶、印度尼西亞、菲律賓、聖誕島與新加坡。

東南亞各地飲食習慣本來有許多相同之處，但由於各國受到不同外來文化影響，所以食物的烹調方式和食用習慣上略有差異（全中妤譯，2005）。東南亞各國普遍都受到殖民飲食文化的影響，形成異國多元料理的飲食文化，同時早期受到阿拉伯民族伊斯蘭宗教信仰的影響，印尼、汶萊不吃豬肉，印度不吃牛肉和豬肉，不過東南亞國家就如中國和日本一樣，主食是米，但不常使用醬油調味，使用口味比較濃的蝦醬和魚露，使得東南亞各國的飲食文化形成各自獨特的飲食文化。

壹、泰國飲食文化

水稻是泰國最重要的農作物，泰國米細長，氣味較重，嚼起來很有口感，其他農產品有魚類和蔗糖，泰國三面環海海鮮豐富，盛產很多香料，氣候非常濕熱，居民便以酸、甜、辣及各種香料調味，以刺激食慾，泰式調味大多以香茅、南薑、咖哩等香料，再加上當地盛產的檸檬草、芫荽、小辣

椒，並以魚露、蝦醬、椰奶等當作佐料，而形成獨特的泰式料理。泰國菜的特點，講究酸、辣、鹹、甜、苦五味的互相平衡，通常以鹹、酸、辣為主，而帶著一點甜，泰國菜用調料的特點，整體來說善用椰奶、九層塔、香茅、泰國青檸（又稱青檸菜）和辣椒；泰國人的正餐是以米飯為主食（米飯可以是泰國香米，也可以是糯米），佐以一、兩道泰式咖哩、一條魚或一些肉、一份湯，和一份沙拉；喝湯，對泰國人是很重要的，著名的有泰國的冬蔭功（泰式酸辣湯），湯味極辣（維基百科，2018）；泰國料理是個民族大熔爐，主要有中國的炒類、印度的穆斯林黃咖哩、孟族（寮國）的半生熟食物，椰子和叢林香料融合風味、地方特色，基本是中華料理和寮國與高棉料理的結合，例如來自中國雲南高山族的鹹，福建潮州的甜，印度咖哩的嗆辣，越南、印尼的酸，以及泰國本身的甜等南洋飲食口味，都加以融合而成為獨家特色（于美芮，2016）。泰國飲食大致包含：

一、 **泰式套餐**：米飯為主食，把飯擺在桌子上，再擺置其他菜餚，有肉、魚或家禽肉、湯、辛辣沙拉（青木瓜或菜豆），配著魚露、生切辣椒的調味醬，食用炒麵時，放少許肉末、海鮮、蔬菜和蛋，再撒些碎花生、淋上南普力克醬（Nam Prik Pao，泰式辣椒醬）。

二、 **咖哩**：泰國的黃咖哩含有小豆蔻和薑黃，紅咖哩含有紅辣椒和椰奶，綠咖哩含新鮮綠辣椒，愛好辛辣者可挑戰綠咖哩，咖哩通常搭配牛肉、豬肉、雞肉、鴨肉或是海鮮。

三、 **魚露**：由發酵魚製成的辛辣佐料，泰式烹調用以代替鹽調味，是重要調味料。

四、 **辣椒**：泰國菜餚的基本味道，泰式料理常使用大量的辣椒。

五、 **新鮮香草**：泰式烹調的香茅、檸檬草是很受歡迎的調味品，還有南薑、芫荽、九層塔、大蒜和香檸檬（葉子和果實）。

六、 **椰奶**：許多泰式甜點都加椰奶，西谷米、椰醬、水、糖可做成椰汁西米露，西谷米是從西米棕櫚莖髓萃取製成的澱粉質食物，形狀像米。

泰式料理的基本調味有辣椒、咖哩、魚露、蝦醬、椰奶等等天然佐料加重食物口味，常用九層塔、芫荽（胡荽）、紫蘇、薄荷葉、檸檬葉等香料，做各種切、剁、搗、拌等料理方式，而造就泰國獨特的菜餚風味，著名的特色美食有咖哩飯、檸檬魚、蝦醬空心菜、涼拌青木瓜絲、椰汁西米露、摩摩喳喳、酸辣海鮮湯；泰國菜的食物都是酸酸辣辣口味，配上泰國米就是一種用餐享受，食用泰式料理就是享受各種調味料的菜餚。

貳、越南飲食文化

　　越南地理位置在東南亞中南半島，自古深受中國儒家文化影響，19 世紀時是法國殖民地，越南可感受到東西文化的遺跡，越式旗袍是越南人早期依照清朝滿洲人所穿的旗袍改良成越南民族服裝，現在常用來做為女學生的校服。

　　越南飲食文化傳承長久的傳統文化呈現多元化，越南菜使用魚露、醬油、稻米、香草、水果和生鮮蔬菜等料理食物，經常使用的香料包括檸檬草、檸檬和辣椒，最常見的肉類是豬肉、牛肉、雞肉、蝦、扇貝和各種海鮮，越南是東南亞唯一使用筷子做為食具的地方。由於法國人的影響，越南人學會吃蘆筍、綠豆和馬鈴薯等食物，越南常以濃郁奶油香味的法式酥皮餡餅當點心，把法國麵包加肉餡或蝦餡當中餐或晚餐食用（全中好譯，2005）。越南人食用的青菜通常是生的，越南有名的河粉湯、蟹湯粉等都是把豆芽洗乾淨後就直接食用、或沾魚露、放入湯中拌著食用；越南河粉是用米製成的，它的形狀、製作方法與粿條相同；湯是肉類、香料經過長時間的燉煮而成，加入牛肉稱為牛肉河粉，加入雞肉稱為雞肉河粉，食用時自己可加入喜歡的新鮮九層塔、芫荽和生豆芽菜等，牛肉河粉可選擇生的與熟的牛肉，生牛肉是絞肉狀，與熱湯攪拌後呈半熟狀食用；越南的生魚酸湯、椰汁豬肉、春捲、煎餅等等都會加入薄荷、香茅等等有特殊氣味的香草植物。

越南春捲承襲自中國春捲，中式春捲
皮是用麵糊烘烤製成，越南春捲皮是
用糯米漿曬乾製成，用糯米製成米
皮，包豆芽菜、粉絲、魷魚絲、蝦仁、
蔥段等做成餡後油炸，食用時蘸上魚露或
酸醋、辣椒等佐料；法國麵包夾肉也是越南

▲ 圖 3-11 越南夾肉麵包

人的日常食品，把醃菜、黃瓜、辣椒、芫荽、奶油等配料夾入法國麵包如圖
3-11，加上牛肉或雞肉一起吃，可配一點辣椒，酸湯火鍋是以生魚為湯底，
加上蝦仁、酸豆（羅望子）、芋頭、番茄、蔥、豆芽、芫荽等入鍋燉煮。

越南料理受到中國料理和法國菜影響，越南北部菜餚比較傳統，食物在
調味料和原料選擇上比較嚴謹，口味重，飯菜略鹹；越南南部受到中國南方
移民和法國殖民者影響比較大，使用多種類的香草，做菜喜歡放點糖，加椰
子汁或椰子水，有酸酸甜甜的味道，餐桌上常見生吃的青菜搭配魚露，越南
魚露有原味魚露，鮮美中帶有天然的魚香味，可用來煮湯、炒菜，有些魚露
放入檸檬汁和辣椒，略帶酸甜，是做涼拌或蘸醬用的魚露，以魚、蝦為原料
發酵而成的魚露，是越南獨特飲食風味的關鍵食材。

參、印度飲食文化

印度飲食文化隨著信仰及地區有不同的變化，印度飲食文化受到印度
教和伊斯蘭教的影響，加上曾經是葡萄牙和英國的殖民地，印度的飲食文
化受到印度教的影響，把牛視為聖牛，不吃牛肉，受到伊斯蘭教教義的影
響，印度人不吃豬肉，印度人素食者非常眾多。印度料理非常重視食物的
組織、顏色和香料的搭配，必須有米飯類、咖哩蔬菜、扁豆或肉類菜餚，
配菜可能是蔬菜扁豆、烘烤或油炸的麵包、醃製的水果或蔬菜及用優格為
底的芥末籽醬，有時來一道水果類點心；南印度人以蒸煮方式處理食物，
基本食材有米類、咖啡、調味料、酸甜醬、調味優格；北印度人愛辛辣的

濕物香料混合物、新鮮蔬菜、水果、香草及香料，同時在印度有30%的人是素食主義者也接受奶製品，但絕不吃蛋類食品（全中妤譯，2005）。印度主食是印度烙餅和咖哩米飯，配上咖哩調味的番茄、洋蔥、馬鈴薯、茄子、花椰菜等等蔬菜，喝紅茶、咖啡、冷開水等飲料。北印度以烤餅麵食為主，有香料烤飯、串燒雞肉或羊肉、香料烤雞、油煎麵包；南部以米食為主，有蒸飯、炒飯、麥片粥加蔬菜、煎餅、奶酪再配咖哩醬和調味優格；印度菜餚的烹調方式主要是配合手食。

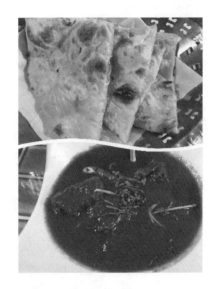

▲ 圖 3-12 印度烤餅配咖哩牛肉

　　印度餅有恰巴堤（Chapati）是用沒有發酵的麵團，將揉好的麵團攤平在平底鍋或平盤鐵盤上，用極少量油煎烤，如果油炸到膨脹，就是印度膨膨餅皮歐哩（Puri）；印度餅都是用手將餅撕成小塊，沾取咖哩醬汁後食用，或將餅撕開成小口袋狀填入餡料；塔哩（Thali）是印度正式的進食方式，用大圓鐵盤上面放幾個小碗，裝好搭配的米飯、餅、優格、咖哩醬汁、醃菜及甜點等，米飯旁附一張餅，用手把餅壓碎後再搭配米飯和咖哩吃，塔哩是印度定食；另外，使用長米配羊肉、雞肉、蔬菜的燉飯，配咖哩醬和番茄、生黃瓜、醃菜食用；印度三角形咖哩炸餃是印度家庭或餐廳的常見點心，內部餡料有馬鈴薯、豆子、茴香、辣椒等混合物，有蔬菜咖哩餡與羊肉咖哩餃兩種口味。米食、烤餅是印度每個餐廳不可少的主食，素食者就食用純素食烤餅套餐。而印度奶茶的特色是多牛奶、多糖，冬天時會加入

▲ 圖 3-13 三角形炸餃

豆蔻、丁香、肉桂、胡椒調味，夏天時是添加薑調味，喝起來甜又口味重；印度式優酪飲料，就是酸奶、水、香料、糖或鹽調製的飲料，是夏天很受歡迎的冷飲。

根據研究，有將近三分之二在印度國內是素食者的印度移民來到美國後，就成為非素食者了，純素食者轉變為非素食者的真正原因未明，而亞裔印度回教徒在美國境內很少食用豬肉，他們為了符合回教的飲食戒律，還需採購符合 Halal（清真）或 Kosher（潔食）屠宰規定的牛肉才行，甚至不惜長途開車去很遠的地方買肉（全中好譯，2005）。

肆、東南亞飲食文化與保健

泰式料理中的魚露含有豐富的鈣、碘、蛋白等營養成分，其中胺基酸含量豐富，較多的是離胺酸、麩胺酸、天門冬胺酸、丙胺酸、甘胺酸等（醫學百科，2017）；西谷米的營養成分有蛋白質、鈣、磷等，根據中醫說法，它甘溫性平、健脾整胃，製成「薏仁西米露」吃了可健脾補肺；大蒜最主要有效成分蒜素，具有強烈殺菌力和抗菌

▲ 圖 3-14 泰國青木瓜沙律

力，是大蒜主要的風味物質，其功效有增強體力、預防心血管疾病、治療感冒、增進腸胃功能、消除疲勞，及肌肉酸痛、抑制癌細胞（黃進發、林士民、湯雅理，2006）。

一、香草

東南亞飲食使用大量香草像九層塔、芫荽、紫蘇、薄荷葉、檸檬葉、檸檬草等香草調味料，根據美國國立癌症研究所發表的「計畫性食品金字塔」中，約有 40 種食物具有預防癌症的效果，包含了羅勒（九層塔）、牛至、

百里香、迷迭香、鼠尾草、薄荷等香草類，香草為泰式菜餚增添了色彩和香氣。檸檬草也稱檸檬香茅，含有大量的維生素C，有提神鎮定、促進食慾、整腸健胃、幫助消化、去脂、美膚、減緩頭痛、殺菌（唐芩，2004）。芫荽含有維生素A、維生素C、鉀、鈣、錳、鐵、鎂，還有礦物質，香精含正十二醇、沉香醇、壬烯醇，可促消化、增進食慾、鎮靜神經，可減緩低血壓、神經衰弱等症狀（余艾莉，2007；唐芩，2004）。臺灣有家檸檬草香茅火鍋連鎖店，以南洋品種臺灣自種檸檬香茅及獨門配方熬製，熱量低營養足，能提高消化機能，改善貧血及促進血液循環的效果的湯底，及二十多種香草調製，超低熱量，獨特生鮮香茅醬，讓身體更沒負擔做為宣傳廣告。

二、香料

印度料理使用大量香料，印度咖哩是由紅辣椒、薑、丁香、肉桂、茴香、肉豆蔻、黑胡椒及薑黃粉等數十種香料組成。咖哩是利用許多香料複合製成的調味料，不但營養成分面面俱到，營養價值也相當高，若從一般的保健作用來看，咖哩具有促進消化、增進食慾、驅濕散寒、除蟲殺菌的功效（常春月刊，2012）；咖哩含有薑黃粉、川花椒、八角、胡椒、桂皮、丁香和芫荽籽等，有辣味的香料能促進唾液和胃液的分泌，增加胃腸蠕動，增進食慾，能促進血液循環達到發汗目的，具有協助傷口復合，預防老年癡呆的作用；咖哩葉含有抗氧化物，可以抗老、可促進消化和血液循環，可改善高血壓及膽固醇過高等不適症狀；胡椒具有溫暖腸胃、減輕腸胃脹氣功效，能消除牙齒腫痛，具抗氧化效果、能抗癌保健；薑黃具抗氧化效果，薑黃素具抗癌效果，還可治腹痛、腎痛、利膽及抗動脈粥狀硬化（余艾莉，2007），可促進消化、血液循環、緩和傷風、腹瀉、關節炎、生理痛；茴香可利尿、鎮靜、排出腸內廢氣、改善食慾不振、肥胖、便祕（園藝編輯組，2014）。我們可以理解到印度料理中的咖哩含有豐富的香料，而這些香料都含有保健成分，尤其是薑黃素更是具有相當重要的保健成分。

另外，薑是全世界最常用的香料之一，可做藥用植物，薑含有薑醇、咖啡酸、綠原酸、薑辣素，薑辣素有抗炎、抗菌和抗腫瘤的功能，薑能促進消化液分泌，增進食慾，促進血液循環，薑含多種礦物質有鈣、鐵、鎂、磷和鉀是滋養骨骼的理想來源，生薑可以抑制人體對膽固醇的吸收，防止肝臟和血清膽固醇的蓄積（陳昭妃，2015），生薑根部被排灣族人用來治療頭痛、牙痛、腹痛、感冒、瘧疾、腫痛、毒蛇咬傷等疾病（李瑞娥、陳順勝、陸銘澤，2014），南薑具有散寒暖胃的效果，可治療腹痛、下痢及消化不良，有清熱、壯陽與催情作用，且能抗自由基（余艾莉，2007）。東南亞國家所大量食用的香草都屬於中華人民共和國衛生部（2002）所公布「既是食品又是藥品」的原料，中國傳統上有做為養生食材食用的習慣，在中醫臨床上也可當藥材使用，這些香草植物既可增添食物的風味，亦可當作平日養生及保健的食物。

三、辣椒

　　辣椒是東南亞料理中使用相當多的調味植物，有許多人工栽培品種，常見的有青辣椒、青龍小辣椒、朝天椒、雞心椒等，其成分以辣椒素及二氫辣椒素等為主，辣椒具有溫中散寒、促進食慾功效，可幫助發汗、促進血液循環，並有抗癌、殺菌、止痛、止吐及消腫功效（余艾莉，2007），紅辣椒含有豐富的維生素 C 和胡蘿蔔素（維生素 A 前體），辣椒富含多種的維生素 B（尤其是維生素 B_6），以及鉀、鎂和鐵等人體所必需微量元素，辣椒的維生素 C 有助於豆類和穀物中非血紅素源的鐵元素的吸收，辣椒能幫助消化作用、促進循環（維基百科，2017）。中國大陸四川的麻婆豆腐、麻辣火鍋、宮保雞丁、五更腸旺；韓國辣炒年糕、韓式涼麵、韓式泡菜；印度咖哩、泰式料理都以辣椒為主要調味料；我們都知道當辣椒的辣味刺激舌頭時，會使人感到輕鬆興奮，產生吃辣後的「快感」，食用辣椒可使胃液分泌增多，促進胃腸蠕動，適量吃辣椒對人體有一定的食療作用。

大部分印度人都相信，在熱帶的印度地區需要食用較辛辣的食物刺激肝臟功能，寒性食物經由烘烤或加入辣味香料可將寒性轉成熱性，而人體的健康建立在適當的寒性及熱性食物的平衡（全中好譯，2005）。基本上，辣椒偏鹼性，食用辣椒可降低人身體中的酸含量，現代人的飲食大多喜歡酸類食物，為了使身體酸鹼平衡，平時可食用少量含有辣味的食品，以確保身體酸鹼處於平衡狀態，才能有利於身體的健康；近年來國內很注重養生及關心防癌飲食，在食物料理上可加入羅勒、芫荽等香草類的香料植物，既可增添色彩和香氣，又可補充維生素、促進食慾、幫助消化、美膚、養生等等，或是偶而到異國風味的餐館用餐，既可享用異國風味餐，亦可養生保健。

1. 請問中國菜餚可分為哪七大類？而中國飲食文化有哪些特色？
2. 請問日本有哪些特色料理？具有哪些保健功能？
3. 請問韓國有哪些特色菜餚？具有哪些保健功能？
4. 請問印度和越南有哪些特色飲食？
5. 請問東南亞飲食的食材具有哪些保健功能？

歐美各國飲食文化

歐洲地理位置屬於溫帶氣候，西歐國家法國、荷蘭、比利時以平原為主；英國和愛爾蘭是平原、丘陵與高地混雜的地形；南歐的西班牙、義大利多丘陵地，穿插小面積平原；希臘多山地；東歐的德國、瑞士、捷克有平原；北歐的瑞典、挪威、丹麥、冰島是多冰河的地形。歐洲的平原地區以種植小麥、馬鈴薯為主，丘陵地區種植水果、葡萄、橄欖等等，畜牧業很發達，歐洲各國因為地理環境與民族文化有差異，而有各自特有的飲食文化。

　　美國的原住民是印第安人，後來美國成為歐洲國家的殖民地，現在的美國文化、民風、飲食各方面都與歐洲國家有著濃厚的歷史淵源，同時美國早期的移民為了在廣大的土地上從事農業工作，而從非洲引進大量黑人，再加上近年湧入大量世界各國的移民，以致形成美國更多元的飲食文化；位於美洲大陸南面的南美洲，同樣以印第安人文化為主，後來成為西班牙及葡萄牙的殖民地，故南美洲常被稱拉丁美洲，南美洲的飲食混合著南歐與印地安人的食材，而形成豐富且特殊的飲食文化。

第一節　歐洲各國飲食文化

壹、法國飲食文化

　　法國位於歐洲西部，領土形狀呈六邊形，屬於溫帶地區，冬溫夏涼，南部的平原、丘陵地區屬於地中海式氣候。法國農業生產量占歐洲總量的20%，是世界第三大農產品出口國，小麥、家禽、乳製品、牛肉、豬肉和國際認證加工食品是法國主要的農業出口品，牛奶及乳品、豬肉、家禽，以及蘋果的生產都集中在西部地區，牛肉產自法國中部，葡萄酒產地分布於法國中部和南部地區，中央高原以養牛業、養豬為主，當地養禽業較普遍，鵝肝就是有名的出口食品（維基百科，2017），法國盛產的葡萄酒和乳酪，成為法國烹調上不可少的調味品。

我們都知道法國擁有全世界最著名的葡萄美酒及美食，法國的飲食重視烹飪方法和用餐禮儀。依傳統法國烹調可分為古典高級烹調和各地區性烹飪，古典的法式烹調較為雅緻且正式，在全國各地使用最好的原料，並在最高級的餐廳供應；地區性的烹飪則較簡單，通常是取用當地新鮮的食材在家中製作而成（全中妤譯，2005）；法式古典烹調是沿襲宮廷風格高級路線，通常包含三道菜，開胃菜、主菜、乳酪或甜點，麵包可隨時取用，開胃菜的冷盤菜餚通常有羅勒鮭魚肉醬、龍蝦湯、鵝肝、法式洋蔥湯等，主菜有燉鍋菜、油封鴨肉、牛排炸薯條、烤鮭魚淋奶油醬汁等，甜點有法式千層酥、馬卡龍、可麗餅等。

▲ 圖 4-1 千層蛋糕

法國有著全世界著名的飲食文化，而法國菜源自於義大利菜，義大利人對於飲食的文化與烹調技藝則源自於古羅馬帝國，法國烹調技術如此精進，那是法國有了得天獨厚的地理環境、還有一張好吃的嘴、一個挑剔的胃、一雙精巧的手、一個聰明的頭腦，才能從義大利菜的精髓中創造出自己的風格（李瑞娥，2017）。法國美食發展是法義聯姻後融合了兩國烹飪優點，而創造出有名的法國料理，法國美食使用新鮮季節性食材，加上廚師的獨特調理，注重視覺、嗅覺、味覺、觸感、用餐氣氛，講求整體精緻的表現，而發展出浪漫且享受氣氛的法國精緻料理品味。

而法國各地區地方菜是由法國各地區的風土和歷史所孕育出來的烹飪料理，法國地方菜著名的五個行政區包括亞爾薩斯、布列塔尼、勃艮第、諾曼地、普羅旺斯等地區都有當地特色的菜餚。諾曼地位於英吉利海峽和布列塔尼東部以海產和蘋果聞名，有蘋果白蘭地，且以

▲ 圖 4-2 法國料理

濃香乳製品聞名，生產有名的牛油、軟性乳酪、鮮奶醬；法式薄煎餅是在上面放一些甜醬料、鹹醬料、肉／雞肉、乳酪、水果等當餡料，再疊起或捲起來食用；亞爾薩斯地區盛產白葡萄酒，偏向德國式飲食，較常用白葡萄酒入菜，鵝肉、豬肉香腸和德式酸菜很受歡迎；法國南部勃艮第是法國重要的葡萄酒產區之一，喜歡用蒜頭和橄欖油烹調，有白酒加香料聞名的芥末醬，法國名菜「法式烤田螺（蝸牛）」，蝸牛是在農場葡萄藤下養殖，再加上大蒜、牛油煎烤而成的美食，還有紅酒燴雞、紅酒燉牛肉；普羅旺斯位於法國東南部接近義大利，主要的原料有橄欖油、大蒜與番茄，還有海產、茄子和軟綠小黃瓜，最受歡迎的名菜是馬賽鮮魚湯，用橄欖油炒香洋蔥、番茄、大蒜、茴香、月桂葉，最後放入番紅花，再加魚肉，通常與辣紅椒醬一起食用，還有一道將番茄、茄子、軟綠小黃瓜、橄欖油等燉煮的菜餚（全中好譯，2005）；布列塔尼區位於法國西北部的布列塔尼半島、英吉利海峽和比斯開灣之間的一個大區，包括阿摩爾濱海省、伊勒-維萊訥省、莫爾比昂省和非尼斯泰爾省；布列塔尼的特產食品包括：薄餅、蜜糖酒、奶油烘餅、蘋果酒。法國有著名的乾酪（起司），種類非常多，包括布里乾酪（Brie）和卡芒貝爾乾酪是用牛奶製成的花皮軟質乳酪，其他有名的料理有蒸淡菜配薯條、燒牛雜、反烤蘋果塔、生蠔，有用櫻桃酒浸過的杏仁、奶油做成的蛋糕、法式鹹派、香煎鵝肝、海鮮湯、培根乳酪派、普羅旺斯橄欖醬等等美食。

我們都瞭解飲食是一種生理需求，且食物也與回憶有緊密的連結關係，食物負載著個人深厚的情感與文化意義，無論是盛餐或家常菜，飲食都隱含著個人本身的生活記憶與文化（李瑞娥，2017），對法國人來說，對飲食的注重是一種大眾熟悉且代代傳承的價值觀，具有創新應變特性，也是族群認同，是外國人看待法國人的重要象徵；而法國的「盛餐」通常用來慶祝個人或群體的重要時刻，它在法國是一種公認的社會習俗，具有社會文化功能，有助於聯繫家人、朋友間的感情及強化社會互動關係外，還具有共同認可的準備及享用儀式（蔡倩玟，2015）。法國以《米其林指南》列出歐洲最好

的店和餐廳，米其林分為一顆到三顆星星用來評鑑及肯定餐廳，但是法國料理可能為了迎合米其林的標準少了多元化的飲食選擇，而陷入危機（潘昱均譯，2010）；經典的法國烹調意味著餐點是經過仔細設計的，目的在使菜色的組織顏色和味道都保持均衡的一種藝術（全中好譯，2005）。基本上，民族料理的形成不是單一力量即可形成，而是涉入許多不同的行動者，各自追求不同的特定目標；餐廳與廚師、企業、食譜出版社、烹飪教學者、營養學家、膳食（團膳）供餐者及其他諸多與民族料理相關的角色都將會持續調整本身，以適應不斷改變的政府環境與波動的經濟環境（Cwiertka, 2006；陳玉箴譯，2009）。就誠如蔡倩玟（2015）所言，法國美食是建立於廚師、餐廳、烹飪書與美食評論的交互作用。法國飲食文化已經成為全世界公認的精緻美食之一。

　　法國具有特色的飲食有蝸牛、牛角麵包和法式長棍麵包，而法國料理不可缺少的食材，有松露、魚子醬、鵝肝、乳酪、葡萄酒、香檳、白蘭地、橄欖油。法國蝸牛的烹調以烤為主，蝸牛肉與蔥、蒜一起搗碎，拌上奶油和調味料，塞進洗淨完整的蝸牛殼，再放入有 6 個圓孔的圓形鐵盤內烘烤，然後取出食用，吃蝸牛時有特製的叉子和鉗子，將蝸牛肉從殼裡挑出，蘸上調味汁或辣椒醬食用。《本草綱目》中早有以蝸牛治病的記載，據測定，每 500克蝸牛肉中含蛋白質 90 克及胺基酸、維生素、鈣、鐵、銅、磷等多種人體所需要的營養素，是一種高蛋白、低脂肪食品，蝸牛性寒，中醫學公認蝸牛具有清熱、解毒、消腫、治消渴等作用，對糖尿病、高血壓、高血脂、氣管炎、前列腺炎、惡瘡和癌症等疾病有輔助治療作用。最近俄羅斯科學院高級神經活動和神經生理學目前正在嘗試用蝸牛等軟體動物的神經組織治療帕金森氏症（醫學百科，2017）。近年來，市面上有販售從蝸牛萃取黏液所製作的保養品，有蝸牛面霜、睡眠面膜等等，廣告中宣傳蝸牛黏液中富含膠原蛋白、尿囊素、彈力蛋白、多種維生素、葡萄糖醛酸等，從這些營養素中過濾萃取的葡萄糖醛酸，可使肌膚表層的黏膠性脂質變得鬆軟，可去除老舊角質，加速細胞再生以及減少皮膚皺紋及疤痕，能減緩膚色暗沉，抵抗自由基對皮膚的破壞並且淡化皮膚的色斑。

貳、德國飲食文化

德國位於歐洲中部，西邊有荷蘭、比利時，南部有法國、奧地利、瑞士、東邊有捷克、波蘭，北部有丹麥。德國北部濱臨北海，海鮮比較多，而北部在高緯度地區不易種植農作物，以種植適應性強的馬鈴薯為主，北部德國人的主食以馬鈴薯和海鮮類為主；德國南部氣候溫和可種植麥類作物，南部德國人的主食是肉類及麥類作物，同時以麥類和啤酒花釀製啤酒。

許多人對德國菜的第一印象是德國豬腳，而德國人應該也是世界上最愛喝啤酒的民族。德國人愛好肉類，最普遍的是豬肉，製作火腿加以燻製醃漬或曬乾後再食用，德國香腸有很多種類，需要燻過或烤過或煎過才能食用，有些是冷盤食用，有些是早餐食用，啤酒節時

▲ 圖 4-3 德國豬腳

有盛大的吃香腸和暢飲啤酒活動（全中好譯，2005）。德國傳統菜餚有烤豬腳、烤豬膝，配馬鈴薯泥、酸甜甘藍食用，德國人食用麵包的歷史非常悠久且種類多，大部分麵包都保持原味且厚實，有名的麵包有椒鹽卷餅和農夫麵包，椒鹽卷餅以粗鹽、麵粉烤製是有名的德國結，農夫麵包用黑麥與小麥製成。德國人通常把胡蘿蔔、馬鈴薯、洋蔥、生菜、高麗菜、青豆等等燉煮或是煮湯，馬鈴薯營養豐富，可以煎煮炒炸，可做成各式的烤餅，德國的飲食特點就是營養豐富、方便省時，另外，德國人用櫻桃配上鮮奶油和櫻桃利口酒、巧克力做成有名的黑森林蛋糕，及其他甜點，都是喝咖啡時很理想的搭配點心。

參、俄羅斯飲食文化

俄羅斯位於北溫帶和北寒帶，且是溫差較大的大陸性氣候，在歐洲東部和亞洲北部，大部分屬於平原，三面有大西洋、北冰洋、太平洋及海灣。俄羅斯在濕冷氣候下所種的食材有番茄、豆子、捲心菜類、甜菜、裸麥、大麥、小麥，用乾燥醃漬或發酵方法保存食物，如醃黃瓜、酸奶油和酸泡菜，其他食材有蛋奶製品、豬肉、牛肉、魚類（全中好譯，2005）。俄羅斯民族以麵包為主食，因為天氣寒冷，在飲食上主要食用裸麥做的黑麵包，再搭配番茄、豆子、捲心菜類及大量奶油燉煮的湯。

在烹調藝術上，俄羅斯民族是獨具特色的，有名揚世界的「俄式大餐」，又有日常生活中的黑麵包和酸黃瓜，以及各種風味的小吃。19 世紀末，俄國菜餚以其特色而被許多美食家稱作「俄羅斯學派」燉煮的湯；俄國人舉辦的國宴是充滿豪氣與豪華的，在沙皇俄國時期，宮廷宴會十分講究排場，在 1945 年的雅爾達會議期間，「俄式大餐」的規模和氣派發展到了極致，在會議時期裡，僅食具就準備了 3,000 把（只）餐刀、勺子和叉子，其中 400 套是銀製，其他是白銅和鋼製的，還有 1,000 個大小碟子、4,000 個茶碟和 6,000 只各式酒杯（王宇博，2008）；在沙皇時代，貴族們每天吃四餐，而晚餐是重頭戲，晚餐以開胃菜開始，可以只有簡單的酸奶、黃瓜和醃漬鯡魚等菜色，到一整桌數不完的開胃佳餚，包括一片片小土司三明治，上面放著冷燻魚、鰻魚或沙丁魚、冷舌頭加酸泡菜、火腿、香腸或義大利香腸等，魚子醬配切丁煮蛋和剁碎洋蔥，還有調味或醃漬蔬菜、熟肉碟及不同烹調的蛋類；今日俄羅斯農人在工作一整天後，仍然喜歡以豐盛的晚餐為主，包括麵包、俄式甜菜根魚湯（用紅甜菜根、高麗菜和魚燉煮而成）和蕎麥粥，再配著用麵包釀泡的麥啤酒（全中好譯，2005）。俄羅斯的特色飲食有把魚子醬放在塗上奶油的麵包食用，及飲用酒精濃度很高的伏特加酒，愛喝的人通常一口伏特加，一口香腸或燻小黃瓜，還有俄式水餃（比大拇指大一

點）、酸奶（脂肪較多的優酪）、羅宋湯（甜菜加馬鈴薯、紅蘿蔔、菠菜和牛肉塊、奶油熬煮）等有名的美食。

　　現在典型俄國人的早餐是一塊麵包抹上一層黃油，或夾上一塊乾酪，或幾片香腸，外加一杯牛奶、甜茶或咖啡；午餐是麵包夾沙拉、火腿、酸黃瓜，飯後一杯紅茶，外加一點甜食；晚餐是一場「重頭戲」，一般有三道程序：第一道菜的幾種湯，有魚湯、雞湯、牛肉湯、酸白菜湯等，第二道菜是烤雞腿、雞翅、煎牛排、炸肉餅等，並佐以各式麵包，第三道菜甜食，有多種甜點、果醬、冰淇淋、紅茶、咖啡等（王宇博，2008）。俄羅斯有非常長的冬天，便製造了各式罐頭，有牛肉罐頭、鯡魚罐頭、帝王蟹罐頭、魚子醬罐頭、沙丁魚罐頭等等。在太平洋可以捕到大量鯡魚，鯡魚是一種只有 18 ～ 40 公分的油性小魚，新鮮鯡魚有整尾出售，也有切片再塞餡料、燒烤、油炸、煮、烤或做沙拉，有的做成罐頭，瑞典鹽醃鯡魚是將鯡魚混合鹽巴、放於罐中醃漬發酵的食品，有強烈異味，在瑞典北方將鹽醃鯡魚片、瑞典薄麵包、奶油及熟番茄片做成三明治，搭配酒或其它飲品食用，也有用洋蔥粒、酸奶油、蒔蘿等食材來調理鹽醃鯡魚（維基百科，2017），歐洲很多人會直接拿著瑞典鹽醃鯡魚的尾巴，一口吞掉。

　　俄羅斯人的主食有黑麥麵包、肉類、奶製品、馬鈴薯，每餐有肉有奶，這種飲食習慣與寒冷的氣候有關，肉類和奶製品是高熱量食物，可提供人們禦寒能力，黑麥麵包是由裸麥和麵粉製成的麵包，純裸麥麵包又稱為黑麵包，搭配羅宋湯食用，這是非常營養且保健的飲食文化。黑麵包是俄羅斯人餐桌上的主食，乍看起來顏色像中國的高粱麵窩頭，切成一片一片的，口感有點兒酸味，又有點鹹味，黑麵包既能填飽肚子又富有營養，還易於消化，對腸胃極有益，尤其適於配魚、肉等葷菜，因為黑麵包發酵用的酵母含有多種維生素和生物酶，由於工藝複雜，俄羅斯主婦每天定時上街到麵包房採購新鮮的黑麵包，供全家食用（臺灣 WIKI，2017）；從營養學觀點來看，蔬菜類含有豐富礦物質、維生素及膳食纖維，有抗氧化、提高免疫力、預防感冒、抗癌、抗菌消炎、增進食慾、促進消化，預防便祕等等功效；根莖類含

粗蛋白、粗脂肪、膳食纖維、容易消化吸收的醣類,可促進腸胃蠕動,幫助消化,調整腸道功能,協助礦物質吸收,有助人體獲得均衡營養;肉類和魚肉是蛋白質及維生素 B 群、鐵質、磷、鎂等良好來源(陳明汝,2012),我們都知道牛肉含有豐富的蛋白質,但是肉質較粗糙不易消化,更含有大量的膽固醇和脂肪,俄羅斯人利用當地所生產的富含維生素和膳食纖維的蔬菜,協助腸胃蠕動、幫助消化,並協助礦物質吸收,而有助於獲得均衡的營養。

另外,俄羅斯人最愛喝用糧食釀造的「伏特加」酒,飲酒被視為禦寒的好方法之一,俄羅斯人是嗜酒的民族,飲酒習慣用大杯子喝,一杯就是200 ~ 300 毫升,頗有豪飲氣概,在喝酒時,聞一下麵包或啃一口乾酪,就已經心滿意足了;在這個「飲酒大國」裡,有「綠蛇」之稱的酗酒,是一個重要的社會問題,65% 的俄國人從 16 歲起就開始飲酒,這些人在醉死夢生中釀成沒完沒了的糾紛和衝突,損失是難以計算的,且會造成人口質量下降(王宇博,2008)。俄羅斯氣候寒冷,民眾用餐都習慣以肉類和奶製品做為食材,藉由高熱量、高蛋白的肉類和奶製品補充禦寒所失去的熱量,而民眾喝伏特加酒禦寒的飲料,現在已經成為俄羅斯酗酒的社會問題與健康問題。

肆、義大利飲食文化

義大利位於歐洲南部的地中海地區,義大利在歷史上曾經被古羅馬帝國統治,南部地區曾經被回教徒、諾曼人和西班牙人占領,所以有非常多元化的飲食料理,再加上 18 世紀從發現的新大陸南美洲帶回來馬鈴薯、番茄、青椒和玉米等作物,並大量栽種成為義大利飲食的主要食材,而使得義大利飲食呈現更豐富且特殊的風味,同時義大利因為各地區的地理環境不同,因而各具有地方本身的飲食特色,但是其共同點就是飲食講求食材的天然原味。

義大利麵食在全國各地都很普遍,北方常食用加蛋做成的扁平帶狀麵條,喜歡用起司或少量肉餡做成餃子,再淋上奶油醬,食物使用較多奶油、

奶製品、米和肉。位於北部的佛羅倫斯 1533 年將當時歐洲最精緻的義大利食物介紹至法國，以綠波菜麵條聞名，通常會加上生油和刨絲的帕馬森乾乳酪一起食用；羅馬有名的是在長扁平的雞蛋麵條加上牛油醬汁和刨絲的乳酪；在農業較窮的南方食用不加蛋的管狀麵，如通心粉，通常只淋番茄醬，南方菜餚常使用橄欖油、少量肉和較多的豆類、蔬菜等，有朝鮮薊、茄子、青椒、番茄，人們常以小山羊和小綿羊做為主要的肉類材料，沿海有新鮮的魚類，像鮪魚和沙丁魚；有聞名的各式點心，用酥皮包著義大利乾乳酪、巧克力薄片與檸檬屑，再油炸的酥脆甜點；海綿蛋糕切片再覆以巧克力或杏仁的蛋糕；有加入水果或堅果（黑色醋栗）或松子的冰淇淋；而一般義大利菜共同使用的調味料，有大蒜、芫荽和羅勒（全中妤譯，2005）。

全世界都知道著名的義大利美食，有義大利麵、橄欖油，及甜點提拉米蘇、冰淇淋，而義大利菜必有食材是大蒜、番茄、洋蔥、羅勒和橄欖油，義大利各地區因為地理環境與經濟發展的狀況，而形成不同的飲食文化：

一、 義大利北方的食物較油膩，常吃多脂多肉的醬汁、麵，多用奶油而少用橄欖油，以米飯和玉米粥為主，美食有蔬菜牛肉雜膾、白酒燉煮牛肚、紅酒燜燒牛肉、燉豬肉。

二、 義大利中部生產大量蔬菜，以波菜聞名，海鮮、番茄是當地特產，還有大量的乾酪、葡萄醋，農村式食物有臘腸、蒜味香腸、橄欖油、含麵包屑的湯與豆類佳餚，野味是當地料理的特色，有野豬、雉雞、燉兔肉，義大利中部飲食文化是義大利美食的源頭。

三、 義大利南方食物大多以蒜頭、番茄、橄欖油為主，拿坡里披薩最初是薄餅上只加番茄和大蒜，現在會加上羅勒和鯷魚，拿坡里湯是豬心、豬肺、番茄、洋蔥燉煮的湯，烤羊肉是羊肉、迷迭香、百里香調味再烘烤的食物，南部地區土地貧瘠，沒有太多物產，番茄在食材中扮演了重要角色。

義大利飲食特色材料有麵條、番茄、橄欖油和各種香料植物，有關義大利人的麵食，有加蛋製作的新鮮麵條及乾麵條，有短麵條、長麵條、雞蛋麵條，義大利麵條（Spaghetti）是屬於長麵食，還有水管麵、螺旋麵、方餃麵、千層麵等等各式各樣的義大利麵條。義大利麵都會加新鮮番茄為配料，再加上海鮮或橄欖油或肉醬，而以墨魚汁做成的墨魚麵是義大利很具代表性的食品。橄欖樹是南義大利非常有特色的景觀，橄欖可以單獨食用，可以醃製成不同口味的配料，和其他食物搭配食用，可當作配酒小點心，橄欖大部分都是用來提煉橄欖油，橄欖油可當作生菜沙拉的醬，可煮菜、煮湯，可用麵包沾著食用，橄欖油為義大利食物帶來特有的風味。

　　從營養學觀點來看，橄欖油含較高的單元不飽和脂肪酸，可使血脂肪不易增加，而減低心臟病變的機會，同時橄欖油含有豐富的維他命 A、D、E、K，及含有抗氧成分，有抗老化、抗發炎及抗高血壓的作用，橄欖油對嬰幼兒來說，有助於平衡新陳代謝，促進兒童神經系統、骨骼和大腦發育；對成年人來說，有助於防止動脈硬化、心血管疾病、糖尿病和消化系統失調等疾病；對於老年人來說，橄欖油對於骨質疏鬆有很好的預防作用，可以減緩細胞膜的衰退變化，從而延緩衰老；對於婦女來說，橄欖油所含的多種營養成分，對於肌膚十分有利，是一種安全可靠的美容佳品，在西方被譽為「美女之油」（A+ 醫學百科，2017）；義大利料理大量使用的香料有奧勒岡（披薩草）、大蒜、羅勒、迷迭香、巴西利、辣椒等等所謂的義大利香草和辛香料都具有促進食慾、幫助消化的功效，像迷迭香有防老化、增進記憶力的功效，能安定神經、增強心臟功能、保護毛髮、也能減輕頭痛暈眩、消除胃腸脹氣，具有止痛、利尿、消腫等功能；巴西利可改善泌尿疾病，有通經、抗癌、抗氧化、改善口臭作用，能防止膽固醇累積，預防動脈硬化及心臟病，外用可促進血液循環、消退瘀血（余艾莉，2007）。

　　另外，哈佛大學公共衛生學院的沃爾特・威利特博士（Dr. Walter Willett）在 1990 年代發表廣為人知的研究，住在歐洲地中海沿岸的義大利、西班牙、希臘、摩洛哥等國居民心臟病發病率很低，很少患有糖尿病、

高膽固醇等現代病，經過調查分析發現與該地區的飲食有關，環繞地中海的希臘、義大利南部及西班牙的傳統飲食型態，每天食用大量橄欖油、豆科植物、天然穀物、水果和蔬菜，適量魚、乳製品（起司和優格）及紅酒，少量肉製品為重要特色。根據《美國臨床營養期刊》論文分析顯示，地中海飲食被認為能夠減少慢性疾病的風險，地中海飲食、低碳水化合物飲食、低升糖指數飲食和高蛋白飲食能有效改善心血管疾病、糖尿病相關的風險（維基百科，2017），因此，聯合國教科文組織（UNESCO）於 2010 年 11 月 17 日將地中海飲食列為西班牙、希臘、義大利和摩洛哥聯合擁有的非物質文化遺產，肯定地中海飲食文化不僅是這些國家重要的歷史和文化產物，也是對世界文明的巨大貢獻。

伍、土耳其飲食文化

　　土耳其跨歐亞大陸並擁有豐富的物產，加上多個文明古國的歷史洗禮，而使土耳其飲食文化融合了各地特色，土耳其人具有中亞遊牧民族血統，有燒烤肉類及麵包的飲食文化，有地中海的魚產、橄欖、水果與蔬菜，及帶有東方色彩的香料，而成為具有歐洲與亞洲風味的土耳其菜。土耳其人的肉類烹調方法多以炭烤為主，流行的沙威瑪是將薄羊肉片或雞肉片串插在烘烤炙叉上，一邊旋轉燒烤，一邊用利刀削下熟肉供餐，在大慶典、家庭聚餐或晚宴會出現整隻羊肉的燒烤；食物含有豐富的辛香料及草葉類，廣泛使用的有時蘿、大蒜、小豆蔻、肉桂、奧勒岡草、巴西利及胡椒等；橄欖油通常用於冷盤或沙拉，土耳其人喜愛的一道冷菜是將番茄、洋蔥、大蒜、塞入茄子中，再以橄欖油燉煮放涼了食用；在飯後會以咖啡或茶配甜點，土耳其的茶加些薄荷葉，咖啡喜歡以小豆蔻調味，以一個長把柄的金屬鍋煮出來的咖啡味道非常濃郁，喜歡加糖、帶甜味，倒入圓筒狀的杯子裡享用（全中好譯，2005）。根據土耳其共和國文化旅遊部資料（2017）：

一、 麵包是土耳其人的主食，土耳其香料很多，有撒芝麻的小圓麵包，有的撒迷迭香、杏仁片，多數是沒包餡的，包餡的麵包，鹹的加起士，甜的加巧克力醬。

二、 土耳其麵包，有表皮酥脆、裡頭柔軟的白麵包，可搭配烤肉片、生菜絲，醬料可選擇辣醬、蒜味酸奶及香草酸奶。

三、 土耳其人會將胡椒、茄子、番茄、蘋果、李子、桑椹做成乾果，做為冬天製作食物或甜點時用；將胡椒或番茄煮爛做成醬，然後放到太陽底下曬成醬乾；可用酸櫻桃、草莓、杏和其它水果做成的糖蜜和糖漿；也可用水、鹽、醋醃製泡菜，在冬季常用來做飯。

四、 土耳其人用麵粉、小麥、酸奶和各種蔬菜製成 Tarhana，這是一種湯的湯料，夏末製作的 Tarhana 可以吃整個冬天，有些地區還保留著為冬季貯存肉類的習慣，肉加鹽煮熟後冷凍，把骨頭和魚風乾，留待冬日食用，現代人們購買罐頭食物，或把食物放到冷藏設備中貯存。

另外，著名的土耳其軟糖是以澱粉與砂糖製成的甜點，通常以玫瑰香水、乳香樹脂與檸檬調味，玫瑰香水賦予了其淡粉紅色澤，土耳其軟糖呈膠狀，質地柔軟有彈性、類似果凍，通常包裝精美，並製成小正方體、撒上糖粉或椰仁乾以避免沾黏，有的土耳其軟糖會添入微量堅果，如開心果、榛果或核桃，肉桂與薄荷是較為普遍的口味，生產過程中，可能會添

▲ 圖 4-4 土耳其軟糖

▲ 圖 4-5 土耳其醃漬物

加石鹼草等添加劑做為乳化劑（維基百科，2017）。土耳其的開胃菜，有酸奶沙拉、橄欖油沙拉，再搭配芝麻麵包、千層肉餅、千層派、沙威瑪，有時食用燉飯，用餐後有水果和甜點，包括土耳其軟糖、米布丁、千層派、薄荷茶、咖啡。據說，在土耳其有麵包和茶就可以過日子，再搭配烤肉片、生菜、酸奶，就是營養又均衡的飲食，餐後有甜點，就更能享受飲食的樂趣。

第二節　美洲各國飲食文化

壹、美國飲食文化

　　美國飲食文化受到被殖民的英國影響最大，融合愛爾蘭、德國、波蘭、義大利、美國原住民文化和非洲的飲食文化，再加上新移民的加拿大、墨西哥、亞洲各國等影響，美國有非常豐富且多元化的飲食料理。美國是一個多元文化的大熔爐，不僅融合不同的種族與宗教，也藉由各文化的不同價值觀、信仰和行為，因生存而在肉體和精神上做適度的調整，飲食文化就是其中一部分，雖然許多不同種族背景的美國人皆深好漢堡和薯條，但所謂的美國料理絕對不只是肉和馬鈴薯而已，外來的食材和烹調技術早已共同創造了一種新的美國食物，例如豆腐通心麵、鮪魚可頌三明治和辣醬義式麵條（全中好譯，2005）；美國一般早餐都以麵包、牛奶、雞蛋、果汁、麥片、咖啡等為主；午餐在工作地點食用速食餐；晚餐比較豐盛，有牛排、豬排、烤雞等，配麵包、米飯、蔬菜、水果、點心等，如果上餐館用餐，有自助餐、速食餐、全餐等各種形式的餐飲；美國人喜歡喝可樂、汽水、果汁、啤酒等飲料；美國的特色食物有火腿蛋鬆餅、蘋果派、熱狗、辣雞翅、花生醬、炸雞、漢堡、薯條等等，而這些飲食已經成為臺灣人很熟悉的食物。

其實，美國人種眾多且地大物博，就像中國傳統八大菜系一樣，美國飲食文化同樣可細分出各具特色的地方性料理。根據 Kittler 和 Sucher 於 2000年對美國飲食文化的研究，美國地方菜記錄傳統烹調方法和風味，也融合了地方特色，造就一套烹飪的架構，但是，來自歐洲的芝麻小圓麵包夾漢堡肉及融化的起司、淋辣椒醬的法蘭克福香腸、奶油肉汁配的比司吉，這些食物都和原始做法相去甚遠，幾乎完全認不出來，不論在餐廳吃的或自己看食譜做的，幾乎都已經失真，不僅帶有商業色彩，其原產地的意義及原產地的傳統食用習性幾乎都已經消失（全中好譯，2005）：

一、 新英格蘭地區的東北部食物稟承美洲原住民烹調技術及英國家常菜料理，偏好烤、煮、燉，做菜常加鮮奶油，有玉米烤布丁，布丁有甜、有鹹，裸麵和玉米做的印第安麵包，用硬油脂做的雞肉派，覆蓋馬鈴薯泥的鹹鱈魚派、蛤派、龍蝦牡蠣派，及甜蘋果派和藍莓派。冬季漫長常見的有醃豬肉、培根、燻豬肉、醃鱈魚、醃牛胸肉、牛肉乾，加些蔬菜以文火燉煮或燜煮就是典型的新英格蘭燉煮菜，有用蛤蜊、馬鈴薯和鮮奶油燉煮的蛤蜊馬鈴薯海鮮濃湯。

二、 中大西洋地區是來自荷蘭和德國的移民，常吃豬肉、香腸、乳製品、烘焙食品，荷蘭人喜歡將火雞麥（玉米）磨成粗玉米粉，加牛奶煮成玉米粥當早餐，再加些肉和菜就是午餐，若再烘烤一下就是美式玉米焗鍋，可替代荷蘭家鄉的薯泥焗鍋，許多荷蘭菜已經成為美國料理的一部分，有醃製包心菜（高麗菜）、牛奶醃包菜絲、頭型香腸（用豬頭、豬腳做的球型香腸），荷蘭人帶入甜甜圈、油炸螺旋圈、煎餅及鬆餅等甜點；德國人重要食材有火腿、鹹豬肉、醃豬腳、豬腳凍、菜肉餡豬肚、培根，豬的每一部分都有其用處，可和扁豆、馬鈴薯燉煮成湯，現在食用雞湯和燉雞，湯裡加自製麵條或餃子，喜歡做德國泡菜及牛奶醃包心菜。

三、 美國中西部地區是美國大平原，非常適合種植小麥、玉米及水果，有美國麵包籃之稱，樸實的農村家常菜就是典型美國菜，將上好肉塊或

禽肉簡單燒烤一下，大鍋湯或燉煮菜填飽肚子。本地人好客習俗源自於舊日結合鄰居收割麥黍及削蘋果做罐頭的習俗，現在以自助餐會、盒裝食品義賣、募款餐會、自家帶菜聚餐、草莓聯會、烤玉米和燉魚大餐等聚會，和親朋好友、鄰居聯絡感情。中西部用餐最高指導原則是留點肚子裝甜點；早期移民以些許玉米、豬肉、豆類、南瓜、包心菜和馬鈴薯等食物在新大陸生存，餐餐吃玉米粥、烤玉米粄或煎玉米麵包，配曬乾或煙燻的野鹿肉、牛肉乾，食用鴨、鵪鶉、兔、松鼠、土撥鼠、浣熊，本地土產水果有藍莓、蔓越莓、醋栗、櫻桃、蘋果、葡萄及多種堅果，河流湖泊有鮭魚、香魚、鱒魚，農家有乳製品起司。

四、 美國南部早期白人多經營莊園，引進家鄉的小麥、豬、牛、家禽、馬鈴薯和果樹（櫻桃和蘋果），並買下非洲人當勞工，非洲人引進家鄉的花生、秋葵、西瓜和芝麻，教沿海移民種植及收割稻米，經由美洲原住民、歐洲移民和非洲奴隸傳統食物形成南部大西洋沿岸的飲食特色，主食有玉米麵包、比司吉麵包；豬肉製品有豬油渣、排骨、豬腸、火腿、豬背肥肉；布藍茲維燉肉有雞肉、火腿或醃豬肉加蔬菜及大量黑胡椒；雜碎魚湯用各種魚類、馬鈴薯、洋蔥燉煮；法國人設計的秋葵濃湯、什錦雞肉海鮮炒飯、茄汁小龍蝦；阿拉巴馬州有炸雞、炸火腿丸；阿肯色州的炸玉米餅；肯塔基州的炸雞；還有德州墨西哥料理的三明治、墨西哥餅、辣味豆泥肉醬，不加辣椒的食物到了德州都加了辣味。

五、 美國西部地區約住著 22% 的美國人，其中有超過一半的人住在加州，加州天然資源豐富及多元種族文化，中國人帶來煎炒料理、雲吞、什錦雜碎和幸運餅；墨西哥人引進墨西哥餅、回鍋豆、墨西哥三明治；義大利人帶來玉米粥和拌麵食的青醬；日本人引進燒烤、串烤魚貝、天婦羅、壽司及其他菜餚；還有辣味泰國料理、越南河粉及印度泥爐炭烹飪料理、麵包等；加州盛產蔬果造就了講究新鮮食材的「加州菜」，海鮮有油炸烏賊、加奶油的烤螃蟹等等。

早期移居在美國的家庭平常都會食用自己祖先國家的菜餚及居住地區最普遍的飲食。然而 2000 年美國人的生活劇變，大多數人由城市改住在郊區，大多數人由農夫改為在工廠工作，21 世紀經濟成長最快速的是服務業，尤其是餐飲，餐廳雇用人數達 350 萬人，其中許多人領最低廉的薪水，美國人食物消費的每 1 塊錢中，有 50 分用於餐廳，而且絕大部分是速食，經常是免下車點餐的方式消費，總額達 1,100 億美元以上，傳統美國肉類與馬鈴薯的飲食內容，被大多數冰凍、冷凍乾燥處理、富含脂肪與鹽的漢堡和炸薯條取代（邱文寶譯，2008）；漢堡、熱狗、三明治、薯

▲ 圖 4-6 美國速食餐

條、沙拉、可樂、啤酒等成為最受美國人歡迎的簡單又方便的食物，現在美國快餐中最受歡迎的食品是熱狗、漢堡和炸麵包圈、沙拉等，但是美國仍然擁有各具特色的民族風味菜餚。

美國飲食評論家西爾維亞·洛夫格倫（Sylvia Lovegren）和埃德·萊文（Ed Levine）在「閒話美國飲食文化」的看法，可讓我們更瞭解美國的飲食文化發展，西爾維亞·洛夫格倫（Sylvia Lovegren）（2006）認為最美國化的菜餚是一種利用炭火緩慢地把肉烤熟的方法，燒烤餐會融社交和政治於一體，屬美國典型的休閒形式，傳統燒烤的方法是全豬剖膛取出內臟，攤放在「烤爐」上方（可在地面挖坑上置烤架，也可砌磚築臺或使用金屬容器，再放置烤架），烤 12 小時或更長的時間，會在肉料上撒些香料，抹點油，一般是略撒鹽花，用木炭慢火燒烤就足夠了，肉烤熟後肉質酥嫩，或用刀切，或用手撕，再抹上各式調料，有燻烤全豬、煙燻肉排、重味烤羊肉、辣

味雙焦烤牛排和煙燻牛腩等，再加些蔬菜夾在軟麵包裡做成三明治；美國燒烤是男人的天下，老式燒烤憑體力，需要砍柴、劈柴、鏟木炭，不停地在煙燻火燎的木炭上翻動肉塊，但是一個十分簡單的理由是男人喜歡通宵達旦喝個痛快；而埃德·萊文（Ed Levine）（2006）認為美國各地的三明治種類繁多，並且往往認為自己家鄉製作的三明治特別好，例如芝加哥（Chicago）的義大利牛肉三明治、密爾瓦基（Milwaukee）的德式香腸三明治、費城（Philadelphia）的牛肉乾酪三明治、洛杉磯（City of Los Angeles, L. A.）的法式調料三明治、波士頓（Boston）的炸蛤蜊三明治；但不妨可以這樣說：每一種三明治都不是為擔心卡路里過多的人發明的。現在的美國餐飲經營業者為了因應多元宗教和多元種族文化的改變，學校提供世界各地的菜餚，有不同種族的主副菜和開味菜，有 78% 的醫院餐廳已應顧客要求提供米飯或墨西哥薄餅、猶太餐等，甚至不吃豬肉的回教餐，素食的印度餐等皆有提供（全中好譯，2005）。其實，美國的餐飲文化就像「沙拉碗」，呈現全世界最具代表性的「移民料理」，世界各地的移民都將家鄉的食材與佐料，烹調方式與技巧，及對食物的傳統概念和習俗都帶到了美國，然後再因應自然條件所生產的食材及社會情境發展，加以調整創新，各族群的飲食便在相互學習、調適、融合的持續發展過程中，發展出美國獨特的飲食文化。

當然，美國人享受著豐盛、方便、誘人、便宜的速食食品，而這些食品往往是高熱量、高蛋白質，會導致肥胖、糖尿病和心臟病。邁克爾·傑伊·弗裏德曼（Michael Jay Friedman）（2006）認為美國人享受著前所未有的豐盛、多樣的食品，而這些食品往往熱量很高；越吃越多，活動卻越來越少的生活方式導致肥胖率急劇上升，嚴重影響了身體健康，也造成了沉重的社會負擔。從營養學觀點脂肪每日攝取量不應超過 300 毫克為原則，以預防高膽固醇血症及動脈粥狀硬化所造成的心血管疾病，而蛋白質過量會提高肝臟與腎臟的工作量，增加尿鈣的排出造成缺乏鈣質，同時會增加飽和脂肪酸與膽固醇（謝明哲、楊素卿，2012）；肉、奶、蛋攝取比例愈高的國家，如美英，人們患有骨質疏鬆症的病例數字不僅居高不下，甚至全球居冠（陳昭

妃，2015），所以，近年來美國政府採取的政策就是讓人們必須認真考慮他們的飲食以及日常生活方式，更積極採取任何食品都要標示營養成分及熱量的措施，學校要提供更營養、更加均衡的午餐，同時推動民眾有關飲食意識的宣傳活動，及建議餐館提供低熱量餐飲；臺灣有些美式速食連鎖店的食物都有標示熱量，供民眾在享受美食之餘，亦能關心健康問題。

貳、墨西哥飲食文化

　　墨西哥是中美洲的文明古國，曾被西班牙統治，因為受到古印第安文化的影響，菜餚以酸辣為主，墨西哥菜材料多以辣椒和番茄為主。墨西哥人對其傳統烹飪一直深以為傲，這種混合本土和歐洲的食物材料，加上印第安人（大部分為阿茲特克族）和西班牙人的烹調技術所烹煮出來的菜餚，可是獨一無二的，還受到法國威尼斯和古羅馬的些許影響，才演變出今日具有濃郁口味，且又精緻的墨西哥菜餚；西班牙人為墨西哥引進肉桂、大蒜、洋蔥、米、甘蔗、小麥等農作物，最重要的是圈養豬隻，讓當地菜餚增加比較穩定的蛋白質和脂肪來源（全中好譯，2005）。現代墨西哥菜餚從高度素食低脂的成分轉變成為重視食肉與大量油脂，玉米、豆類與南瓜這「三姐妹」，轉變為不同的三姐妹－玉米、豆類與稻米，玉米圓餅除了用玉米做原料外，也有用小麥，它所包的餡料包含碎豬肉乾與乳酪；番茄醬煮豆現在成為辣椒煮肉，將起士和肉搗碎填塞入青椒；小麥做成的食物有麵團做的厚油餅，以麵團袋擠出獨特長繩狀，經過油炒炸後，捲入肉桂糖（邱文寶譯，2008）；墨西哥主食是玉米，墨西哥原住民的傳統製作方法是將玉米泡在石灰水中加熱後將殼除去，再用石板磨成粗玉米粉，將粗玉米粉加水揉成小麵團後擀平，放在鐵板或平底鍋烙烤，使用玉米製成的薄餅稱為墨西哥玉米餅，墨西哥人將玉米做成各種食物，玉米餅加入肉類或米飯，再加上將番茄、辣椒和洋蔥切成細丁狀再擠上檸檬汁做成的莎莎醬，就是一道墨西哥美食；墨西哥有名的美食有：

一、 **墨西哥捲餅**：用玉米煎製成荷包狀的薄餅，可加入肉類、番茄、生菜絲、豆泥、起司和各種醬料食用，有香、辣、酸、甜的風味。

二、 **墨西哥夾餅**：用一張小麥粉或玉米粉製作的圓形薄餅，將肉餡、蔬菜等夾起來呈半圓形食用，肉類有牛肚、牛肝、牛肉、雞肉，再加莎莎醬、酪梨、番茄粒等。

三、 **法士達餅**：用玉米煎製的圓形薄餅，餡有肉、蔬菜、起司等，食用時切片，有濃郁的起司味道。

四、 **湯品**：墨西哥傳統湯品是使用玉米、魚或肉類、洋蔥、綠番茄煮成湯，再加酪梨、紅蘿蔔、辛香料和芫荽，有燉牛尾、燉牛雜。

五、 **豆類食品**：豆類食品是墨西哥飲食很重要的食材，有許多豆類副食品，用土鍋燉煮什錦菜、豆子和米烹煮、辣豆燒煮牛肉等等。

　　在墨西哥常見的蔬菜有馬鈴薯、綠葉蔬菜、番茄、洋蔥、辣椒、綠番茄，墨西哥辣淑種類非常多，依照辣度有不同的品種，蔬菜可做成各式沙拉，有些沙拉加入仙人掌嫩葉和雜菜等材料，再加醬汁，早期農人會採收仙人掌的汁液當水喝，後來發酵成當地居民盛行飲用的酸淡酒（Pulque），後來西班牙人將類似的酸淡酒經過兩次蒸餾成較為精緻的龍舌蘭酒。在墨西哥最普遍的飲料是咖啡，墨西哥南部是咖啡的原產地，還有一種受到歡迎的飲料是 Aguas naturales，這是將碳酸飲料、新鮮水果水和糖攪拌而成的果汁，受歡迎的酒精飲料是啤酒，男人在任何聚會場所都會喝龍舌蘭酒和威士忌酒（全中妤譯，2005）；墨西哥盛產酪梨通常用來做甜點，或是加入蔬菜做成湯品，墨西哥擁有很多品種的仙人掌科植物，當地居民喜歡利用仙人掌製成許多菜餚食物，及墨西哥有名的龍舌蘭酒。

　　在墨西哥、美國等地流行的薄餅有玉米粉或小麥麵粉烙製，使用小麥製成的薄餅稱之為麵粉薄餅，在美國出現了各種各樣的創新製作方法，用不同形狀，不同軟硬程度的墨西哥薄餅來迎合不同食客口味。在美國，捲餅內通常含有米飯（有白米、棕色米等）、豆或豆泥、生菜、碎乾酪、肉或肉

醬（有雞肉、豬肉、牛肉、切碎的牛排）、洋蔥等，而佐料有酪梨醬、莎莎醬、酸奶油、玉米粒等，美國捲餅比傳統墨西哥捲餅有更多種的食物和醬料。中國大陸的肯德基「墨西哥雞肉捲」（於 2012 年下半年下線）及「老北京雞肉捲」，以捲餅為背景，改良過後的老北京雞肉捲放了甜麵醬、黃瓜條等美洲不常見的佐料，口味與傳統捲餅完全不同，麥當勞在 2013 年在中國大陸和香港推出以墨西哥捲餅製作的麥飯捲（維基百科，2017）。

其實，墨西哥食物並不只是速食食品，墨西哥飲食經常用簡單普通食材呈現特別作用與營養，墨西哥菜喜歡用一碗番茄丁、洋蔥丁、胡椒，加一點芫荽、蒜泥、再加些胡椒粉做成配料、沙拉，也可和其他肉類一起食用，像墨西哥辣沙司雞脯；墨西哥辣牛肉醬是由牛絞肉、紅辣椒、醋、芫荽、洋蔥、蒜頭、番茄、豆子等調製的。而番茄含有維生素、果糖、檸檬酸和蘋果酸，番茄內含有抗氧化物番茄紅素，能有效預防前列腺癌以及抵抗皮膚被紫外線曬傷；洋蔥和大蒜、大蔥、韭菜這些蔥屬蔬菜，含有抗癌的化學物質；芫荽含有維生素 C 和各種礦物質，可以消食、開胃、止痛、解毒（余艾莉，2005）；墨西哥的辣椒文化更富於生活的保健，墨西哥有名的「莫雷醬（Mole）」，醬料口感非常奇特複雜有層次，辛辣卻爽口，濃郁卻甘甜，這個醬料是西班牙殖民者和印第安土著居民食品的完美結合，需要混合不同種類辣椒、巧克力、玉米粉、藥草和堅果等 100 多種原料才能製作出它那特有的口味和誘人的深棕色，通常要和火雞及玉米餅和米飯搭配食用，第一次吃到這個厲害的莫雷醬時，簡直有一種天雷勾動地火的觸動，至今仍無法忘懷（林小愛，2016）；墨西哥人喜歡吃的仙人掌沙拉，富含多種礦物質、維生素，含有高量且多種類植物營養素、多醣體、胺基酸及抗氧化劑，具有抗癌、促進心血管健康、抑制發炎、保護腸胃、改善膚質、解毒等功效（陳昭妃，2015），墨西哥食物是世界上著名的美食，各種辛香料為墨西哥飲食增添了美妙風味，而這些食材和辛香料都具有保健作用。

1. 請問法國飲食有哪些特色？具有哪些保健功能？
2. 請問俄羅斯哪些特色飲食？具有哪些保健功能？
3. 請問義大利飲食有哪些特色？土耳其有哪些特色飲食？
4. 請問地中海飲食文化具有哪些特色？具有哪些保健功能？
5. 請問美國有哪些地方飲食文化？
6. 請問墨西哥有哪些有名的美食？具有哪些保健功能？

Chapter

5

臺灣飲食文化

臺灣位處亞熱帶氣候區，四面環海且有高山、平原、丘陵、盆地等豐富地形，擁有豐富的物產與食材，臺灣曾經受到荷蘭、西班牙、日本人統治，這些國家的文化對臺灣文化有不少的影響，當然也會影響飲食文化，尤其是日本的飲食文化，加上 1949 年後有大批北方外省移民到臺灣，把麵粉食物引入了臺灣，對臺灣的米食文化造成相當大的衝擊。臺灣的飲食文化隨著政治與歷史的變遷融合了福佬菜、客家菜、日本料理，及各式各樣的外省菜，再隨著全球飲食文化的影響而不斷發展、創新，臺灣的飲食可說展現了多元化的飲食風味。

第一節　臺灣飲食文化發展

　　臺灣在歷史上從明朝以來就不斷有中國大陸居民移民到臺灣，在臺灣飲食生活中不斷融入中國菜系的菜餚。閩臺地域的飲食都屬陸架，氣候屬亞熱帶，特產製品大多相同，如臺灣基隆的「豆簽」是用豆粉製簽（狀如闊片扁長的「抽簽的簽」），佐配蚵仔、豬腸煮熟，撒些胡椒粉，廈門也是一樣，澎湖的花生糖是臺灣產糖和澎湖自產花生所製成的，廈門同安也盛產糖和花生，就地取材製成花生糖，有許多特製食品、飲食文化就在閩臺人民返往交流中（楊紀波、黃種成，2009）。

　　清朝至日治初期臺灣的農業社會，飲食的供應以「盡量自給」為原則，醬油、豆腐乳、米粉、乾肉脯、年糕，一切都在自己家裡製造，自己消費，飲食的生產者，就是消費者，生產和消費緊密結合在一起，所有食品都美味可口；日治中期以後的工業社會，在日本製造的食品開始向臺灣傾銷，日本人設專賣局壟斷製酒，於是酒、醬油、啤酒等瓶裝、罐裝、匣裝的食品飲料，出現在市場上，飲食品的自給已被打破，飲食品的商品化日見普遍，光復以後有增無減，一直到現在為止（林衡道，2009）。根據史料，臺灣的飲食文化發展大致可以分為四個時期：

一、 荷蘭人占領臺灣時，臺灣原住民和一些漢人過著原始的生活，荷蘭人占據臺灣主要是為了貿易，糧食都是靠日本與東南亞地區接濟，後來荷蘭人為了臺灣產業的開發，獎勵漢人與日本人來臺灣居住，並開發糖業、稻米、鹿皮等產業，荷蘭人在臺灣留下一些飲食習慣與文化。

二、 明朝鄭成功擊退荷蘭之後，中國大陸移民漸漸進入臺灣，清朝時任命官員及軍隊入駐臺灣，以福建泉州、漳州人最多，將閩南、福建的烹調方法與飲食習慣融入臺灣的飲食。

三、 清朝甲午戰爭失敗，把臺灣割讓給日本，日本統治的 50 年間，日本人大量湧進臺灣，日本人將生活習慣、教育、文化深化臺灣，日本飲食的食材與烹調方法也融入臺灣人的生活與飲食習慣。

四、 1949 年大量外省軍隊退守臺灣，帶來眷屬及大批中國大陸各地區移民移居臺灣，便把中國大陸各地區的飲食習慣引進臺灣，外省菜成了臺灣熱門的宴客菜，而日常生活中則有牛肉麵、小籠包、水餃等等食物，加上外省與本省聯姻，更促成外省菜系融入臺灣飲食文化。

臺灣菜就像各種不同外來文化以及政治、族群一樣，臺灣菜有它的主體性與獨特性，今天的臺灣菜已是一種民主的自然融合（邱萬土，2001），傳統臺灣菜源自中國大陸的福建，日據時代再受到日本飲食的影響，飲食內容有了變化，後來再融入了中國大陸各地口味的菜餚；臺灣名菜是各地菜餚傳來臺灣以後，靠著廚師技術，融合各地精髓，搭配臺灣特有配料、食材，而成為非常適合臺灣人口味的菜餚，臺灣飲食融合了不同族群的飲食習慣、特產、小吃，而促成現今的臺灣飲食產業發展。

傳統的臺灣菜餚，強調熟食熱食，避免生食冷食，烹調方法有（徐福全，2009）：

一、 煠（saㄏ）是將水煮開，把食物放進鍋內熟了即盛起來，再加上調味料即可食用，如白斬雞沾醬油吃，這種烹調方法比較省柴火。

二、 煮（tsiㄚ，tsuㄚ）是食物一直放在鍋裡與湯一起食用。

三、 焄（kun ˊ）是將食物放在水裡煮熟後，慢火燒到食物本身出味道，如花生豬腳。

四、 煎（tsen ˉ）、炒（ts'a ㄚ）、炸（tsĩ ˋ）是用油比較多的方法，在農業社會是比較奢侈的烹調方法。

五、 卤（lɔㄚ）與炕（k'ɔŋ ˋ）是用適量的醬油及調味品（如胡椒、八角、五香等），將禽畜的肉用快火煮熟，再用文火熬到入味，炕比卤稍微久一點，如卤豬腳、炕猴膠。

六、 炊（ts'ueㄏ）和封（hɔŋㄏ）是兩種利用水蒸氣高溫去加熱，使食物熟的方法，如甜糕、米糕等；封是用在烹調高貴的食品，將它們裝入有蓋的容器蒸，以防其氣味外溢，成分流失。

　　早期移民來臺的漢人，以閩南人占多數，而且都是男性到臺灣開墾，因為忙於農耕開墾，加上當年物質不充裕，便常常煮一鍋可當湯又可當菜的羹，營養又方便，這些都是傳統烹調方法所料理的食物，現在閩南式飲食依然受到民眾的喜愛（李瑞娥，2017）；而客家族群為了讓食物保存持久，做了許多蔬菜醃漬食品，然後烹煮成各種客家風味的美食，有客家小炒、高麗菜乾燉雞肉；外省眷村自行製作並自行食用的麵食，後來成為販售的牛肉麵、小籠包、水餃、韭菜盒子、鍋貼、烤鴨；原住民飲食則充滿了自然風味，就地取材造就了原住民的菜餚特色，如竹筒飯、香蕉飯、芋頭飯、小米粥等。臺灣的地理環境與各族群飲食文化，造就了臺灣多元化的小吃及飲食習慣，成就了臺灣特有的飲食文化，現今的臺灣飲食更匯集來自中國大陸各地的飲食，也融入了全球各地的飲食文化，臺灣可說是一個世界料理的共和國，更融合中國大江南北的各地菜系，讓中華菜餚在臺灣發揚光大。

第二節　臺灣地方飲食文化

　　我們都知道地方菜是使用當地食材所做的家常菜，有關的食材經常都是

依據季節及貯存條件來料理,當然當代流行的飲食文化也可能影響地方菜發展,臺灣飲食文化受到政治經濟、社會變遷的影響,傳統地方菜餚在生活環境的變遷中持續在保有特色中創新發展。

壹、臺灣菜

臺灣漢族大多數是福建、廣東兩省的移民,福建以漳、泉兩地移民約占80%,閩南語又稱為「福佬話」是臺灣民間主要方言,被稱為「臺語」,閩南文化又稱為「河洛文化」、「福佬文化」,閩是福建的簡稱,閩南是指福建南部。早期來臺灣的閩南男人經常煮一鍋羹配飯食用,現在是非常有名的臺灣傳統美食;現在臺南市的傳統美食有碗粿、四腳羹、香菇肉羹、土魠魚羹等等;鹿港有鳳眼糕、綠豆糕、豬油糕等(林衡道,2009);臺灣的風味小吃如臺南蚵仔煎、臺中麵線糊、狀元糕、新竹貢丸、澎湖花生糖(楊紀波、黃種成,2009);其實,臺灣菜就是福州菜、閩菜,素以選料精細、刀工嚴謹、色調美觀、滋味清鮮、講究火候而著稱,烹調方法擅長炒、溜、煎、煨,尤以「糟」最具特色。福建地處東南沿海,盛產多種海鮮,如海鰻、蟶子、魷魚、黃魚、海參等,多以海鮮為原料烹製各式菜餚,名菜有佛跳牆、太極芋泥、米粉、貢丸、蚵仔煎、肉粽、甜糕(謝定源,2008)。現在常見的臺灣菜是以閩南菜為主,過去北投、鹿港與臺南等地所發展的酒家菜,演變成辦桌菜與筵席菜,以前的臺菜餐廳像欣葉、青葉等廚師都是來自所謂的「酒家派」及「北投派」,具有正宗臺菜的地位。

而臺灣民間生活所吃的刈包、擔仔麵、大腸蚵仔麵線、滷肉飯、肉圓、肉燥飯、肉羹、貢丸湯、蚵仔煎、黑輪、米糕等等都是閩南飲食文化,這就是臺灣菜,現在成為臺灣觀光客必吃的美食。閩南福佬人最重要的主食是米飯,包括稀飯和乾飯,逢年節並準備各色

▲ 圖 5-1 滷味

特殊米食，用以祈福，並在米食上做出許多吉祥花樣，在節慶時製作各類米食和粿，閩南菜餚口味清淡，較不油膩，早餐常吃的是清粥，配上小菜、醬菜，目前臺灣市面上無論是正式宴席料理，或是日常生活飲食，臺灣菜都是非常普遍的食物。

貳、客家菜

我們都知道每個族群的飲食文化和生活的自然生態環境有關，生活環境影響飲食材料來源、烹調的方法與技術，早期客家先人移民臺灣過程艱辛，移民時間較晚，能取得的耕地多是山丘地，在耕地不足和糧食缺乏的情形下，客家人養成節儉、刻苦、勤勞的習慣，在飲食習性上偏重實際，以吃飽為原則。客家飲食客家菜與沿海地區菜餚相比，口味較重，有四個特點（黃克武，2009）：

一、 選料以當地土產為主，主要利用當地出產的稻米、雜糧及雞鴨魚肉和山珍野味，山貨較多，而海鮮甚少。

二、 乾醃製品地位突出，成為著名的風味食品，如菜乾、蘿蔔乾、豆腐乾、豬膽乾、地瓜乾、老鼠乾、筍乾等。

三、 烹調方法注重燉煮，少炸烤，刀工樸實無華。

四、 菜餚風味以新鮮原味為主，各地口味略有不同。

客家飲食文化在中華飲食文化中自成一格的原因，在於客家族群是遷徙的族群，客家飲食隨著遷移地的飲食，而在菜餚中融合了閩南與廣東菜味道，同時在艱困的生活環境中養成就地取材的特性。客家菜因應粗重工作需要補充大量體力，並考量食物保存的耐久性，而有鹹香肥的特性（李喬，2005）；在臺灣客家地區有各自擅長的菜色，桃園新民地區的客家人經常以酒糟醃製雞鴨或以黃豆醬醃製菜餚；苗栗地區的客家人以曬乾和醃漬食品稱道，如梅干扣肉，福菜肚片湯；南部屏東美濃的客家粄條、粉腸、高麗菜

封、冬瓜封、高麗菜乾等都是很有特色的客家菜餚，還有早期的草魚生魚片、鹽酥溪蝦、鯊魚乾炒蒜苗等食物，都是令人難以忘懷的客家菜餚。李喬（2005）認為客家、福佬飲食文化的差異在於客家人過去多居住於丘陵地區，食材多為山產，以蕃薯為主食，輔以稻米、玉米等食材；福佬人多為芋頭為主，並以稻米為輔；客家人做菜以單味（甜、鹹、酸、苦）為主，多強調原味樸素之料理方式；福佬人料理多以多重口味為主，例如甜鹹味、酸甜味等等，並著重於調味料的多元；客家菜多為重鹹且口味濃，福佬人料理口味較清淡；客家菜考量攜帶及保存方便，多發展乾燥可攜帶之飲食，而福佬人飲食則較多為湯水的處理；福佬人飲食相較客家人，受日本影響較大。基本上，早期臺灣客家人，三餐都吃乾飯，不太吃稀飯，原因是客家人在飯後都要到田裡工作，吃稀飯容易肚子餓，無法提供足夠的體力工作，乾飯比較耐飽。

客家飲食的特色可分為三類：

一、米製品

（一）　**粄**：米磨成漿壓去水分，揉成米糰可做甜粄（甜年糕）、肉粄（鹹年糕）、發粄、菜頭粄（蘿蔔糕）、艾草粄、豬籠粄（菜包）、粄粽、芋粄、紅粄、粄條、米苔目等食品。

（二）　**客家鹹粽**：糯米先泡水濾乾就直接包裹，米不炒熟，內餡將豬肉、豆乾、蘿蔔乾、紅蔥頭、魷魚乾、蝦米等配料炒香，再用竹葉或月桃花葉子包裹後煮熟。

（三）　**芋粄**：中元節時用糯米和芋頭做成的，鹹的加鹽和紅蔥頭，甜的加糖，鹹的捏成半月型後放在洗乾淨的香蕉葉上蒸熟食用。

（四）　**客家鹼粽**：先把糯米加入適量的鹼粉拌均勻，然後用香蕉葉或竹葉包裹後煮熟，沾糖水或蜂蜜食用。

二、客家菜餚

（一）　**鹹豬肉**：逢年過節的豬肉切成條抹鹽，再一塊塊放入缸內壓平，去血水後再重新抹鹽，食用時煮熟切片沾醋、蒜、九層塔剁碎的醬汁食用，或炒蒜苗。

（二）　**客家小炒**：將祭拜祖先或神明後的祭品，如豬肉、魷魚切絲，先將豬肉爆出油後再加入魷魚、蔥段、九層塔拌炒，調入米酒、醬油，小火炒至汁吸乾。

（三）　**封肉**：將肉切成大塊加入醬油、蒜頭、酒，放入鍋裡煮爛；有時會把高麗菜、冬瓜一起紅燒，以增加蔬菜的風味。

三、醃漬食品

　　客家族群用曬乾、醃漬來保存食物，有酸菜、梅乾菜、高麗菜乾、福菜乾、樹子（破布子）、豆豉、紅麴，醃漬樹子可和魚一起蒸食是很有風味的客家菜餚，豆豉加些蒜頭、豬油放在電鍋稍微蒸一下，是很下飯且很有客家風味的食物。

　　客家菜餚常用九層塔與紫蘇做出特有風味的美食，像白斬雞沾九層塔搗碎、醬油、醋的醬汁，許多客家族群住屋前後會種植九層塔與紫蘇，隨時可搭配食物烹調，客家菜注重爆香過程，常用豬油爆炒食材，增添菜餚香氣，增進食慾，其中用豬油爆紅蔥頭所製成的蔥油酥，讓客家美食留下「香」的美名。客家菜注重爆香過程，嫻熟的爆香技術，成為餐廳中的高級醬料 XO 醬（蘇秀琴，2006）。最早產業化

▲ 圖 5-2 客家粄條與豬腳

的客家文化應是客家飲食，從客家小炒、粄條、客家米食及各種獨特風味的醃漬食品，已成為跨族群經營的餐飲產業（陳板，2002）。客家料理中的韭菜炒鴨腸、鴨血、芹菜炒下水、肥湯炆長年菜、肥湯炆筍乾等，都是很有客家特色的美食，薑絲炒大腸、炒粉腸、鳳梨炒豬肺（又稱鹹酸甜）、麻油腰花，道盡了客家美食善於利用內臟食材的料理（彭庭芸，2007），還有以百香果汁代替醬油，醃出來的結連菜，沒有傳統客家醃菜那麼鹹，還帶有酸酸甜甜的口感，同時把客家封肉切片才端上桌，並在滷汁中加入一些白菜、香菇，運用傳統客家配料的樹子、豆豉、紫蘇烹煮一些新的食材，烹煮出與眾不同的味道，帶領一些新吃法的創新風潮（郭佳馥，2004），這些都成了客家社區很有風味的飲食產業。

有關客家料理的創新變化，不但展現五星級的規格與氣勢，還兼顧客家食材與客家飲食的精神，在食材的選擇上必須保留客家傳統的簡樸食材，也賦予新創意，將鮑魚、明蝦等高級食材入菜，以提升菜色風味及規格，客家料理要做到精緻化，還必須兼顧健康與味道（石志雄，2008）。目前臺灣319個鄉鎮市中，新竹縣北埔鄉客家人口占比最高，達96.7%，2010年春節年假，北埔老街就創造上億元商機，北埔「五珍寶」商品，分別是柿餅、擂茶、蕃薯餅、澎風茶、客家美食（林政鋒、李珣瑛，2010）；花蓮市藍天麗池飯店「雅客軒」中餐廳全新開幕，提供創意臺式客家料理，國宴主廚李哲松一改傳統客家菜給人的油、鹹、肥印象，走清淡、少油路線，為消費者提供另類嘗鮮選擇，保持食物原味，運用烹調技巧與醬料搭配，讓每一道菜兼具爽口、多層次的口感，「老菜脯燉雞湯」，黑黑的老菜脯看似不起眼，燉出的雞湯清香甘甜，令人想一喝再喝（范振和，2010）。

李喬（2005）認為客家飲食未來的發展需要：

一、　**傳統與創新並行**：（一）傳統的四大特色（香、油、鹹、熟），但鹹、油部分，須順應現代生活之健康趨勢予以創新改良，但應保留傳統特性後創新。（二）客家料理食材的運用，除了保留過去因應生活

背景所衍生的特殊食材外，也須適應現代生活，取材自天然當季的食材。（三）加強傳統客家食譜及美食文化之調查研究，鼓勵客家料理之創新研發。

二、 **產業與文化並行**：客家料理的保存，不僅透過家庭傳承，也要透過商業化操作，讓文化傳承與商業機制共同運作，並以文化做為飲食產業行銷的立基。

基本上，客家菜要創新並保存原有的客家元素，使用當地食材，用客家方式烹調，以保持客家菜「原汁原味」特色，才能使客家美食產業永續發展。

參、外省飲食文化與臺灣麵食文化

臺灣早期移民以中國大陸南方的漢人比較多，南方漢人以米食為主，1949 年第二次世界大戰結束後，有大量中國大陸居民跟隨國民政府遷移到臺灣，來自中國大陸各省的軍民將北方的麵食文化帶到臺灣，豐富了臺灣的飲食生活。其實，漢人移墾時期，臺灣漢人的主食以米食、番薯為主，麵食屬於點心類食物，臺灣的傳統麵食傳襲自中國大陸南方的做法，以福建、廣東地區為主（張玉欣編，2013）。臺灣傳統麵條有油麵、意麵、麵線，以及以稻米製作的米粉、米苔目、粄條等（黃宏隆、郭文怡、徐華強，1995；拔林，2014）：

一、 **油麵**：油麵屬於鹼水麵，起源於福建與廣東一帶，後流傳到東南亞，華僑稱之為「福建麵」，臺灣則稱之為「切仔麵」。煮麵時，需用竹網篩「切仔」，在沸水中煮麵，加入調味料等即完成，臺南擔仔麵是將煮好的細條含鹼湯麵，加入特製肉燥、豆芽菜、青菜與滷蛋，獨具其風格。

二、 **意麵**：意麵為宜蘭羅東、臺南鹽水等地區的傳統麵條，意麵原料有高筋麵粉、鹽、水、鹼，多加上雞（鴨）蛋白，麵條較薄但有拉勁，口感上富含咬勁。

三、　麵線：將生麵線經過蒸氣加熱，讓其部分糊化，再予烘焙處理，所得之紅棕色麵線即可耐久煮，臺灣人多與蚵仔、大腸煮至半糊半爛濃稠狀，再加入芫荽、烏醋等調味料，蘊含臺灣小吃獨特風味。

四、　米類麵食：源自福建的米粉、廣東客家的米苔目與粄條，都是以米為原料製成的麵條，1949年後的白麵文化，包括一般家常麵、刀削麵、陽春麵等，近年來引領臺灣麵食風潮的牛肉麵便是使用家常麵來製作。

　　臺灣早期的油麵、意麵、麵線、米粉、米苔目、粄條等，在漢人移墾時期多被視為點心類食物，在1960年代後逐漸成為臺灣人民的主食之一，可歸納以下因素（陳美慧，2013）：

一、　推廣麵食節省稻米的經濟策略：政府鼓勵國人多吃麵食、少吃白米，以促進稻米外銷，增加外匯收入，當時的美援麵粉亦代替稻米，成為當時的糧政。

二、　催化麵食推廣的推手：1960年麵粉工會在政府督導下於1962年成立「臺灣區麵麥食品推廣執行委員會」，1966年「美國小麥協會」也進駐臺北，並與委員會共同在南港致力西式烘焙麵點的推廣教育。

三、　在地麵食推廣：電視媒體與廣播節目紛紛推出製作麵食之節目，農會體系的「家事改進班」在1950年代推廣中式北方麵點，成功教導農村婦女學習中式麵點，二次戰後的學童營養午餐與軍隊團膳，多以外援麵粉供應營養午餐當中的主食，包括饅頭、包子、麵條、麵包等，這類麵點逐漸深入臺灣人民日常飲食生活。

　　臺灣半個世紀以來融合了前後移民所帶來的臺灣飲食習慣與文化，在臺灣打破了「北麵南米」的飲食文化，北方外省人所帶來的麵食文化在臺灣飲食文化占了很重要的地位，許多眷村居民自行製作食用的牛肉麵、小籠包、水餃、鍋貼、烤鴨等等都成為臺灣生活飲食上的主食和點心，甚至成為一種有特色的臺灣菜系，就如黃克武（2009）所言，一個菜系的形成和它的悠久

歷史與獨到的烹飪特色分不開，菜系也受到該地區的多種自然與人文因素之影響，中國八大菜系發展中，產生了另外的支系，包含黔菜、桂菜、東北菜、臺灣菜、客家菜、潮州菜等。外省人所引進的中國各地區的菜系美食，在臺灣廚師運用在地食材，加上本土臺灣菜和客家菜得到重視與發展，以創新手法提供特殊菜色，及以地方文化特色布置店面，臺灣也擁有八大菜色，從臺灣交通部觀光局網站介紹的各菜系餐廳，有北京菜、上海江浙菜、四川菜、廣東菜、湖南菜、客家菜、東北菜等餐廳，其特色簡單介紹如下：

一、　湖南菜：以湘菜為主，以辣味菜和臘製品為主，湖南菜以辛辣著名，有臘味合蒸、紅椒釀肉、冰糖湘蓮、臘味菜、牛肉麵等。

二、　山東菜：東北滿族擅長燒、烤，以原味燒烤著稱，魯菜是北方菜的主流，有魚翅料理、蔥燒海參、拔絲山藥、燒餅、鍋貼、饅頭等。

三、　廣東菜：粵菜有酒樓、飲茶的廣東料理，有飲茶、各式點心、烤鴨、鹽焗雞、叫化雞、荔枝蝦球、烤乳豬、糖醋咕咾肉等。

四、　北京菜：北方氣候乾冷，口味都比較重，有北京烤鴨、涮羊肉、烤羊肉、炸醬麵、牛肉麵、黃燜魚翅、京燒羊肉等。

五、　客家菜：以爆炒及酸菜、梅乾菜料理食物，有酸菜豬肚湯、客家小炒、九層塔三杯雞、梅乾扣肉、釀豆腐、清燉雞、釀苦瓜等。

六、　四川菜：特點是酸、麻、辣香、油重、味濃；注重調味，有宮保雞丁、回鍋肉、麻婆豆腐、乾煸四季豆、四川牛肉麵、五更腸旺等。

七、　臺灣菜：烹調擅長炒、溜、煎，喜歡放糖調味，有佛跳牆、魚丸、醉雞、蚵仔煎、蒸明蝦、紅蟳、香菇肉羹、擔仔麵、意麵、麵線羹等。

八、　江蘇菜：口味平和的淮揚菜，有南京板鴨、四川香酥鴨、西湖龍井蝦仁、碧螺春蝦仁、鹽水鴨、大閘蟹、沙鍋豆腐、東坡肉、蜜汁火腿、西湖醋魚、炒鱔魚、紅燒下巴等。

我們可以清晰瞭解到中國大陸各地區移民所引進的外省菜深深影響臺灣飲食文化的發展，尤其是麵食文化，現在義大利麵、日本拉麵、烏龍麵等更是席捲臺灣餐飲市場，韓國「辛」拉麵也進入臺灣泡麵市場，我們從臺灣麵食發展與飲食發展，可以瞭解歷史因素與社會變遷，促使臺灣飲食文化不斷朝向更多元化與國際化的風味發展。

肆、原住民飲食

　　臺灣早期原住民多以小米、蕃薯為主食，隨著中國大陸移民增多，逐漸吸收漢民族的飲食方式，稻米逐漸成為主食，不過原住民部落仍然保留著不少傳統的飲食特色。臺灣原住民族約有 53 萬人，目前經政府認定的原住民族有阿美族、泰雅族、排灣族、布農族、卑南族、魯凱族、鄒族、賽夏族、雅美族、邵族、噶瑪蘭族、太魯閣族、撒奇萊雅族、賽德克族、拉阿魯哇族、卡那卡那富族等 16 族，各族群擁有自己的文化、語言、風俗習慣和社會結構，對臺灣而言，原住民族是歷史與文化的重要根源，也是獨一無二的美麗瑰寶（原住民族委員會，2017）。我們都知道飲食是瞭解一個民族最直接的方法，而臺灣原住民的飲食文化是非常豐富的，其循著祖先遺留下來的習俗及物質生產方式，各族都有其飲食特色與內容，從臺灣原住民的飲食文化便可瞭解其文化的差異性。

一、阿美族飲食文化

　　阿美族人是原住民人數最多的一族，主要分布在中央山脈以東沿岸的狹長平原、山間縱谷地帶及恆春地區，阿美族人喜好海鮮水產食物、擁有豐富的野菜文化。阿美族對於野生可食動植物的知識相當豐富，光是可以辨認出來的可食野菜植物種類就超過 200 種以上，阿美族人常戲稱自己是「吃草的民族」，相當貼切地反映了阿美族人的飲食習慣；在各式各樣的野菜中，「十心菜」是最大的特色（吳雪月，1999），十心菜其實是各種野菜的菜心，其

中以黃藤心與五節芒草心最富變化；靠海打撈海味食用海膽、海螺、海菜、海鮮；靠河取河中產物，在族人巧手烹調下，無不成為美味，傳統的烹調法有燒烤法、烘烤法、燻烤法、石煮法、水煮法、蒸煮法，以簡單保有原味的概念烹煮，傳統菜餚有阿里蓬蓬、藤心湯和特殊的西烙，將米洗淨瀝乾後與鹽、豬放入甕中，漬酵一年以上，多用於宴請貴賓（楊昭景，2002）；現在阿美族的飲食來源有打獵、捕魚、畜養豬、雞、種植稻米、小米、蔬菜等，並習慣食用鹽醃製的食物，採野菜煮湯，現在許多水稻田由農會輔導改種植其他經濟作物如椰子樹、釋迦，部落仍然大部分從事農業生產，而少部分地區開始發展觀光業。

二、排灣族飲食文化

排灣族主要分布在屏東及臺東，傳統主食以芋頭、小米為主，菜餚多以芋頭或小米製成，如芋頭粉腸（芋頭粉、山豬肉調味後灌入豬腸中），奇拿富（山豬肉、小米、芋頭乾為餡，以拉維露葉為內甘蔗葉或月桃葉為外，包綁成長條狀，入水蒸煮至熟），調味則多以開水煮熟後沾鹽巴進食，出外工作時帶芋頭乾、烤花生（楊昭景，2002）。傳統上，排灣族以火烤乾芋頭後加以貯存，還有花生、樹豆、甘藷等。農業所需的勞力，家人輪流工作或以酒飯方式請人幫忙，狩獵與畜養是肉類的主要來源，狩獵可以團體方式，也可以個人方式，但獵物必須向頭目繳納獵租，豬在特殊祭儀以及婚禮或家屋落成時宰殺，也需要向貴族繳納獵租，捕魚是男子重要副業，在山溪中捕魚，並向頭目繳交一定數量漁獲。現在受到漢人飲食文化影響，以種稻為主，以小米、稻及芋藷為主糧，豆類與野菜為副食，狩獵與捕魚仍是排灣族所喜愛的活動之一，以娛樂或團體活動性質為主，還有菸、酒、檳榔等（關華山，1982）；以前傳統的排灣族家庭除了自用而生產物品外，其他所有獵物和糧量都要繳租稅給頭目，可以用小米、肉類、檳榔、芋頭等繳交，頭目會將收到的食物再分配給生活較不充足的族人，這是原住民族群的飲食文化特色，但是現在頭目的地位已經沒有那麼重要了。

三、布農族飲食文化

　　布農族主要分布在中央山脈南部山區地帶，住在深山者幾乎以芋頭、甘藷為主食，另有小米、玉米、南瓜等，布農族人擅長打獵，小米糕、小米酒和烤野味是其傳統食物，平時僅以醃製肉品配上蔬菜、豆類煮水調鹽，鳥獸或魚肉只有祭典節慶或漁獵有所收獲時才得享用，綜觀「山產野味」是布農族的特色（楊昭景，2002）；傳統上布農族以小米、甘藷、芋頭為主食，玉米次之，以野菜、獵肉、魚、蝦等為副食，飼養的豬和雞在祭儀時才宰殺，打獵或遠行者，攜帶小米糕或米糕為乾糧，菸與酒是成年男女嗜好，但兒童與未婚少女禁止菸酒。邱夢蘋

▲ 圖 5-3 小米

（2012）提到，布農人的舌頭感受到歷史變遷下傳統與現代混雜的味道，在我的故鄉－霧鹿（Bulbul），我看到日常飲食中充斥各類當代性的消費：糖果餅乾、肯德基、關山 7-11 的各種速食品……，填滿了我們的早餐、點心，舌頭更麻痺於饅頭、包子、麵條、米飯，以及味精、油、鹽等各種調味，與煎、煮、炒、炸等各種技法、習慣，已融入在我們傳統的味道上，那種來自於野菜的苦味、甘味與山肉的野味、甜味－我甚至失去了用母語描述各種滋味的能力－那樣的過程，我的族人與我所經歷之味覺與飲食行為在時空脈絡下產生了變化。

四、泰雅族飲食文化

　　泰雅族分布在臺灣北部中央山脈兩側，以及花蓮、宜蘭、南投仁愛鄉、新竹尖石鄉、桃園復興鄉、新北市烏來，總人口數次於阿美族為臺灣原住民

族的第二大族，分為泰雅亞族（Tayal）和賽德克亞族（Sedek），居住地域境內的高山相當多。以燒墾和狩獵採集為生，因環境的不同，主食稍有不同，近平地者以稻米為主，山區以甘藷、小米、玉米為主，副食品有獸類、鳥類、魚類、野蔬，居住環境周圍多產竹、竹筍、香蕉，所以也利用這些食材，創造了許多特色菜餚，如「思模」是以熟軟香蕉和軟糯米混勻蒸熟的食物，用於慶典宴客中；以飯漬法醃魚肉是米飯或小米飯煮半熟後放冷，加入鹽巴和食材放在密閉容器內發酵 1～2 星期即可食用，石頭烘烤的溪魚香佐以野菜，充滿山林中的芳香野趣（楊昭景，2002）。泰雅族將米、小米及玉米等捆成一把一把放於地面曬乾後，需要時再取出放在臼上搗去穀和糠，無黏性的米與小米煮成乾飯吃，有黏性的用臼搗打後吃，採食香菇、芭蕉心、籐心等野菜，農閒時捕山豬、鹿、魚類等等野味食用，美食有用熟香蕉和糯米製作的香蕉粽，還有小米粉粽、小米粽、竹筒飯都是在慶典時才食用，以小米釀製小米酒。

五、卑南族飲食文化

卑南族分布於臺東縱谷南部的臺東縣卑南鄉，卑南族主要食物來源來自於農耕以及打獵，主食類包括小米、旱稻、甘藷和芋頭，副食則是以狩獵所得為大宗，例如山豬肉、魚，有趣的是卑南族雖然居住在海邊，卻不在海中捕魚，漁獲都是由河中撈捕而來，卑南族人在舉行慶典時，以月桃葉包小米或糯米粽為主食，月桃糯米粿粽是以月桃葉包裹糯米粉糰、鹹豬肉而成，與客家的粿粽有幾分類似，好吃又不易腐壞，卑南傳統食物代表之一。族人嗜好菸、酒與檳榔，檳榔平時食用，也是祭祀時常見的祭品，卑南族常常把「檳榔葉鞘」當作餐具來使用，卑南語叫做「達懷」，把葉子削平當盤子來用，可以把兩端固定，以竹枝穿過，製作得像一艘小船一樣，用來盛湯水（臺東縣卑南鄉太平國小網頁，2017）。

卑南族的傳統竹筒飯、「以那餾」是卑南族代表菜餚，「以那餾」是以糯米粉和南瓜泥揉成團為外皮，再以肉、香菇、蘿蔔絲炒香為內餡，用「拉維露」葉上下覆蓋，再以月桃葉包裹蒸熟，可用於正式豐年祭、宴客、亦可郊遊野餐用，田鼠（地龍）或蝸牛更是卑南族獨具品味的特色菜餚（楊昭景，2002）。

六、魯凱族飲食文化

　　魯凱族分布在中央山脈南部山區高雄茂林鄉、屏東霧台鄉及臺東東興村等地方，魯凱族聚落土地較為貧瘠，主要種植小米、甘藷與芋頭，甘藷與芋頭是魯凱族人最常食用的主食，烘烤過後的芋頭乾可以長期保存，烤芋乾是魯凱族與排灣族獨特的處理方式。魯凱族喜歡把小米或芋頭搗碎，加入獸肉拌成餡料，用月桃葉包著製成的食物叫「阿拜」，日據時代魯凱族傳統雜糧有樹薯、黍、稷、玉米、花生、赤豆、南瓜等，以前日常飲食有小米飯、稻米飯、小米粥、小米飯糰、糯米包、糯米糕、糯米飯、小米便當、小米糯等，以及帶皮煮芋、削皮煮芋、烘芋及煮藷等（田哲益，2002）。魯凱族的狩獵是一項具有重要社會意義的生計活動，有非常嚴格的性別禁忌，女性不得碰觸獵具，如有違背，需舉行拔除儀式來去除可能的危險，狩獵是一項社會意義，是魯凱社會判斷男性能力的重要指標；在魯凱族傳統的住屋中，一入門為廚房，廚房的牆壁是男主人展示獵貨的主要地方，狩獵除了滿足生計之需求外，亦有提升社會地位功能（喬宗忞，2001）；狩獵是魯凱人日常蛋白質類養分的主要來源，狩獵方式隨季節變化，配合農事活動的週期來進行，全部落集體進行燒山圍獵，尚有分組出獵和個人單獨出獵兩種方式，魯凱族人會在山溪捕魚，有部落集體性的毒魚活動，或堰堵、撒網、做魚房取魚、釣魚等多種捕魚方式（王長華，1995），現在魯凱族有飼養豬和雞，豬是結婚等儀禮中的重要牲禮，飲食已經受到漢人的影響。

　　另外，臺灣原住民各族普遍都有「靈」的觀念，各族對神靈、死者、祖靈、善靈、惡靈或是其他超自然力量有著不同的稱呼，就以賽夏族的祈天祭

為例，祭品有豬肉、小米、貝珠、酒等獻祭品，小米、糯米蒸熟後揉成圓形飯糰分食給參與者食用，小米在祈天祭的地位，不論是儀式中的實質利用，或是祭典的神靈象徵，都較其他的貝珠等「物」重要，在祈天祭甚或整個賽夏族傳統信仰具有不可動搖的關鍵地位，小米過去是賽夏族的主食之一，現今賽夏族祭典仍以小米獻祭為多，雖然目前小米已非主食，種植數量也非常少，但即使向他族購買，小米仍是獻祭時必備之物（潘秋榮，2000）。我們可以瞭解早期原住民以小米、糯米、玉米、甘藷、芋頭為主食，搭配野菜食用，如果可以獵到動物就有肉可食用，而小米是屬於神聖的食物，通常用來製作小米酒，應該無法常常食用，現在臺灣原住民生活與飲食，大概就如潘秋榮（2000）觀察到賽夏族一樣，從 1970 年以後，臺灣經濟由農業轉型為工商業，賽夏族有不少人口移往都市邊緣，未移出的人除了種傳統作物外，香菇、洋菇、花卉、高冷蔬菜，甚至鱒魚養殖等成為目前賽夏人之經濟活動，隨著臺灣社會進入休閒型態，賽夏人亦有人從事餐飲民宿業，由早期山田燒墾，逐漸以定耕為生，尚能自給自足，近年多元型態大都受到市場經濟之宰制，不論是遷移至都市，或是居留於部落。

現在原住民的飲食文化，可能就如楊昭景（2002）研究原住民飲食文化的結論：

（一）原住民的傳統菜餚，有的是以祖先的傳奇故事形成的，如邵族的阿蒲的最愛（阿蒲是代表祖先，以粗獷的手法將魚鋪在一堆刺蔥之中烹煮）、排灣族的 Cu Lu Ke（這菜做成長條形（代表百步蛇）後切小段食用，在特殊的宴會、豐年慶時當作特製甜點）、達悟族的老人魚和小孩吃的魚，更多的是因生活環境中的食材種類及器具的限制衍生出簡單而原始的烹調方法，如阿美族的石煮法，小米酒的製釀。

（二）各族為因應家人外出狩獵食物所需，所以產生許多易於攜帶和保存的菜餚，如：阿美族的阿里蓬蓬，排灣族的奇拿富、魯凱族的芋頭粉腸。

（三）從各族食材的使用，充分展露了靠山吃山，靠海吃海的飲食風貌，靠海阿美族呈現豐盛的海味大餐，靠山阿美族則以大片草原山蔬為主題，多樣的變化，贏得吃草的民族之稱；擅長狩獵的泰雅族則深入山中長時守候獵物，發展出特有的醃肉和醃魚的技術。

（四）食材的取用充滿敬天惜物尊崇自然的智慧。如：太小的魚不取，未完全成熟的物不用。

（五）隨著族群的遷移、進入到都會中的原住民，其烹調方法，菜色、材料的取得和運用均有不少的改變，受平地的影響甚多，縱使在近都市的邊緣居住、菜餚表現的手法也已經不同於傳統。

七、原住民飲食文化與保健

近年來研究東部地區廣被應用的野菜與原住民常食用的民俗植物，經過分析甜麻葉含胡蘿蔔素；洛葵、食茱萸含有維生素 A ，都是含有高營養成分的蔬菜；黃麻是東部地區原住民的主要野菜之一，目前最廣泛栽種的野菜有田麻科的黃麻和葉用黃麻，葉用黃麻經過分析 β 胡蘿蔔素含量高，鐵質含量高，以嫩葉煮湯湯汁濃稠，入口滑潤、清涼退火是上品的鄉土野菜（全中和，2008）；香椿和龍葵同樣富含維生素 A ，龍葵是原住民經常食用的野菜，原住民常會將龍葵煮湯，做成解酒的飲料，龍葵煮小魚乾也非常對味，龍葵全草皆可入藥，莖葉具有解熱、利尿及解毒的功效，龍葵沒什麼病蟲害，很適合有機栽種，嫩莖葉可炒食、煮食、汆燙、用來煮湯味道更棒（吳雪月，2006），香椿具多項保健功能，經過種苗繁殖及栽培的研究、栽培，這些野菜由於烹調口味的多樣化、新鮮和美食節目的宣傳，已逐漸由鄉野美食變成餐館名菜（全中和，2005）。原住民常食用的野菜在現代科技分析後發現含有豐富的礦物質，且具有療效功能，野菜含有維生素、膳食纖維等是現代人很理想的健康食物。

第三節　臺灣現代飲食文化發展

在多元文化趨勢下，許多外來飲食和臺灣飲食結合，開創出受歡迎的獨特飲食風味，現代臺灣飲食文化融合了許多新觀念，有受到年輕族群歡迎的速食文化，及注重服務、裝潢品質的企業化經營美食專賣店，面對外來的飲食文化，消費者的態度有著「樂於嘗試」的趨勢，還有因應忙碌生活的各種快餐及冷凍食品快速成長，各種飲食連鎖店林立，更貼近消費者的生活，以衛生精美的裝潢、親切的服務品質及薄利多銷的經營模式供應日常食物，這正是臺灣當代的飲食文化。

壹、快速餐食的興起

在社會變遷下速食餐是大多數臺灣人的首選，各種飲食連鎖店供應強調簡化快速方便的餐食，已在我們生活中成為不可缺少的一部分，尤其是美國麥當勞的漢堡、炸雞、薯條、再搭配一杯飲料，更是吸引了稚齡兒童、青少年，或者是與時間賽跑的上班族。同樣的，西式快餐也在短期時間風靡北京，主要不是因為食品的味道，而是由於一種總體效果：快餐店基本的經營觀念、建築風格、內部擺設、服務人員的著裝、服務方式、食品的搭配、包裝等等，這些因素互相結合，構成一種令人耳目一新的飲食氛圍，在北京是一種中檔的餐館，是一種高於普通民眾日常生活水準的享受（于長江，2009）；1987 年在北京天安門廣場南側前門大街開設了第一家肯德基速食餐廳，建築及裝潢可抵二星級飯店水準，高檔的裝修只賣 10 幾元的炸雞套餐，是北京餐飲業前所未見，窗明几淨、空氣調節、悅耳的輕音樂、一塵不染的洗手間，成為北京速食消費者最喜歡光顧的地方，在 1988 年創下全世界 9 千多家分店的單店日銷售第一名，而麥當勞在 1992 年開幕當天招待 4 萬多人次，創下麥當勞歷史上最高紀錄（閻雲翔，2009）。這類速食餐飲的經營特色，就是以方便快速的服務方式，符應現代

人生活忙碌的需求，以有效率、方便取得餐點的方式來迎合忙碌的消費者，並設計兒童餐，再加上免費的玩具吸引小孩目光；麥當勞還跟上世界潮流製造無限商機，每當奧運、世界盃足球賽來臨時，便推出一系列的周邊產品吸引顧客消費，也吸引了許多收藏家前來蒐集，而產生一波波的搶購與消費熱潮。

▲ 圖 5-4 速食食物─薯條漢堡

　　當然這些速食餐廳不斷創新口味、不定期推出新產品、不斷研發新產品，考量消費者長期會吃膩相同餐點，甚至結合各國的飲食特色，上市的「米漢堡」，將西方漢堡結合臺灣在地的新鮮稻米，開創出獨特的風味美食，讓消費者有更多的消費新選擇，以「客人至上」的服務精神，使客人受到相當的重視，讓客人擁有物超所值的感受。而消費者湧入速食店是吃「文化」，大多數就餐者並非來去匆匆食客，或是一群悠悠高談闊論，或是青年男女二人喁喁私語，食客不是在吃雞，而是在吃「文化」（閻雲翔，2009），無論如何，現在臺灣有許多人在上班或是上學時手上拎著麥當勞紙袋，中午或許也有人做同樣的動作。

　　另外，臺灣有各種速食麵和冷凍食品，有冷凍餃子、冷凍小籠包、冷凍湯品等等加工食品，讓食用者回家可以在簡短時間便可享受自己喜歡的食物，對上班族、青年學生是很方便的飲食選擇，同時臺灣的小吃餐飲很方便，各類的小吃店提供方便又便宜的餐食，無論是麵食和便當都可以外帶，再搭配湯或飲料，也是一種快速的餐食，這些都是因應社會變遷所提供的營養、效率、簡單的飲食文化。

貳、臺灣夜市文化

臺灣早年的農村社會，在民俗節慶活動或廟會活動時，聚集比較多的人潮便會有商業買賣、鄉土小吃及娛樂遊戲等交易行為，而逐漸形成市集。在1950、1960年代，夜間市集大多以江湖賣藥為主要活動，後來原本的流動攤販變成營業時間較為固定的夜市，臺灣夜市源自早期的廟會與市集，在電視媒體娛樂還未普及的年代是民眾從事休閒的主要場所，現在的夜市在生活上仍然扮演著一種休閒場所。

夜市為晚上攤販集中的什麼東西都有賣的地方，其性質為親切方便、家庭化，適合家庭出遊，想去就去，屬於人多熱鬧的地方（余舜德，1992）。夜市通常在夜間，是定期且大規模的商業活動，有固定店家與流動攤販共同聚合而成的市場，屬於一種隨性消費場所。我們從宋朝的文獻中可以知道小吃是夜市最重要特色，這些書的作者都強調夜市令人嘆為觀止的多樣性小吃，今天，小吃仍是夜市最重要的特色，亦是建構夜市文化意義的要件，而夜市也常因其特有的小吃而聞名（余舜德，2009）。在北京話中，小吃和快餐的含義是重疊的，麵點類的快餐基本上都是某種「小吃」，有些小吃不能算快餐，小吃強調其「簡單、風味」的一面，快餐強調其「快捷」一面，這種名稱區別，也反映了過去和現代不同社會背景下人們注意力的不同，各類麵條是小吃類快餐，通常人們早餐很少吃麵條，而在白天，麵條則成為一種主要快餐（于長江，2009）；基本上，所有落於中國食物系統兩大基本觀念－飯及菜－之間的食物，都可以被廣義地包括在小吃的項目，如包子、水餃、麵食、羹粥、糕點等今天都被稱作小吃，小吃可說是飯與菜的結合，小吃本身具有味道，又稱為「主副合一」的食物，可以成為一頓飯中唯一的食物，不需有其他配菜，也可擔任配角地位，可當日常生活的點心與宵夜（余舜德，2009），因此，假日夜市人潮特別多，有很多人會到夜市吃點心及當作休閒活動，如果是固定式的夜市，可能就會成為人們日常生活中的飲食場所。

潘江東（2010）認為臺灣夜市可分為三個類別：

一、　**傳統流動攤販**：由「市集」演變，年代屬最久，因工商業發達、國民消費型態及購物習慣的改變，但仍有習於日常生活的傳統零售市場及向流動攤販購物的方式，一般年紀在 40 歲以上之消費族群較喜歡此類方式的零售功能，如賣菜、賣甘蔗、賣綠豆湯的推車叫賣方式，較具鄉土情感。

二、　**一般型夜市**：一般型夜市最早出現在清朝末年舊都市中心，如臺北市的大稻埕及各市中心原來的小吃攤所聚集圍繞成為夜市聚集型態，初期在臺灣各都市街市，即以每晚開市型態出現，偶而還會招致警察取締，後來政府部門則規劃固定市集地方，令攤販申請，以進行管理，但商家攤販往往迷戀以往所聚集的老地段老地點，以老顧客習慣的方式出現，不願搬遷，如嘉義市舊市政府門口位置，就是典型的範例，小吃以肉羹、肉粽、魯肉飯、魚丸湯等傳統小吃為主。

三、　**趕集性夜市**：此類型的夜市，地點較不固定，是 1990 年代規模最大的類型，已擴展到都會區邊緣及各鄉鎮市地區而盛行，原來為趕集式，後來因增加開市日期，而形成塊狀人車分離的定期市，原因是以 1970 年代後期小型貨車及客貨旅行車發達後，才盛行的現象，此類夜市人潮洶湧，可以看出都會區一成不變的生活方式，已是無法滿足人們的需求，必須正視傳統要保存，更要考慮民眾的喜好，景觀的維護改善，社會公平性的考量，食品衛生安全的維護等都需取得平衡。

　　有關夜市的形成是臺灣早期廟會與市集型態的延伸，加上走動式小吃攤販受時空影響，其存活空間已近於零，故而跳脫原來的販賣方式，集中入夜市，以取得新的生活空間與生存之道，如賣飲料、涼飲、冰品、臭豆腐等等，還有公有或民間大型活動空地另類利用，因經濟景氣不佳，建築業低迷，許多空間閒置不用，形成浪費，有心人士就組成夜市攤販進行營業，將土地資源充分利用，也為景氣不佳之失業人口，另行開闢就業市場找尋出路，也能滿足臺灣人習慣拜廟逛廟會，吃東西的休閒文化（潘江東，2010）；在社會意義上，夜市小吃在 1970、1980 年代，提供都市移民與中下

階層的民眾一些較日常食用的食物、更豐富的食品，吸引平常無緣享受這些食物的人們前來打打牙祭上扮演重要的位置（余舜德，2009）。臺灣夜市文化不僅成為當地居民夜間活動的空間，更成為國內外觀光遊客瞭解臺灣風土民情，及品嘗在地美食小吃的好地方，臺灣夜市小吃成為臺灣飲食文化的一部分，更在發展觀光資源上占有一席之地。

余舜德（1994）認為夜市所帶來的各地觀光客，造成的經濟利益及社會經濟價值是不容忽視的。同時夜市小吃可突顯地方傳統文化特色的價值，如看殺蛇、吃蛇肉、喝蛇湯，臺南市原名「雞肝板」小吃，改名為「棺材板」，可見民間對喪禮中「棺材」的感覺強烈，極欲突顯地方傳統的價值所在，夜市造成消費者與攤販經營者互動頻繁、交流聯誼、情感互通、訊息交換的良好價值（潘江東，2010）。余舜德（2009）從坊間介紹小吃的專書中，將夜市小吃特色歸納為：

一、 **食材原味**：夜市食材的原味主要來自「白煮」，無論是雞、鴨、鵝肉、內臟或是豬腳，主要以白煮、白斬，佐以沾醬及生薑、九層塔、芫荽或醃黃瓜等，夜市攤位最常見的呈現方式。

二、 **醬料**：夜市小吃的沾醬是最能體現臺灣特色的風味之一，除了前述鵝肉或黑白切，夜市常見的肉圓、蚵仔煎、米糕、碗粿、天婦羅等都使用一般被稱為「海山醬」的紅色甜醬，這種以甜味為主、黏黏稠稠之海山醬，是夜市小吃用來突顯小吃味道最主要的蘸料，也成為夜市特別風味的來源之一。

三、 **Q 的口感**：這個口感只有臺語的形容詞，難以找到一個中文的字詞來代表，只有以發音相近之英文字母 Q 來表示，從《發現臺灣小吃》一書中，於 132 家介紹小吃中，即有 47 家介紹使用了 Q 做為主要特色描述，如香 Q 不爛、Q 軟、Q 嫩滑順、Q 有彈性等等形容肉、冬粉、肉圓、芋圓、米糕等食物，帶有些嚼勁的食材特色，說明夜市小吃的Q，實為臺灣人品嘗的焦點。

基本上，夜市所帶來的商業活動是對消費者、夜市經營者及商家都能獲取相當的利潤，以最「便宜」、最「親民」的銷售方式，創造出臺灣有特色且利多的飲食文化。而臺灣各地區代表夜市有：

一、　**北部**：士林夜市是臺北市內最大、最為人所知的夜市，與其他大型固定夜市共同建立夜市文化成為臺北人夜生活的選擇，還有基隆廟口夜市，是全臺灣最著名的夜市之一，全天都有店家營業，晚間夜市時段更為熱鬧。

二、　**中部**：逢甲夜市屬商圈夜市類型，目前是臺灣規模最大的夜市，逢甲夜市有許多創新、多元的美食小吃。

三、　**南部**：六合夜市是南臺灣最早的行人徒步區和國際級觀光夜市，高雄最具代表性的夜市，近年來靠近高雄巨蛋的瑞豐夜市人潮非常熱絡，還有臺南的花園夜市。

四、　**東部**：羅東夜市位於宜蘭縣羅東鎮中央的中山公園四周，是一個全年無休的夜市，以此處向外擴張成羅東鎮最繁華的商圈，在宜蘭旅遊的觀光客時常在羅東住宿，夜間便到夜市逛街購物。

　　臺灣夜市已經朝向現代化的經營管理，各地夜市結合本地土產、小吃、日式、中式、歐式、美式等飲食文化，以及新流行飾品、服務及懷舊休閒娛樂等項目的販售，使得夜市成為具有臺灣風味的夜市文化。傳統夜市小吃的蚵仔煎、彰化肉圓、臺南鱔魚麵、屏東肉圓、炸臭豆腐，或近年流行的可麗餅、燒烤，也隨著各式流動夜市而深入臺灣

▲ 圖 5-5 臭豆腐

各鄉鎮，乃至部分山區原住民部落（余舜德，2009）；現在的夜市小吃也有販售中東沙威瑪、日本串燒、韓國石鍋拌飯、鐵板牛排等等都是夜市所供應的小吃食物，臺灣夜市充滿全球多元化、本土在地化與創新的飲食文化。

參、臺灣飲食產業發展

臺灣正處於全球化與在地化的多元化價值觀社會。多元化價值觀的社會呈現了不確定、矛盾等特質，造就了社會接納異己、尊重多元價值觀的態度，並以創意及創造力來創造生活品味（李瑞娥，2010）。近年來臺灣也積極推動多元文化教育，多元文化教育是一種激發人類潛能的教育，是一種促進平等的教育，讓所有的族群能在自己文化認同的基礎下去發展與創新，而不只是承受被同化的宿命（張耀宗，2006），尤其在多元文化社會更能激發有創意的飲食料理。

臺灣由於社會進步，人們過度追求精緻美食而產生「物極必反」的效果，加上一連串的食安問題，天然的養生食材成了當代臺灣飲食文化的新趨勢；對於飲食的觀念，人們不但要吃得巧，更要吃得健康。近來非常流行的日本懷石料理原本用意是搭配日本茶道，搭配茶的美味發展出來的日式料理，現今已成為高級日式料理的代名詞。「懷石」透過食物所傳達的其實是一種好客的溫暖，而非這些食物有多奢侈，懷石料理反映的是一種季節感，以及對人與人間情誼的感知（Cwiertka, 2006；陳玉箴譯，2009）；「懷石料理」是一種日本飲食文化的創新，其背後隱含日本的文化及人文元素，這就誠如鍾文萍（2016）所言，創新雖好，但必須有所本，才不至於失去本色，「本」指的是料理背後的文化精神及基底元素。

在多元文化的世代，人們對異國料理文化已經成為社會階級及鑑賞能力的象徵。在商業利益的驅使下，各族群的「料理」可以創新發展成餐廳、食品產業，飲食文化成為一種觀光的商機，但是飲食文化產業的發展是無法單獨行事，必須依賴政府與社區環境的共同規劃（李瑞娥，2016）；就如同全世界都知道的法國精緻料理，它是法國廚師、餐廳、美食評論所建構出來的飲食文化，同時融合了義大利料理文化而創造出法國特有飲食料理與文化。而卓文倩等人（2005）認為臺灣菜是一種多元文化的自然融合，有它本身的

主體性與獨特性，在臺灣要找一家純口味道地菜系的餐廳，並非易事，其原因有：

一、 臺灣的族群融合也表現在菜餚的烹飪上，食材容易取得，加上廚藝的交流，自然而然都會互相觀摩、互相模仿，自然而然就會出現各省菜系混為一堂的情形。

二、 現代教育系統出身的廚師們，在與世界各地的餐飲有所接觸後，也開拓了視野，世界地球村的觀念和國際旅遊的便利，亦加速現代廚師的學習腳步，為配合顧客求新求變喜嘗新的風潮下，臺灣的廚藝已經朝向「飲食無國界」與「廚藝無國界」的方向發展。

在全球化時代「飲食無國界」已經成為世界的一種趨勢。日本料理已經是全球文化的一部分，倫敦一家時髦日本料理餐廳 Nobu 供應的是當代無國界料理，融合了日本料理、南美、北美菜，已與典型的「日本性」截然不同（Cwiertka, 2006）；2007 年，法國就已開了超過 1,000 家麥當勞，是法國最大的私人企業，而法國也成為麥當勞全球獲利第二高的市場（潘昱均譯，2010）；同時在美國有家很受歡迎的「紅花」牛排館，包裝為日本傳統風格，讓客人能在具有異國情調環境中享用熟悉的食性，「紅花」是日本地區以外的第一家鐵板燒形式餐廳，但其行銷策略很清楚地是為了與其他講究精緻的日本料理餐廳做區隔（陳玉箴譯，2009）。就臺灣而言，2010 年 3 月在世界麵包賽得到冠軍的吳寶春，他選用在地食材荔枝乾與小米酒，搭配國際水準的麵包製作手藝，在法國巴黎「世界盃麵包大賽」中，奪下「世界麵包大師」的頭銜（李謁政、陳亮岑，2014）；屏東透過地方飲食文化建立觀光的景點，最成功的就是萬巒豬腳與東港黑鮪魚，萬巒豬腳的成功發展不僅在於發掘在地流傳的飲食文化，也在於如何回應當前新的消費社會（鄭力軒，2014）。這些飲食產業可說充分掌握了全球化與本土性的精髓，而這就是文化創意產業的精神。

飲食產業的發展就如鍾文萍（2016）認為客家美食、道地的客家味也不在宴席大餐，而在長存客家常民生活的米食與醃菜：一、走自己的路－堅守客家菜特色，既經典又新潮；二、真實的感動行銷－讓在地食材、家傳菜自己說故事。文化產業的最終目的就是確保能生存與傳遞，以文化發展方式提供個人轉化規則、策略與工作去適應生存的環境與重構歷史（Nicholson, 1997），我們應該瞭解「文化」才是文創產業的重要基礎，讓經濟活動能夠具有美學的思考，並期能在文化延續的脈絡與產業群聚裡，耕耘出以臺灣本土為源，且走向全球的文創產業力（吳翰中、吳琍璇，2010）。在全球化的時代，臺灣可以發揮在地文化的「異質性」、「獨特性」，而發展出受到當地認同與觀光客喜愛的地方文化產業；而飲食是人類的一種生理需求，又負載著深厚的文化情感，臺灣獨特飲食文化若能再融入全球化的飲食文化，或可成就一種受全球歡迎的代表性料理，就如同一般人認為日本料理是一種精緻飲食，法國料理就是一種浪漫。

臺灣飲食文化在政治與社會變遷中創造了多元飲食文化現象。近年來，臺灣本土米食文化及家鄉小吃都納入總統就職國宴菜單，像臺南虱目魚丸、碗粿、宜蘭三星蔥、客家炒粄條、東方美人茶及雲林古坑咖啡等等，都在在突顯臺灣在地當季的好滋味，讓臺灣的多元餐飲文化呈現在國際場合，希望臺灣本土飲食文化能在全球多元文化發展中占有一席之地（李瑞娥，2017）；在講求多元化的全球化時代就是發展飲食產業的時機，就飲食產業來說，飲食既是生理需求亦隱含族群國族的文化認同，且飲食已於 2012 年的 11 月列入聯合國教科文組織「非物質文化遺產」項目，顯然飲食文化產業的發展是非常值得關注的一種產業。而國宴菜可帶動餐飲業，如李登輝時代，隨著經濟實力提升，國宴重視排場，排翅、鮑魚、龍蝦等頂級食材，大量出現在國宴菜單上，當時國宴以粵菜、海鮮為主流，也帶動餐飲界形成一股流行；2008 年馬英九總統剛剛出爐的九道國宴，目前只有參與國宴的貴賓獨享，漢來飯店表示，一般消費者要等到 7 月暑假期間，才有機會品嘗而且整個套餐吃下來，恐怕不便宜，絕對超過 2,000 元（趙敏夙，2008）。當

臺灣的飲食類型愈趨於多樣且市場競爭日趨於激烈時，帶有族群特色的食物不僅成為業者建立特色並進以招攬消費者的競爭策略，也成為消費者嘗鮮、使用與體驗的重要飲食選項（王明智等，2009）。基本上，全球化所形成的多元文化價值觀有利於飲食產業發展，而地方菜更有利於發展創意料理的餐飲產業。

多元文化主義是現代日本飲食轉變的一個面向，它將各地不同飲食習慣與態度予以同化、吸收，並形成今日我們所熟知的日本料理的持續同質化過程，形成一套大多數日本人都能認同也都感熟悉的菜餚、用餐方式與味道（Cwiertka, 2006；陳玉箴譯，2009）；還有法國有著全世界著名的飲食文化，其實法國菜源自於義大利菜，而義大利文化傳承於古羅馬帝國，義大利人對於飲食的文化與烹調技藝，是累積了數千年的經驗，而法國的烹調技術會如此的精進，那是因為法國有了得天獨厚的地理環境、還有一張好吃的嘴、一個挑剔的胃、一雙精巧的手、一個聰明的頭腦，才能從義大利菜的精髓中創造出自己的風格，享譽國際（李瑞娥，2017），基本上法國料理是一種多元文化相互作用所形成的飲食文化，所以多元文化可說是激發創意的源頭。

臺灣飲食文化充分展現多元化的食材及烹調方式，讓我們瞭解到臺灣飲食文化發展與多元族群存在的事實後，進而能激發創新潛能，讓各族群能在認同自己本身的文化後去發展與創新文化產業，既可傳承文化，亦可帶動經濟發展；同時，期待在欣賞美食、發展經濟之餘，更要關心族群文化與生態環境的永續發展。

1. 根據史料，臺灣的飲食文化發展大致可以分為哪四個時期？
2. 請問傳統的臺灣菜餚，有哪些烹調方法？另外臺灣現代的飲食有哪些特色？
3. 請問客家飲食有哪些特色？具有哪些保健功能？
4. 請問原住民飲食有哪些特色？具有哪些保健功能？
5. 請問臺灣夜市可分為哪三個類別？夜市是怎麼形成的？
6. 請問你（妳）覺得現代的臺灣飲食文化在保健觀念上有哪些優點與缺點？

Chapter

6

宗教飲食文化

有人群的地方就會有信仰，人有生老病死的問題，生活上總會遇到一些挫折和苦難，宗教可以提供人們心理上的慰藉。人類追求豐足的物質生活，也渴望精神生活，宗教可以為人類提供一個理想的精神空間，宗教是一套信仰，可能是對神明或一種信仰的崇敬，然後透過遵從信條與儀式做為生活準則，藉以調整自身的行為，人類會透過宗教儀式擁有自己的價值觀及文化觀，人在社會中都無法避免受到宗教的影響。

宗教的功能就是希望能解答一些無法理解的事物，並幫助人們在這污濁惡世中求生存，由於食物是維持生命之所需，故成為代表宗教特徵的重要一環（全中妤譯，2005）；每個文化中都包含或多或少的宗教信仰，宗教透過一些歷史、神話故事，讓信眾在生命體驗中實踐宗教規則，同時藉由宗教儀式、冥思、音樂和藝術等形式表現宗教的神聖感，利用宗教思想、宗教禮儀規範、宗教制度約束信徒的行為，而飲食通常是很重要且普遍性的行為約束工具。

第一節　宗教信仰文化

人類對神的敬畏心態是宗教的核心。神是發號施令者，人類就必須服從神的旨意，誕生不僅是為了要接受考驗，並且要為永生做準備，人類的行為皆要對其所信奉的神負責（全中妤譯，2005）。宗教是一種個人經驗，宗教是個人自己對信仰的主觀情感，這種主觀信仰沒有任何約束力，信仰無法用理智去選擇信與不信，對虔誠的宗教徒來說，神是確切存在的，因為人類對宗教的主觀詮釋差異，我們的世界上便產生了三大宗教，包括基督教、伊斯蘭教和佛教。

我們要如何看待人類偉大宗教的傳統智慧？Huston Smith 認為，如果一個偉大宗教的智慧傳統要引導我們，我們要以開放的心胸來聆聽它傳頌給我

們的智慧開始，並不是用批判性的去接納它，因為新的情況，會使我們有新的責任，由於不同時代，於不同的文化傳統地區，會表現出多元文化的呈現方式（石朝穎，2012）；在全球化的時代，宗教之間為了宣揚本身的信仰，有排他論、多元論及兼併論的意見，主張排他論者認為世間只有一個絕對真實的神，加上宗教與政治的關係複雜，宗教信仰常常形成一種社會意識形態，在歷史上，宗教被統治者當作統治人民的精神工具，也被反抗者用來反抗壓迫的工具，所以人類的宗教信仰經常產生災難與衝突；其實在多元文化的時代，人們應該互相理解與尊重不同宗教的文化、信仰，才能真正在宗教信仰中找到心靈的慰藉與平和的世界。

壹、基督教信仰文化

基督教是信仰耶穌基督為神及救世主的宗教，源自於中東，以《聖經》為最高經典，信徒稱為基督徒，基督徒組成的團體稱為基督教會。信奉基督教的人口比任何單一教派為多，而最具影響力的基督教派有三支，有羅馬天主教、東方正統基督教和新教，基督教的精神是建立在《新約聖經》中所記載的有關耶穌基督周遭所發生的一切事情，基督教深信耶穌是上帝的兒子，由於上帝的恩寵和耶穌基督的生命，經由祂的死亡與復活，解救了人們罪惡的心靈（全中好譯，2005）；羅馬天主教會是所有基督宗教的教會中最為龐大的教會，基督教在歷史上發生了二次大分裂，產生路德派新教、歸正派和聖公會派，天主教範圍大致包括西班牙、葡萄牙、法國大部、義大利、愛爾蘭以及德國與瑞士的一部分，隨著西班牙、葡萄牙等國的殖民主義擴張，天主教向美洲和東方傳播（中文百科在線，2017）；天主教敬拜「三位一體」就是聖父、聖子、聖靈，也崇敬聖母瑪利亞，屏東縣萬巒鄉萬金村萬金聖母聖殿是臺灣最古老的天主教堂，萬金萬母聖殿由西班牙古堡式建築搭配中國特有建材建造，加上來自西班牙的聖堂大鐘，造就了萬金聖母聖殿的特殊風格。

東方正統基督教（東正教）屬於君士坦丁堡的基督教堂和羅馬拉丁基督教堂分裂，主要歧見在有關「三位一體」－聖父、聖子、聖靈的《聖經》詮釋，與領聖餐體的麵包是否應該經過發酵、神職人員是否可以結婚、還有宗教定位等爭執。東正教認為領聖餐的麵包是要經過發酵的，在成為神職人員之前可以結婚；而新教是一群對羅馬天主教教義存疑的教徒所建立的教派，以馬丁路德教條為基礎，新教信徒深信人們經由直接的禱告就可接近上帝，不需透過其他的聖人或神職人員。另外，猶太教已有 4,000 多年的歷史，相傳啟始於亞伯拉罕接到上帝的聖約，起初猶太教本身就是一個國家形式，但在羅馬帝國時代，當其都城耶路撒冷和聖殿所羅門毀於羅馬人之手後，猶太人民即不再擁有自己的國家，直到 1948 年以色列建國後才復原，猶太教的教義主要在遵循西伯來的《聖經》，尤其是開首的 5 卷，俗稱《摩西五經》，記載猶太教起源，陳述上帝對猶太人的要求規範等基本誡律，寫下「十誡」，還教授如何準備食物的正確方法（全中好譯，2005）。

　　英國著名的歷史學者猶太裔西蒙‧夏瑪在《猶太人：世界史的缺口，失落的三千年文明史－追尋之旅（西元前 1000-1492）》一書中探尋猶太人的歷史，認為猶太人連結基督徒、穆斯林與波斯、羅馬帝國的文化，許多現今歐洲的古教堂，在更古早以前是猶太人的聖殿，祭壇上放置的蠟燭，是他們流浪時帶不走的資產，在被人們視為尋常且全面基督化的景象中，始終藏有猶太文化的痕跡；約瑟福斯在《猶太古事記》中對《希伯來聖經》在亞歷山大城被翻譯為希臘文的這個傳奇故事有一番簡略的描述，其原始手稿至少有 20 份流傳至基督教時代早期，當時被稱為《七十士譯本》的《希伯來聖經》希臘文譯本，後來被視為所謂《舊約》的最終文本；社會和宗教準則是猶太人首先制定的，並且已經成為他們獨特不朽的財富，包括希臘人在內的所有開化的民族，都在奉行其中的指導原則，以週末休息的發明為標誌，這些準則已經成為一種普世的財產，無論一個城市多麼野蠻，無論一個民族多麼封閉，都在遵守我們每個星期第七天休息的習俗（黃福武、黃夢初譯，2018）。

而猶太教位於耶路撒冷的聖殿被毀滅了，只留下一段殘破的西牆（俗稱哭牆），猶太人散落到世界的各地區，並以自己獨特的文化，堅守猶太教獨特的儀式，以更形而上，更精神性的宗教信念堅守猶太教教義；猶太人非常注重集體性，有猶太人的地方就有猶太會堂，猶太人與猶太教最典型的標誌就是大衛之星，使人一看就知道是猶太會堂，會堂內禁止任何偶像，但古代大衛王的標誌與獅子圖案可以用來裝飾，同時一個猶太小男孩出生後的第 8 天，就必須舉行割禮，猶太教徒一生都把律法轉換為生活，猶太人面對自身民族的命運與信心，讓他們在顛沛流離中存活下來，並在 1948 年復國－以色列國，但是以色列的國民並不是全部都是猶太人；目前猶太教徒主要分布在北美洲、中東、北非、歐洲等地，猶太教徒不算多，但是猶太教信念融合在伊斯蘭教和基督教的文化中；而基督教因為教徒對上帝的理念差異，再成立基督長老教會、基督教浸信會、新教聖公會、耶穌信徒會、摩門教等，臺灣則有傳教方式特立獨行的新約教會，位於高雄市那瑪夏區的錫安山聖山。

早期西方宗教以物質吸引臺灣民眾加入教會，臺灣原住民有很多信奉天主教和基督教，其發展就如同潘秋榮（2000）觀察原住民賽夏族的現象一樣，1950、1960 年代，整個臺灣仍處於自給自足的農業社會，而偏遠山區的賽夏族無法自農業活動中獲得基本溫飽，教會的適時援助使族人驅之若鶩，族人的祈天祭因此停辦一段時間，直到近十年才又恢復，其原因可歸納為：

一、 族人認為改信外來宗教後，賽夏族 tatini' 祖先不高興，會懲罰賽夏族人。

二、 社會變遷固然使部分族人外遷，仍有族人留下務農，需要掌管天候神祇的護佑。

三、 祭團成員遷移至都市後，在各行各業從事非農業性生產，卻常遭橫禍，族人解釋是祭團未好好供奉 tatini' 及舉行祭典，tatini' 生氣懲罰祭團成員。

貳、伊斯蘭教信仰

　　伊斯蘭教舊稱回教，信奉《古蘭經》教導信徒一神論的宗教信仰，教徒稱為穆斯林，《古蘭經》被穆斯林視為造物主阿拉給最後的先知穆罕默德的啟示。伊斯蘭的意思是「服從」，就是遵從上帝的旨意，更代表著一種「生命之道」，伊斯蘭教徒深信其創始者穆罕默德雖然不是救世主，但他是一位傳達上帝訊息的先知，他早年即受猶太教與基督教的一神論者所崇拜，晚年有連續 10 年以上天使不斷在他前顯靈，這些啟示告知穆罕默德：他就是真主「阿拉」的發言者，即傳達訊息者，伊斯蘭教徒深信他們唯一的真主阿拉，也就是猶太教和基督教的上帝，可惜在《舊（新）約全書》裡所記載有關上帝的話語不夠詳盡，只有《古蘭經》才是一部最完美的經典，穆罕默德是替代耶穌的最後一位發言者，他並非上帝之子（全中好譯，2005）；基本上，伊斯蘭教是一神論，穆斯林堅信耶穌只是一位凡人，而不是上帝的兒子，穆斯林不認同基督教的三位一體教義。而伊斯蘭教有兩大教派，「遜尼派」是以奉行穆罕默德言行和《古蘭經》為最高指導原則，作風溫和；「什葉派」主張嚴格遵守《古蘭經》基本教義，作風激進，伊斯蘭教對教徒有嚴格規範，須時時默唸教義、每天五次面向聖地麥加朝拜、齋戒月白天不進食、穆斯林一生中至少要到麥加朝聖一次，規定日常生活遵行伊斯蘭教義，避免爭奪，希望能促成西亞地區部落與社會的和平，伊斯蘭教教徒穆斯林有五項基本功課：信念、禮拜、齋戒、天課、朝覲等（認識西亞網頁，2016）。

　　伊斯蘭教徒認為穆罕默德本人是位文盲，穆罕默德不會抄襲基督教或猶太教教義，而是基督教和猶太教更改了一神教的教義內容，基督教、猶太教和伊斯蘭教的發源地都在聖城耶路撒冷，後來被信奉伊斯蘭教的阿拉伯帝國統治，羅馬教廷在政治權威及壓制下，發動了近 200 年的十字軍東征，《耶路撒冷史》記載說，十字軍在占領該城後，對穆斯林不分男女老幼實行了慘絕人寰的 3 天大屠殺（維基百科，2017）；伊斯蘭教依靠阿拉伯民族本身文化與價值觀，而擴展為世界三大宗教之一，當年《古蘭經》裡的

聖戰是抵抗羅馬教廷十字軍的侵略，別的國家侵略我們時應當要抵抗，不是去侵略別人，他們的精神是和平的，現在信奉伊斯蘭教的阿拉伯國家，有很多人仍然為了聖戰發動戰爭，使得有些伊斯蘭教徒造成全世界的暴動與不安。

參、佛教信仰

佛教起源於遠古印度的釋迦牟尼佛，大約西元前 6 世紀經常對佛弟子開示教導後來發展為宗教，釋迦牟尼佛又稱如來佛、佛陀、佛祖。釋迦牟尼是釋迦族的聖人，俗名悉達多，生於西元前 566 年，原是釋迦國的太子，29歲出家修道，跟從當時著名的沙門阿羅邏迦羅摩和烏陀迦羅摩弓修習禪定，不久，釋迦牟尼就達到他們所教導的一切，但這並不能滿足他的希求，經過 6 年的苦修，最後成就正覺，被稱為佛陀，並到處說法，組織僧團，直到西元前 486 年圓寂，簡稱釋迦（野萍，2010）；對傳統的印度教而言，佛教是一個叛亂的新教，佛教承襲了許多印度教的觀念，如所有的生靈都需要經過多次的轉世投胎，佛教對印度教的「苦修生活」和自我放縱之間，採取中庸之道，認為過與不及都是不適當的，佛教反對印度教的階級制度劃分，認為每個人的靈性都應該是平等的，佛教教義精髓有四聖諦和八正道（全中好譯，2005）：

一、　苦（苦的真相）：痛苦是生活的一部分，人們因生、老、病、死而經歷痛苦，也因為慾望無法達到而痛苦。

二、　集（引起痛苦之因）：人們因貪求生命而產生煩惱，因落入輪迴而引發痛苦。

三、　滅（痛苦的中斷）：只要放棄慾望滅，即能解脫痛苦。

四、　道（實踐滅苦之道）：經由八正道（正見、正思、正語、正業、正命、正精進、正念、正定）則可斷慾而解除痛苦。

佛教有三界六道，欲界、色界、無界等合稱為三界，欲界有六道眾生，欲，希求的意思；界，是範圍，生活在欲界的眾生，具有情欲、色欲、食欲、婬欲等情感的需求，充滿了欲望，自地獄、鬼、畜生、阿修羅、人以至六欲天，男女相參在一起，多諸樂欲，是貪欲熾盛的世界，故稱欲界。三界六道的眾生世界，流轉遷化，回復交替，業力是動力，癡迷而生染著，沉淪生死海，六道輪迴，上三處是天、阿修羅、人，下三道處是畜生、鬼、地獄；上三處從善業而輪迴，下三處從惡業而交替；喜作樂受，惡作苦受，隨業受報，無分高下，業因受果，依業力的強弱而有先後（白雲老禪師，2015）；眾生因為往住沒有清淨五根五塵五識、唯有在意識境界中，所以無所作為，便無法超越意識境界、無法得到解脫，便須經歷三界六道生死輪迴之苦，在天、阿修羅、人、畜生、鬼、地獄中輪迴；佛教重視人類心靈和道德的進步和覺悟，佛教信徒修習佛教的目的就是能看透生命和宇宙的真相，然後超越生死和痛苦並放下一切煩惱，所謂捨了就得到解脫。而四聖諦的實踐滅苦之道的正語與正業可延伸為五戒：不殺生、不偷盜、不邪淫、不妄語、不飲酒，佛教徒追求清心寡慾，最好能出家以便為眾人奉獻餘生，通常教徒沒有私人的財產，而是靠供養為生，他們過午不食，而且是素食者（全中好譯，2005）。

　　佛教被視為世界三大宗教之一，信徒分布在東亞、中亞、東南亞和南亞地區，佛教是認為眾生皆有佛性，眾生可透過佛教的修練，開發生命潛能。皈依佛教的信眾稱佛教徒，佛教徒可分為出家眾和在家眾兩大類，出家眾有比丘、比丘尼，在家眾是居士。臺灣佛教具有多元性與複雜性、枝末性特質，就是缺乏原創性，承受的是自明末起相繼傳入的齋教、閩南佛教、日本佛教、大陸主流佛教及藏傳佛教、日本新興佛教等各種派別（江燦騰，1992）；高雄佛光山的佛陀紀念館於 2011 年年底落成，1998 年星雲大師至印度菩提伽耶傳授國際三壇大戒，當時西藏喇嘛貢噶多傑仁波切為感念佛光山長期促進世界佛教漢藏文化交流，設立中華漢藏文化協會，舉辦世界佛教顯密會議，並創立國際佛光會等，遂贈予護藏近 30 年的佛牙舍利，同時希

望佛光山能於臺灣建館供奉之，佛光山是修身、旅遊的佛教勝地，是高雄旅遊熱門的宗教文化景點（佛陀紀念館網頁，2016）。

全球宗教正在進行多元化發展，而宗教的「排他論」也在積極發展，宗教信仰應該建立尊重的觀念，在全球化的多元社會，人類需要建立一種多元文化宗教觀，以減少宗教衝突，才能真正享有宗教所帶來的平和生活。

第二節　宗教與飲食

每個宗教都有本身的教義和儀式，教義透過宗教的社會實踐活動得以推廣和外化，宗教透過公認的宗教崇拜行為、禮儀規範等實踐，包括祈禱、祭獻、禮儀、修行及倫理規範等，讓信眾在體驗中開發生命的潛能，而飲食禁忌是最能體現及表達對神聖信仰的情感與行為，飲食禁忌是宗教最常見的禁忌，也是很重要的禁忌行為。

佛教從五戒「戒殺生」而禁止吃肉，印度佛教允許吃潔淨的肉，伊斯蘭教禁食豬肉和酒類飲料，有關宗教的食物禁忌，有時會在特定時間規範禁忌。宗教的功能在於能使人類有心靈寄託，能充實精神生活內容，能淨化社會與人心，而食物是維持生命所需的物質，宗教賦予食物意義，讓信徒在飲食中受到宗教的規範，而信徒以接受飲食規範表達對宗教的虔敬，信徒從禁食中找到宗教精神的內在連結，宗教禁食被視為宗教修道生活中最有效的一種修行方式。

壹、基督教飲食文化

基督徒在日常生活中沒有飲食禁忌，早期基督教是純素食宗教，後來基督教中的很多禁忌被解除了。耶穌是猶太人，宣傳博愛和平的教旨，但因其

傳教的教義與猶太教傳統抵觸，後來耶穌被羅馬官吏釘死在十字架上，耶穌的素食語錄有：我將遍地上一切結種子的蔬菜和一切樹上所結有核的果子全賜給你們做食物，但是，生物的肉與血，你們不得吃（野萍，2010）。基督教在 1966 年以前每個星期五依習性會禁食肉類，這並不像其他宗教節日有硬性的規定，在美國有六個禁食日，新年、耶穌升天日（復活節後第 40 天）、聖母升天日（8 月 15 日）、諸聖節（11 月 1 日）、聖母無染原罪日（12 月 8 日）、耶誕節、聖灰禮儀（復活節前的第七個星期三）、聖週（復活節前一個星期五），只禁食肉類，天主教徒只有介於 16 歲到 60 歲的教徒才需要遵守這些戒律，而東正教的齋日甚多，一年約有 20 幾天，且在每星期日領聖體前是不能進食的，其教徒認為齋日禁食可以證明人類的精神力量可以駕馭肉體，在這個時段內不准食肉或其他動物產品，包括牛奶、蛋、奶油和乳等（全中好譯，2005）；聖誕節是基督教信徒紀念耶穌誕辰的日子，信徒們要舉行齋戒，不吃肉食，不用刀叉進食，減少娛樂，同時基督徒在吃飯時，會在飯前靜坐一下，感謝上帝賜予自己糧食。

　　猶太教是古老的宗教，猶太人的飲食法規是科謝魯特（Kashrut），而科謝（Kosher）意為依猶太教規調製的、合宜的及被准許的食物，遵循猶太教對食物限制的人們，常是為了表達他們對上帝、族人及自己負責任的態度，猶太食物是指在包裝上必須有猶太檢驗權威的名字或標誌，最常見的是通過美國農業部 FDA 認證的「K」（全中好譯，2005），「符合 Kosher 的食物」就是「符合猶太飲食戒律的食物」，Kosher 的希伯來文意義為「適合的」或「適當的」，也稱這個字為「可食」（因為對於守戒律的猶太人而言，不符合這個字的食物，自然是不能吃的），所有 Kosher 的大原則皆出自於《希伯來文聖經》（吳維寧，2017）；《律法書》這部書卷或許極為詳細的規定了哪些飛禽可以食用，哪些不能食用，「可食」（Kosher）是指符合猶太教規定的潔淨食品（黃福武、黃夢初譯，2018）。

另外，猶太教有許多飲食律法，除了最重要的猶太屠宰法，他們不得「在母親的奶水中煮沸小孩」，因此禁止在一頓飯的時間內，同時食用肉類和奶製品，至少須間隔數小時，東正教猶太人必須在食肉後等待 6 小時才能喝牛奶，猶太廚房讓肉類和奶類不會彼此接觸，廚房內有兩張桌子，兩組鍋盤放在不同的櫃子內，以及兩組烹煮和用餐的器皿，傳統上，紅盤盛肉而藍盤盛奶製品，有些現代猶太廚房甚至還有獨立的水槽和洗碗機（邱文寶譯，2008）；猶太人戒律的大原則有三項（吳維寧，2017）：

一、 **奶類與肉類不可混吃**：第一項，也是最重要的戒律：「不可用山羊羔母的奶煮山羊羔。」這條戒律出自《猶太聖經》，而且還出現了三次，上帝認為人要有「悲憫之心」，沒有任何動物願意看到自己的小孩被用原本應該拿來餵小孩的奶一起烹煮。

二、 **人類與豬不是反芻動物**：第二項，可以被吃的動物，必須能夠倒嚼（反芻）並且腳趾分蹄，或是被馴化的禽鳥，像是雞、火雞，以及有鰭有鱗的魚。

三、 **法律規定人道宰殺 SOP**：第三項，所有 Kosher 的肉類都必須經過《聖經》內的「屠宰條例」來屠宰。「屠宰條例」最重要的精神是「最迅速無痛，以及最人道的方法來宰殺動物」，另外，因為血象徵生命，因此不能吃含有動物血的各種食物（如鴨血糕）。

基本上，猶太教的飲食法典規則大致有：

一、 腳趾分開的反芻動物可以食用，家禽類必須有沙囊、蹼爪，如雞、鴨、鵝、火雞及有鰭和鱗的魚類，禁止食用沒有反芻的豬和兔，無鰭無鱗的鯰魚、鰻魚和甲殼類，及一切爬行動物。

二、 宰殺方法只有依照特殊過程屠宰的才能食用，將牲畜徹底放血，自然死亡的動物不得食用。

三、 動物的血液不可食用，肉塊在血滴乾淨後必須用水清洗乾淨。

信奉猶太教的以色列，麥當勞不賣「×肉吉事堡」，而且賣漢堡的店面不賣冰淇淋，賣披薩的只能賣素食披薩（磨菇、玉米、橄欖……）或鮭魚披薩（魚肉在猶太飲食戒律中不被視為「肉類」，所以可以和乳製品一起吃），在以色列，大部分的超市跟大賣場都買不到海鮮與豬肉，主要原因不是政府禁止，而是買非 Kosher 肉類的人口太少，再加上遵守 Kosher 規定的消費者，不會願意上有賣非「可食」肉類的賣場，從戒律衍生出更多相關的戒律，如：吃煮奶製品用的廚房器具、餐具與吃煮肉製品用的廚房器具、餐具不可以混用，洗碗槽需要有兩個：一個用來洗吃煮肉類的用具；一個用來洗吃煮奶類的用具（吳維寧，2017）；以色列人大部分料理都會盡量依照《舊約聖經》裡所說的潔淨食物，麥當勞漢堡不會加起司，沒有奶油、培根的義大利麵，披薩不會有火腿或任何肉類，最常見的披薩是起司跟橄欖的組合，餐廳分「肉類餐廳」、「奶類餐廳」，而肉類餐廳可能沒有甜點，因為大多需要加奶製品，以色列街上最便宜隨手可得的是沙威瑪，可以選擇 Pita 口袋餅或是 Laffa 餅，然後挑選喜歡的蔬菜和肉（以色列中文網站，2015），以色列人的飲食可說完全展現了猶太教教義的飲食規範。

▲ 圖 6-1 以色列沙威瑪烤羊肉

▲ 圖 6-2 餅的蔬菜配料

貳、伊斯蘭教飲食文化

我們從猶太教的繁瑣規定就可瞭解伊斯蘭教的飲食文化，伊斯蘭教的飲食禁忌受猶太教的影響很大。對伊斯蘭教徒而言，飲食是很一件很虔誠的事，是為了生存和健康而進食的，不得自我放縱，每餐最多只能吃到三分之二飽，要有雅量和他人分享食物，不准丟棄、浪費或鄙視食物，每餐飯前飯後必須洗手、刷牙和漱口，若飲食器皿尚未被使用，只能用右手取拿，左手是不潔的，准許食用的合法食物經典叫哈拉，不准食用豬肉，還有用嘴獵食的四肢動物和用爪子捕食動物的鳥類，用不當方法屠宰的動物也不可食用，禁止酒精飲料，有興奮作用的茶、咖啡與菸不被鼓勵（全中妤譯，2005）；伊斯蘭教所規定的飲食禁戒很多取自猶太教的《摩西律法》，肉類屠宰過程要誦「阿拉」，並將牲畜徹底放血，自己親自捕殺的動物才能食用。

伊斯蘭教戒律中最具特色的就是禁食豬肉，而豬肉營養豐富，是最大眾化的肉類食品之一。根據伊斯蘭教組織的聲稱，其實，豬肉中藏有多種寄生蟲，如絛蟲可以長期在人體內生存和繁殖，鑽進腸胃、肝臟和大腦，致人於死地，豬身上的這些病源，絕不是改善豬圈衛生管理或者對豬肉高溫加熱或消毒能解除的；這是現代病毒學證明的事實，豬本身是高脂肪基因動物，豬肉中有很強的刺激人體脂肪增長的作用，使人增肥和虛胖，增加心臟負擔，引起高血壓和心臟病，不吃豬肉，不會使信仰伊斯蘭的人遭受十分艱難的生活，因為真主恩賜人類可食高蛋白肉類千萬種，鮮美的雞、鴨、魚肉、生猛海鮮數不清，生活在非穆斯林社會中，不吃豬肉表現穆斯林的信心、意志、毅力、自尊人格和文明特徵，生活有原則來自接受考驗的精神力量，不吃豬肉是表示對真主的服從和敬畏，通情達理的人對你會更加尊敬（伊斯蘭之光網站，2008）；因此，宗教情感的作用成為伊斯蘭教徒不食用豬肉的共同心理與飲食習俗。

參、佛教飲食文化

　　佛教源於 2,500 多年前的古印度，有一套的宗教哲學體系，源自於輪迴的信仰。釋迦牟尼佛的素食語錄有吃肉只是一種後天的習慣，我們不是一出生就想吃肉的，夫食肉者斷大慈悲種，吃肉的人彼此互相殘殺吞食，這一世我吃你，下一世你吃我……永遠無法了斷，這樣的人如何超過三界？（野萍，2010），佛告比丘：一切眾生以四食存，何謂為四？搏、細滑食為第一，觸食為第二，念食為第三，識食為第四，四食有段食、觸食、思食、識食四種（釋如暘，2012），就是說，一切眾生必須依靠食物才能生存。

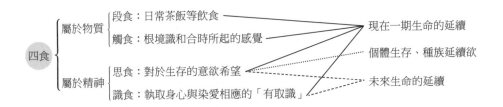

▲ 圖 6-3 四食的意義

資料來源：（釋如暘，2012）。

　　釋如暘（2012）將佛教四食解說為：

一、 段食：日常茶飯等飲食，是屬於物質的延續；食用的食物分多餐次段落，稱段食，進食要能有益增長身心，才有食的意義。

二、 觸食：根境識和合時所起的感覺，是屬於物質的延續，觸是六根，眾生以眼、耳、鼻、舌、身、意六種官能去接觸色、聲、香、味、觸、法等六種境界，透過根境識結合，而產生快樂、適意的感覺，稱觸食。

三、 思食：對於生存的意欲希望，是屬於精神的延續，為了使有意識的活動可以持續，讓個人的生命可以延續，讓種族可以延續生存而進食，稱思食。

四、 識食：執取身心與染愛相應的「有取識」是屬於精神的延續,「有取識」是執取身心的與染愛相應的識,為了未來生命的延續而進食,稱識食。

佛教基於慈悲心而強調和鼓勵素食,佛教吃素食與修行的奧祕在於吃素能清淨身心、吃素能讓人氣脈暢通、吃素容易入定、吃素長慈悲之美德(野萍,2010);而在西藏地區的佛教徒不嚴格禁肉,這是因為西藏地區受限於地形與氣候,無法種植大量蔬菜、水果所造成的現象。佛教為了修行有四食的區分,這是希望信眾能解脫對「食」的渴求,當年釋迦牟尼與比丘在苦行林中修苦行 6 年,忍受飢餓痛苦,餓得骨瘦如柴,在一次苦行中昏倒了,巧遇牛奶女救祂一命,並給祂牛奶喝,便意識到苦行無法達到解脫,修行是應採取中庸之道,便轉往菩提伽耶,坐於菩提樹下打坐靜思,發誓如若不能大徹大悟,終身不起,冥想了三天三夜後,突然得以覺悟,而成為佛陀(維基百科,2017)。

素食原指禁用動物性原料及禁用五辛(即韭、蒜、阿魏(印度香料)、蔥、洋蔥)的寺院菜和禁用五葷(即韭、薤(臺語稱為蕗蕎、藠頭)、蒜、蕓薹(也稱阿魏)、胡荽)的道觀菜,目前主要用蔬菜(含菌類)、果品和豆製品、麵筋等製作的素菜,分為全素素食、奶蛋素、食奶素、食蛋素。素食能提供蛋白質、脂肪、亞油酸、亞麻酸、澱粉、纖維素、維生素 A 或胡蘿蔔素、維生素 D、維生素 E、維生素 B 群、鈣、鐵、鋅、銅、碘等,素食能滿足人體所需的營養(野萍,2010);基本上,佛教徒禁食動物的素食文化對社會飲食習慣的影響(新華網,2015):

一、 關於素食,蘇東坡把吃素食與安貧樂道及向大自然回歸連繫起來,極力提倡素食清淡、鮮美、營養豐富,不易傷脾胃,有益健康與長壽的理想食品,社會上出現了素食店,以滿足佛教徒和素食愛好者的需要。

二、 關於茶,佛教禪師發現茶有提神益思解乏的作用,可解決午後不食及夜晚參禪出現的精力不夠的問題,便四處種植並大量飲用,許多禪寺

種植、培育、製作了茶葉精品而成為名茶。佛教戒酒，茶成為佛寺最重要的飲料，廣大在家信眾及各界人士在長期品茗、交流過程中，發現茶能預防或治療許多疾病，能生津止渴，解酒去膩，創造出豐富的茶文化，使茶成為老百姓家中的必備飲料。

在中國由於宗教因素，素食常常和吃齋混淆，傳統素菜可分為寺院素菜講究全素，禁用五葷調味，且大多禁用蛋類；供帝王享用的宮廷素菜，講求用料的奇珍、考究的烹調技法、外型的美觀；民間素菜用料廣泛，美味而經濟；普遍為人們所接受寺院素食禁用的五辛和道觀菜禁用的五葷，在現今意義下其實都屬於素食（野萍，2010）；因為素食少吃肉類食物，可以促進人體健康。根據牛津大學 Key 等人的研究，英國葷食者罹患某些癌症的危險性比不吃肉的高（邱雪婷譯，2014）：

一、 **胃癌**：比起葷食者，素食者顯著降低 63%。

二、 **大腸直腸癌**：魚素者罹患率比葷食者顯著降低 34%，素食者無顯著差異。

三、 **淋巴癌及血癌**：魚素者與葷食者差不多，但素食者顯著下降 36%。

四、 **多發性骨髓瘤**：魚素者比葷食者稍微降低個 23%（未達顯著差異），但素食者顯著下降 77%。

五、 **所有癌症**：魚素者與素食者皆比葷食者下降 12%，且皆達到統計顯著。

根據美國癌症治療機構分析調查，食用下列十種食物最具抗老化功效（陳玉桂，2014）：

一、 **酪梨**：富含不飽和脂肪酸及抗氧化物，可以降低膽固醇。

二、 **草莓**：富含抗氧化物質，有降低尿道感染及癌症機率。

三、 **青花菜**：富含抗氧化物，維生素 C、胡蘿蔔素、抗癌物質的酚類、醇類、纖維物質，並富含微量金屬元素，鉻可以提高胰島素功能、降低血糖、避免糖尿病及肥胖。

四、 **高麗菜**：成分與青花菜類似，經常食用高麗菜可減低 66% 結腸及胃癌機率。

五、 **胡蘿蔔**：富含抗氧化劑，胡蘿蔔素可減低膽固醇、降低罹患心血管疾病、中風及癌症機率。

六、 **檸檬類**：富含維他命 C，美國國家衛生研究院癌症研究中心稱此類食物是「最好可抗各種癌症的天然食物」，並且可以降低膽固醇及罹患冠狀動脈硬化疾病的機率。

七、 **葡萄**：根據美國加州大學研究，葡萄類富含 20 種抗氧化物質，可以除去細胞內自由基，降低致癌之機率。

八、 **洋蔥**：可清血、降低膽固醇、抑癌、抗菌、抗病毒等活性。

九、 **菠菜**：富含麩胺酸、脂質、胡蘿蔔素、葉酸，可以抗氧化、抗老化、清腦、清血。

十、 **番茄**：番茄可以改善精神和體力，及降低胰臟癌的罹患機率。

楊興國（2017）在「國際素食日」網頁中倡導人們應吃多素食，養成健康的飲食習慣，肉類熱量較多，纖維素含量少，消化後產生的糞便量較大，不利於腸道蠕動，而蔬菜等很多素食含有大量纖維素，可以增加腸道蠕動，促進排便，吃素食的好處有：

一、 **延長益壽**：經常吃素能起延年益壽的作用。

二、 **降低體內毒素堆積**：素食營養非常容易被消化和吸收，肉食在胃中不易消化，甚至進至大腸時尚有大部分未消化或只是一半消化，在大腸中腐化極盛，且多帶毒性對人體有害。

三、 **降低膽固醇含量**：素食血液中所含的膽固醇永遠比肉食者更少，血液中膽固醇含量如果太多，會造成血管阻塞成為高血壓、心臟病等病症。

四、 **可以防癌**：有些癌症和肉食息息相關，尤其是大腸癌，因素食中含有大量纖維素，能刺激腸蠕動加快，利於通便，使體內有害物質排出，降低了有害物質對腸壁的刺激損害，素食可以延緩癌細胞的變化。

五、 **可減少慢性病**：吃素食可減輕腎臟負擔，又不減少蛋白質攝取量，素食能提高免疫力，可預防慢性病發生。

六、 **避免尿酸過高**：經常吃肉類而產生過高的尿酸，對腎臟造成沉重的負荷，與腎衰竭、腎結石有一定關係，吃素就可以消除這一影響。

七、 **有助於體質酸鹼中和**：人類體質是偏鹼性的，肉吃太多易使體液變成偏酸性，增加患病的機會，吃素有助於體質的酸鹼中和。

八、 **減少引發胰腺炎率**：大量進食肉類食物會使胰蛋白酶分泌急劇增多，排泄不暢就會引發胰腺炎等消化系統疾病，蔬果穀類營養易消化、容易吸收，植物纖維素能刺激腸道蠕動。

九、 **安定神經系統**：素食常用的五穀類、堅果、蔬菜、水果，有足夠的蛋白質、碳水化合物、植物油、礦物質和維他命等身體必需養分，這些營養素可建造人體的組織，可維護修補，使血液鹼性化，富有維他命，能安定神經系統。

十、 **營養豐富**：蛋白質在許多素食品中，含量比肉類的蛋白質更高，黃豆含 40% 的蛋白質，比肉類含 20% 蛋白質足足高出一倍，其他的堅果、種子也能提供人體所需的各種營養和維他命。

素食是養生之道，素食可讓青春永駐、可提高智慧、可使血液清爽、可強筋壯骨、可讓體力耐久、可消除癌症隱憂、可防患心臟病、可改善糖尿病、可清除體內污染、可消除難聞的體味、可防蛀牙、可防腎病、痛風和關節炎（野萍，2010）；現在的素食人口大概可分為五種類型：1. 宗教素；2. 健康奶蛋素；3. 環保素；4. 瑜珈素；5. 減肥素（林慶弧，2017）。根據美國飲食營養協會的建議，經過妥善計畫的素食飲食（包括純素食）是有益健康的，素食者比葷食者死亡率低 12%，死於心臟病的機率比葷食者少 19%，

且素食者死於缺血性心臟病的風險比非素食者低 24%，與肉食者相比，非肉食者（尤其是純素食者）罹患高血壓的機率明顯低很多，這些都是飲食中攝取愈多完整的植物性食物，其中豐富的抗氧化劑、植物營養素及多醣體，愈能幫助降低體內脂肪比例，從而減少許多引起心臟疾病的風險；但是，經過加工的素食食品可能含有化學添加物、防腐劑等，都不利於健康，還有油炸的素食品，不僅是高熱量，過量的油脂也不利於心血管健康，且存在著過高比例會誘發體內炎症的 Omega-6 脂肪酸（陳昭妃，2015）。

　　人類食用素食顯然有非常多的好處，但是根據醫學上研究報導，長期素食者可能缺乏維生素，野萍（2010）給長期食素者的建議有：

一、 長期純素食者最容易缺乏維生素 B_{12}、維生素 D、鐵、鋅、鈣，吃素的人應經常注意自己是否有腳氣病、夜盲症、牙齦出血。

二、 素食者應特別補充含維生素 B_{12} 的食物，如啤酒酵母、乳製品等，含維生素 D 多的雞蛋、乳酪，含鐵多的堅果、豆腐，含鋅多的杏仁果、豆漿，含鈣多的奶類、深綠色蔬菜。

三、 素食者應注意食物種類要越多好，盡量吃全穀類食品如糙米、胚芽米、全麥麵包等五穀類食品。

四、 素食食物來源完全或大部分來自植物界，素食食品中含較多量的草酸、植物酸，易與鋅、鎂、鐵等結合排出體外造成缺乏，故應多注意食用這些礦物質的食品或補充劑。

五、 烹調食物時最好慎選烹調油，並盡量以生菜沙拉、水煮、清蒸、涼拌等方式來處理。

六、 最好能接受奶和蛋，以避免營養不足，特別是兒童、孕婦、哺乳的母親。

七、 吃素的人要經常運動、曬太陽，幫助身體更有效利用素食的營養成分。

另外，猶太教徒，在飲食方面不吃自死的肉類，以色列對於食品原料挑剔，製作過程都必須通過嚴格的食物潔淨條例（Kosher）認證，從產地、配料到設備都須經專業檢查、層層把關，才能放上 Kosher 的標章，有 Kosher 標章的「K」字才是所謂的猶太食物，猶太教徒才會購買食用，以表達對猶太教義的最虔誠行為，這是宗教信仰所帶來的食安與保健觀念，就如同現在由政府單位認證合格的「食品標章」。有關猶太教教義規定信徒肉類和奶品要分開食用，且盛載肉類和奶品的容器也要分開使用；嚴格的猶太家庭在逾越節期間，會準備兩套分別用以盛裝奶類或肉類的盤器，因為猶太人在任何時間都不能將奶類和肉類食品混合在一起；基督教的摩門教派的健康律法有少食肉類，三餐以穀類為主，在復臨安息日只吃奶製品，不食肉類，主張以堅果類和豆類代替肉類的營養的健康法則（全中妤譯，2005），而在《妥拉》經卷中的猶太教安息日，要隆重地用盛餐過安息日，其豐盛程度要超過一星期中的普通食物，一日三餐，一餐兩塊麵餅，還要有足夠的葡萄酒，當然可以根據自己的生活狀況盡量做好；有些流亡在中世紀伊比利半島及其周邊地區，現在北非的某些猶太地區，因為《妥拉》經卷，規定在安息日不得舉火，星期五晚上便在爐火上通宵燉好「過夜飯」，並保溫到安息日中午食用，其基本成分分為肉類、馬鈴薯、大麥、水果、完整的蛋及草藥（如番紅花）等（黃福武、黃夢初譯，2018）。

從營養學觀點，適量的蛋白質有助於鈣質吸收，而過高的蛋白質會產生代謝物，與鈣結合由尿液中排泄，蛋白質過量會造成鈣質流失（黃齊，2008）；肉奶蛋攝取比例愈高的國家，如美英，人們患有骨質疏鬆症的病例數字不僅居高不下，甚至全球居冠（陳昭妃，2015），且牛奶和肉類都含有豐富的蛋白質，而成人一日所需的蛋白質約 50 克到 60 克，蛋白質過多會增加代謝負擔、增加血液中的飽和脂肪酸及膽固醇、增加尿鈣的排出、更浪費食物與經濟（謝明哲、楊素卿，2012）；從現代健康飲食以及綠環境的觀點來看，猶太飲食戒律降低大量的肉類使用、不食用易腐敗的肉類（像是豬肉）、不吃較難消化的奶肉混合食物被規守戒律的人視為是「一套淨潔、健康的飲食規定」（吳維寧，2017）。

從現代飲食觀念來說，肉類和奶品分開食用，能防止飲食總熱量過高，防止消化不良而造成腸胃負擔，同時可以預防骨質疏鬆症，自古以來猶太人便從日常生活體會到擠母羊奶食用，然後又把羊肉煮來食用，就像是「用媽媽的奶水煮自己的孩子一樣」，便在生活中形成一種肉類和奶類不可同時食用的禁忌，也形成猶太教徒的飲食禁忌，猶太教這種高鈣奶製品和高蛋白質肉類必須分開來食用的飲食禁忌，真的是飲食保健先知，我們從宗教飲食文化中瞭解到宗教教義所規定的飲食禁忌，確實影響了人類的飲食習慣，且對民眾的飲食文化建構了很重要的健康理念與保健觀念。

1. 請簡述基督教和伊斯蘭教的信仰文化。
2. 請問佛教有什麼飲食禁忌？而素食具有哪些保健功能？
3. 請問猶太教有哪些飲食禁忌？具有哪些保健功能？
4. 請問佛教徒禁食動物的素食文化對社會飲食習慣有哪些影響？
5. 請問長期食素者應該注意哪些事項？

Chapter

7

休閒飲食文化與產業
─ 茶、咖啡、酒

近年來茶產業、咖啡、碳酸飲料的市場逐漸擴大，茶飲料連鎖店提供冷、熱茶飲料，以品牌形象與經濟規模的連鎖化經營策略，在國外建立連鎖加盟店擴大經營版圖，使得茶飲料市場在非酒精飲料中占有非常重要的位置，新興飲茶文化能擴大茶產業的發展，而星巴克咖啡店所提供的隨意咖啡飲料質感與品質，使現代人願意付較高費用購買店裡所提供的咖啡與點心。

其實，茶、咖啡、酒原本就是人類飲食文化中很重要的一環，自古以來，種茶、製茶、泡茶、品茶都被認為需要高度的技藝，在清幽雅致環境、品味及從事社交的休閒活動；酒從中國古時的祭祀必備祭品，演變成文人雅士的嗜好，中國著名田園詩人陶淵明寫了 20 首有關「飲酒」的詩詞，而歐美的葡萄酒、威士忌酒、白蘭地酒、伏特加酒更是現代全球知名的酒類飲料。

第一節　茶文化

中國有句俗話開門七件事：「柴、米、油、鹽、醬、醋、茶」，茶在古代的中國是非常普遍的飲料，茶是華人國家最具代表性的飲料，從喝茶衍生出「茶道」，形成了一種典雅的茶文化－「茶藝」。中國是最早發現和利用茶樹的國家，被稱為茶的祖國，文字記載表明，中國人的祖先在 3,000 多年前已經開始栽培和利用茶樹，中國茶樹原產地在西南地區，包括雲南、貴州、四川，然後茶樹普及全國並傳播到世界，當今已知最老的野生茶樹為雲南思茅鎮沅千家寨 2,700 年野生大茶樹，這顆茶樹由天福集團所認養（A+ 醫學百科，2017）；陸羽的《茶經》在 1,200 年前便清楚表明，喝茶是有文化意義、審美境界、有歷史淵源的，茶給我們生活帶來的不僅是單純的生活日用品，而有其深厚的文化意義與精神美感，為了呈現飲茶在精神領域的意義，他設計了茶具，制定了茶儀，發明了一套飲茶的規矩，後來發展衍生成各種

「茶道」（鄭培凱，2010）。茶能解渴、鬆弛肌肉、安定情緒，茶香、茶味更能帶來愉悅感受，悠閒心情，達到去憂解煩功效，更成為人們進行社交活動的媒介。飲茶活動是一種人際交流、修身養性的一種重要方式，朋友們聊天、工作上商談、家人聚會，茶是很好的溝通橋樑（汪淑珍，2011）；中國人飲茶，注重品茶的口感與質感，帶有神思和飲茶趣味，沏上一壺茶，可以在細啜慢飲中沉澱心神，享受休閒與藝術意境，古時文人雅士的飲茶，注重建築物與園林的環境，及茶具的質感，在安靜、舒適中，以清水煮沸茶葉，品嘗茶的清香，也享受情境的美，從一壺茶水中品嘗茶葉特性、水質、溫度及時間掌握的沖泡技術，及享受茶葉本身的香氣與生活的樂趣。

壹、茶文化發展

中國茶葉歷經了藥用、食用、做酒及飲料的發展過程，中國起初將茶葉放在水中煮茶湯做藥用，後來茶文化開始萌芽，茶成為一種奢侈飲品，然後飲用茶越來越普遍，文人雅士將茶與詩詞歌賦結合起來；飲茶方式從熬煮茶湯簡化成沸水沖泡茶葉，一壺好茶成為人們歡聚交流的橋樑，茶成為和諧與溫馨的象徵。

全球的主要茶產區有印度、肯亞、中國，甚至日本極少有如此多元的茶葉類型，生產不發酵的綠茶，到中低度發酵的包種茶，中度發酵的烏龍茶，中高度的膨風茶，到全發酵的紅茶（譚鴻仁，2015），中國茶葉在製作過程從完全不發酵到被稱為茶的完全發酵茶類，可以分成白、黃、綠、青、紅、黑（馮翠珍，2011）：

一、 **白茶**：屬不發酵茶，產於閩北的白毫銀針和白牡丹，量少價高，摘採後直接輕火烘菁，以阻止茶葉發酵，在不破壞茶質下輕揉為細長條狀，再烘乾定型，茶葉內的汁液完全沒有破壞及氧化，兒茶素等成分較高，較寒涼苦澀，具有高度療效，比綠茶更有殺菌及抗病毒功效。

二、 黃茶：屬不發酵茶，在炒菁之後，將茶葉用紙分包，再調整儲放地溫度，使之在高溫及潮濕環境下催化茶葉氧化變黃後，才取出揉捻成針形再乾燥製成，泡出的茶湯是黃的，代表的茶有蓮蕊茶、鹿苑茶、湖南的君山銀針、蒙頂黃芽、北港毛尖、鹿苑毛尖、霍山黃芽、溈江白毛尖、溫州黃湯、皖西黃大茶、廣東大葉青、海馬宮茶等等。

三、 綠茶：屬不發酵茶，以茶樹的心芽、嫩葉部分製成，再加上迅速殺青，使茶葉能保持原有的獨特風味，有龍井、碧螺春、珠茶、眉茶、日本煎茶等等，綠茶沖泡後有青湯、綠葉鮮活、自然的真實風味，以迅速殺青保存其翠綠色澤及風味，茶中兒茶素及維生素 C 成分含量高，遇到空氣易於氧化變色。

四、 青茶：屬部分發酵茶，製作時適當發酵，發酵的程度為 80% ～ 90%，依發酵程度分為三種，輕微發酵茶有包種茶，中度發酵茶有高山茶、凍頂茶、鐵觀音，高度發酵茶有白毫茶和東方美人茶，青茶優良品質的關鍵在於茶湯的花香、果香或特殊氣味濃度。

五、 紅茶：由於完全沒有殺青被視為全發酵茶，紅茶發酵程度約當 80% ～ 90%，有阿薩姆紅茶、大吉嶺紅茶、日月潭紅茶、阿里山紅茶、祁門紅茶。

六、 黑茶：屬全發酵茶，不同的是製茶過程是先將茶葉殺青後、再以外在溼溫環境促使茶葉在殺青後發酵，故被稱是後發酵的茶，有普洱茶、邊茶、茯磚茶、六堡茶品種，黑茶中的普洱茶因為可以陳放、且越陳越香，價值與日俱增，常被視為傳世之寶。

　　一般來說，不發酵的綠茶像龍井、碧螺春等，因未經發酵泡出的茶湯，仍保有新鮮的茶香碧綠，或綠中帶黃的色澤；全發酵的紅茶，泡出來的茶湯為朱紅色，具有麥芽糖的香氣；半發酵的烏龍茶、包種茶等，其湯色隨著輕發酵、中發酵及重發酵而不同，輕發酵的呈現清香淡雅，茶色金黃，飲來順口老成，而講究「喉韻」的中發酵，如鐵觀音、凍頂烏龍；及湯色已呈棕黑

色帶果香的重發酵，如白毫茶、烏龍茶、普洱茶等，後發酵的普洱茶，屬於較特殊製法，在茶葉製成後仍會持續發酵，普洱茶以年份來區分茶葉的級數（胡家碩、蕭千祐，2004）；烏龍茶是中國茶的代表，烏龍茶有武夷岩茶、安溪鐵觀音、臺灣包種茶，依照茶種可分為大紅袍、鐵觀音、凍頂烏龍茶、東方美人等等，烏龍茶是透明琥珀色茶湯。目前市面上有將藥性植物與茶葉製成藥茶，以強調茶與藥性植物的功效，如薑茶、益壽茶、減肥茶等，而花

▲ 圖 7-1 臺灣出產的茶葉

茶是用花香增加茶香的一種產品，一般用綠茶為基礎，也有用紅茶或烏龍茶，再加入茉莉花、桂花等香花，然後加工做成茉莉花茶和桂花茶。

　　臺灣真正發展茶樹栽培管理及茶葉製造，是在 200 餘年前先人從福建武夷山引進茶種，在臺灣北部種植，所產製的茶葉包括綠茶、包種茶、烏龍茶及紅茶等，以包種茶及烏龍茶更有名氣。日治時期臺茶進入企業化，三井合名會社開始在臺灣投入企業化的經營方式，建立新式紅茶工廠（林木連等，2009）；早期臺灣生產之紅茶均做為出口賺取外匯之現金作物，茶農本身並無飲用的習慣，並未有獨特之茶飲文化，特別是紅茶，直到現今仍是以西方的紅茶文化為主要的茶飲文化，搭配牛奶、糖以及茶點飲用（譚鴻仁，2015）。臺灣知名的茶有阿里山烏龍茶、東方美人茶、日月潭紅玉紅茶、桃園美人茶、木柵鐵觀音、三峽龍井茶、阿里山珠露茶、高山茶、龍泉茶、日月潭阿薩姆紅茶、宜蘭蜜香紅茶。

　　另外，有關茶葉保存的問題，茶葉的保質期與茶的品種有關，雲南的普洱茶及少數民族的磚茶，有陳化的效用，普洱茶是雲南特有的名茶，有越陳越香的獨特品質與價值。一般茶葉和空氣接觸會產生化學變化，而減少營養

價值，茶葉買回來後，還是愈快飲用完愈好，由於茶葉的吸收性很強，一旦接觸空氣就會氧化受潮，或是受到擺放位置的氣味影響，而影響原味，茶葉買回來後先分裝成一個星期的用量，放入密封容器，減少與空氣接觸，並放置在陰涼處

▲ 圖 7-2 雲南普洱茶磚

（胡家碩、蕭千祐，2004）；茶葉容易變質的原因是茶葉烘焙的很乾燥，吸溼力就強，臺灣溼度高容易發霉，同時茶葉本身具有吸收其他物質氣味的作用，要避免接近氣味重的物品，以免影響茶葉原有的茶味，同時陽光會改變茶葉品質，過度曝曬陽光會使茶葉變質，茶罐以錫罐最好，其次是鐵罐，不要用玻璃罐，玻璃是透明的會吸收光線。

貳、茶產業發展

　　自古以來茶己成為生活上很重要的飲品，現代的食品發展配合消費者追求新口味的趨勢，茶業者便積極於開發茶葉多樣化消費型態，以促進茶葉消費與收益，運用茶葉的加工成為食品、含茶成分日用品、美容品等用途，把茶葉次級品利用加工技術和方法生產含有茶的製品，將茶葉無法在傳統沖泡方法中獲取的功效，以萃取方法取得其他物質，製造生活上的用品，而使茶葉發揮更大的效用。行政院農業委員會茶葉改良場與藥廠合作生產的茶加工產品有（2017）：

一、　茶凍飲：將茶湯與西洋參等調製成茶果凍，充填於瓶內凝結，具有方便攜帶、可多次分食及不易傾倒等優點；以不同茶類加入膳食纖維、或其他保健食材，組合成「多層次、多口味」之茶果凍產品。

二、　紅茶糕點：茶業改良場魚池分場以臺灣優質紅茶為原料，結合國產優

質農產品，開發「紅茶梅醃漬醬瑞士捲」、「紅茶瑞士捲」、「紅茶戚風蛋糕」、「紅茶酥」等產品，搭配下午茶食用，增加紅茶產品多樣性，提高紅茶附加價值。

三、 **茶醋**：茶改場魚池分場結合天然釀造醋與臺灣紅茶、包種茶及綠茶，研發有別於原醋風味之養生茶醋飲品，使醋變得更健康、更好喝，好茶配好醋，健康加分、營養加倍。

四、 **包種茶香精華液**：包種茶一向以其獨特清新優雅的花香著稱，透過萎凋、攪拌、炒菁等降低茶葉中的臭青味、增加花香味，需要初乾及再乾過程使茶葉乾燥，隨乾燥烘焙時間增加，香氣含量隨之減少，本技術將包種茶葉乾燥過程中揮發的香氣，以冷凝方式進行回收再利用，增加茶葉附加價值。

五、 **茶渣菇之應用研發**：利用乾、濕茶渣、茶葉和茶粉末等不同處理，搭配木屑與養料接種秀珍菇菌，發現乾、濕茶渣在一定的混合比例下走菌情況相當良好，並可順利出菇，菌菇生長情形可媲美一般木屑培養基，沖泡完畢之濕茶渣即可做再利用，達到廢物利用、節能減碳及避免資源浪費之目的。

現代人生活忙碌，沒有時間也不願花時間煮水泡茶，飲料型的茶飲便改變了傳統飲茶文化。1980 年代藉由冷泡茶技術保留茶香的各式罐裝茶飲料出現，罐裝茶飲料的方便性，符合現代人快速的生活步調，有純茶飲料和調味茶飲料，後者以茶葉成品或半成品加入其它物質調製而成，冷泡茶能降低茶中咖啡因及單寧酸的溶出，口感更甘甜不苦澀，其他各種新型茶產品有速溶茶，將茶葉用沸水浸提出來，再濃縮、噴霧、乾燥，或在真空中使其冰凍結晶而成，飲用時加入熱水或冷水即迅速溶解，還有袋泡茶亦稱茶包，等茶的有效成分浸出後，即將茶袋取出拋棄（汪淑珍，2011）；茶飲料市場除了單一純茶葉口味外，還有多樣化口味茶飲料，茶飲料的多元化口味極具創意性與挑戰性，只要把握住茶葉的特性，融合添加材料的本性，即可調配出帶有茶風味的各式創意茶飲品（行政院農業委員會茶葉改良場，2017）：

一、 甘醇的茶滋味與芬芳的花草水果香融合在一起，調製兼具茶香與花草果香的調味茶。

二、 茶與碳酸飲料搭配的氣泡茶飲料，能提升茶飲料的清爽感，感覺更為清涼。

三、 茶融入咖啡中，茶香中帶有咖啡香的鴛鴦茶，啜飲濃郁的咖啡中富含有茶淡淡甘醇滋味，滿足飲茶者與咖啡愛好者雙重享受。

四、 茶屬溫和性飲料，酒是刺激性飲料，將茶之柔美甘滑，綴以酒之陽剛，即可調製成風味獨特的茶酒。

五、 以茶湯搭配基酒、果汁調製而成的茶雞尾酒，可依個人喜好加以變化，隨著選用基酒或茶葉的不同，即可調配出獨特、多樣化口味的茶雞尾酒。

近幾年，連鎖手搖飲料店四處林立，用茶水、糖、奶、粉圓等調配的珍珠奶茶很受歡迎，同時政府為了拓展國內茶葉市場，從 1976 年起積極舉辦優良茶比賽，並積極開墾臺灣中南部高海拔山區茶園，帶動了臺灣茶葉走向高品質及高價位的販售方式，臺灣茶保存良好的話，經過多年自然催化下轉化成老茶，更是高品質與高價值的產品。2000 年開始，臺灣更掀起針對「文化根源」定位的反思議題，帶動了復古新包裝的潮流，茶商直接把舊有的茶葉包裝翻拍印在紙盒上，以彰顯其品牌的歷史價值，同時針對年輕人對時下流行的喜好與文化，而設計茶葉包裝，以提升茶葉本身的親和力及在地性，重新賦予品牌新的價值，天仁茗茶與日本三麗鷗公司合作，推出凱蒂貓茶罐系列；嶢陽茶行推出嶢陽霹靂袋茶系列，以吸引廣大的霹靂布袋戲粉絲；臺北市茶商公會推出茶郊媽祖 120 週年紀念四兩茶包，慶祝臺北市茶商公會與茶郊媽祖來臺 120 週年（許杏蓉、徐可欣，2013）；大家都瞭解茶樓飲茶是香港人日常生活的文化，飲茶配各式的點心，而臺灣的天仁茗茶設立「喫茶趣」餐飲服務，陽羨茶行設立「春水堂」，提供冷熱茶飲、茶食、餐點等餐飲，同時臺灣各地有許多很有特色的茶園茶坊，營造寧靜、清幽、典

雅的氣氛為群眾提供飲茶的休閒場所，也保存傳統的飲茶文化。

▲ 圖 7-3 品茶

另外，現代人善用茶的美味與營養，製作出許多茶相關的食品，茶膳是將茶做為食品菜餚餐點的食用方式，茶膳以茶為元素，為保持茶本身滋味與特有的清香，不加入太強烈的佐料，茶膳多具有清淡的特色，現代人講究飲食低鹽少油，而茶的去油膩、除腥味、助消化的功能，正符合國人要求的健康飲食料理，有碧螺春蝦仁、龍井蝦，還有濃茶水做的茶麵包、茶葉麵條、抹茶蛋糕等等（汪淑珍，2011）；臺灣茶產業以星巴克咖啡發展為榜樣，結合各種傳統藝術、茶農、茶具、茶行業者建立屬於臺灣的茶藝文化，讓喝茶成為一種藝術、意識及生活型態（譚鴻仁，2014）。臺灣茶業者把茶與食物相結合，既可拓展茶葉的用途與市場，亦符合現化人注重飲食保健的需求，而茶葉隨著生物科技的發展，不斷研發新類型的茶飲料，提升茶產品的附加價值，開發機能性飲料與健康食品認證飲料，提升茶成分的吸收率，讓現代人在生活步調增快及壓力加大下，既能享受具有提神功能的茶飲料，又有健康保健，業者以低糖、無糖等產品，符應消費者對健康的需求，且持續在口味、包裝上尋求變化與創新，以擴大茶產業的發展。

參、茶葉成分與保健作用

自古以來民眾都知道飲茶有許多益處。唐代著名藥學家陳藏器所著《本草拾遺》中說：「諸藥為各病之藥，茶為萬病之藥」，據研究測定，一片茶葉中至少含有 4、500 種以上的化學成分，如茶多酚（過去稱茶單寧或茶鞣質）、茶素（茶鹼）、芳香油、各種維生素、咖啡鹼、茶氨酸、脂多醣、胺基酸、纖維素、礦物質等有益人體的成分，飲茶不僅能生津止渴，而且有極好

的營養保健功效（汪淑珍，2011）；茶樹精油是透明無色，香味很像松油，澳洲原住民很早就用茶樹葉子治療傷口，毒蛇咬傷可做為解毒劑，生病或身體保健時會煮茶樹的樹葉來喝，世界大戰曾使用為消炎劑（A+醫學百科，2006）；有關茶葉的功能可說非常的多，茶葉的兒茶素可抗氧化、抗癌、抗發炎、降血壓與血脂，並可預防心血管疾病等許多保健活性（黃齊，2008；林志城，2015）。

最近20年來研究者陸續在許多種類的茶和蔬菜水果中發現富含多酚物質的萃取物或單一物質具有抑制癌細胞生長能力，多酚中的物質如類黃酮、縮合單寧及前花青素具有影響癌細胞生長的效果，多酚類化合物種類繁多，類黃酮占大多數，類黃酮可抑制粥狀動脈硬化與抗活性氧的功能，並且具有抗菌、抗發炎、抗過敏等廣泛的生物活性；單寧能與金屬、生物鹼或糖苷等生成沉澱，具有解毒作用，而在醫學上，單寧被應用於止血、治療喉嚨發炎、皮膚皰疹、腹瀉等（徐治平，2015）；茶可做為人體療效，紅茶是經過發酵的茶葉，可促進食慾，利尿消腫，由於抗菌能力強，可以預防感冒，紅茶的茶黃素、茶紅素和醇類、醛類等芳香物質，也是一種茶多酚，不屬於葉綠素，也不是葉紅素，它的功能就是除口臭、抗氧化（胡家碩、蕭千祐，2004）；綠茶有抗血脂、抗癌、防齲齒功能（汪淑珍，2011），在日本，綠茶被視為是長壽之寶，綠茶中含有大量的多酚是一種具有抗氧化功能的植物營養素，其抗氧化功效比維生素C高100倍，有助於預防各種疾病，綠茶具有抗癌物，可減少低密度膽固醇，進而降低罹患心臟病的風險，綠茶多酚可以保護腦細胞，常喝綠茶可以減少罹患阿茲海默症和其他失智症的風險，但是綠茶咖啡因可能會有失眠和反胃的副作用（陳昭妃，2015）。

很顯然，飲茶的好處很多，但飲茶依照性別、年齡、地域、胖瘦、寒熱、虛實等不同的體質而有差異，病人、孕婦不宜飲茶，新茶含有較多未經氧化的多酚類、醛類及醇類等物質，對胃腸功能差的人不適合，骨質疏鬆的人應減少茶飲料，濃茶會阻止鈣在腸道的吸收（黃齊，2008）；中醫認為茶

葉是天然的保健飲品，茶葉有寒熱、溫涼性差別，春天適合飲用花茶，夏天適合喝綠茶，秋天喝清茶，冬天則適合飲用紅茶，長期飲茶會改變體質，從來不喝茶的人，先從喝清淡的茶開始，並在早上飲用，便能享受各類茶飲的樂趣及其所帶來的保健功效。

肆、國外飲茶大觀

我們都知道茶是世界三大飲料之一，茶是人類生活上很重要的健康飲料與精神飲品，飲茶品茗被視為一種生活藝術享受。中國茶文化對世界的影響可從世界上不同語系對茶的稱呼可發現，世界對茶的稱呼主要分成兩大類，一是以粵語讀音的

▲ 圖 7-4 中式茶具

「ㄑㄧㄚ」（chia）音系統，使用地區有東南亞及東歐、俄國等地區；另一種是「ㄊㄝ」（tei, tea）音系統，使用地區有西歐及美國地區；受中國文化影響最深的東亞國家，如日本、韓國、越南等地對茶的稱呼，則是兩種語音兼而有之（馮翠珍，2011）；但是，各地區的文化與需求不同便發展出本身獨特的飲茶文化：

一、　**日本**：以綠茶為主，日本製茶方式是將採摘的茶葉蒸氣殺青，乾燥後碾碎，製成綠茶粉飲用，泡製茶葉過程複雜，演化成一套儀式而形成日本「茶道」。

二、　**美國**：茶葉市場以茶包與罐裝茶居多，市場上大多是罐裝飲茶，大多數美國人喜歡喝冰茶。

三、 **英國**：英國人喜愛喝下午茶，英國茶葉來自肯亞、印度、印尼等國，以紅茶為主，再加牛奶、糖。

四、 **印度**：印度人喜愛紅茶，在紅茶加牛奶、糖，再加豆蔻、生薑、丁香和肉桂等香料，成為當地受歡迎的印度奶茶。

五、 **西藏、新疆、蒙古**：居民把磚茶搗碎，加水放在鍋裡熬煮，再加上牛奶或羊奶成為酥油茶，並加上適量鹽巴，蒙古人將牛奶、鹽巴和磚茶一起煮沸成鹹奶茶。

六、 **俄羅斯**：俄羅斯人喜歡喝紅茶，加糖與檸檬片，再搭配果醬、糖果、巧克力、餅乾與蛋糕。

七、 **南美瑪黛茶**：當地人用瑪黛樹的葉子製成茶，用沸水浸泡後，有時加糖、牛奶、檸檬汁或薄荷、柳橙和葡萄柚皮，再用吸管從茶杯中慢慢飲用品味。

第二節　咖啡文化

　　人類喝咖啡有很久的歷史了，法國巴黎的露天咖啡座，讓人把喝咖啡當成很浪漫的享受，然後美國西雅圖的星巴克咖啡連鎖店，將喝咖啡當成一種隨意且親民的休閒活動。有關人類開始飲用咖啡飲料，據說在非洲衣索比亞高地，一位牧羊人發現他的羊常常顯得無比興奮，入夜後還是無法入睡，經過觀察，發現原來吃了一種紅色果實後才變得非常雀躍，自己摘了紅色果實食用，結果可以長時間保持清醒，即使徹夜看羊也不會覺得累，從此這種果實就被拿來做為提神醒腦的藥（胡家碩、蕭千祐，2004）；剛開始人們取得咖啡的方式是嚼樹葉和漿果，後來將樹葉和漿果泡在熱水中像泡茶一樣，稱為櫻桃的紅咖啡漿果，也會磨成糊狀加入動物油脂，直到 16 世紀人們才將漿果烘焙，磨成粉末加水混合製造出今日所熟知的咖啡，回教徒接受這種飲

料，因為這能讓他們在祈禱時保持清醒（邱文寶譯，2008）。近年來臺灣國民生活水準提高，生活飲食習慣逐漸西化，咖啡消費人口愈來愈多，咖啡飲料的魔力深入臺灣人的生活，臺灣傳統飲料消費市場一直以茶葉為主，咖啡被視為奢侈的舶來品，早期的咖啡館是昂貴且高級的休閒場所，後來平價親民的連鎖咖啡店大量進駐臺灣市場，臺灣咖啡市場便蓬勃發展起來，當進口為主的咖啡豆快速成長時，臺灣便興起種植咖啡豆，目前在臺灣各地區都有種植咖啡樹，且可以看到標榜「臺灣咖啡」的咖啡店。

壹、咖啡品種與世界咖啡文化

咖啡的品質決定於生長條件，地理環境的緯度、溫度、地形、雨量、日照等因素都會影響咖啡品質，而培育出不同品種的咖啡豆。以赤道為中心的熱帶、副熱帶內，是最適合栽種咖啡的區域，咖啡樹的栽培地區有亞洲、中南美洲及非洲區域，以中南美洲最多，其次是非洲、阿拉伯，其餘分布於亞洲各國及島嶼。

一、咖啡品種

目前具有經濟價值的咖啡為 Coffea arabica（阿拉比卡）、Coffea canephora（羅布斯塔）兩種為主，另外還有 Coffea liberica（賴比瑞亞咖啡），世界上主要栽培以阿拉比卡最多，約占市場 70%，而羅布斯塔約占了 30%（黃校翊，2017）；阿拉比卡種的咖啡因比羅布斯達咖啡豆低，而羅布斯咖啡豆原產於西非，口感強烈，味道較苦，主要用來製作冷咖啡或混合調配之用。如果以產地來說，巴西咖啡帶有適度苦味以及輕柔風味；哥倫比亞咖啡帶有酸味和甜甜香氣，口感香醇濃郁；瓜地馬拉咖啡有上等酸味和甜香，風味芳醇；薩爾瓦多咖啡帶著適度的酸味以及些許甜香（胡家碩、蕭千祐，2004）。

全世界有著各式各樣的咖啡品種，每一種所擁有的美味和風味都有差異，全世界有這麼多的咖啡愛好者，就是因為咖啡的多元風味有著一種迷人的魅力，喝一杯自己精心沖泡、又符合自己喜好的咖啡口味，真的是忙碌生活中的一種享受與寫意感。而咖啡果實採收之後需要處理，大致分為三種方式（黃校翊，2017）：

（一） **日曬法**：巴西、印尼與越南等國普遍使用此方法，採收後的咖啡果實整粒曬乾，完全乾燥後再將乾果皮、內殼與銀皮使用脫殼機加以去除，便可以成為供交易的生豆。

（二） **水洗法**：首先將果實的果皮去除，利用發酵法去除外殼的膠質物，經水洗日曬，再經過選別和裝袋出售，咖啡滋味較柔順，生產高品質咖啡豆的牙買加、夏威夷與哥倫比亞都是利用此方法。

（三） **半水洗法**：半水洗法是果實採收之後，去除果皮與膠質體後，再直接在陽光下曬乾到乾燥。

生咖啡豆沒有咖啡香味，必須透過高溫烘焙產生化學與物理變化才有咖啡香，讓咖啡飲料帶有焦味、苦味、甘味、酸味等等口味，這就是烘焙的技術了。咖咖生豆有一半是由多醣體、糖等碳水化合物所組成的，烘焙過程中，糖會吸收熱並漸漸變深，就是所謂的褐變，可分為糖吸收熱轉

▲ 圖 7-5 烘焙過的咖啡豆

變成褐色的焦糖化，及糖與胺基酸的梅納反應；褐變反應時會使糖產生香氣，當烘焙得越久，甜味會變少且苦味增加（黃薇之譯，2017）；烘焙的程度就是使咖啡豆成分產生變化的因素，除了咖啡品種外，烘焙是讓咖啡產生香氣與滋味差異的重要關鍵，烘焙程度的味道差異，可從極淺焙的酸味強，芳香味淡；中深焙的深栗子色咖啡豆，香味與風味極佳，有焦香味；到深焙的苦味較重，有焦味，有油質；另外還有法式深焙的偏黑色豆子、有油質、

有獨特芳香；及豆子呈現黑色、味道苦、有焦味、有油質的南義深焙等咖啡味道。

二、各國飲用咖啡文化

早期飲用咖啡是將咖啡葉和果實放入熱水中泡煮飲用，到了 1710 年整潔有效率的法國人，將咖啡磨粉置布袋內，再把滾水倒在上面，發明了沖泡法，法國人以添加牛奶所創造的歐蕾咖啡而聞名，這種喝法將咖啡從上流階層在公開場合飲用的晚間飲料，變成私人晨間豪華享受，最後進入一般大眾的生活（邱文寶譯，2008）。現在世界各國本身有著豐富的飲食文化、而咖啡又有著多元風味，每個國家便有不同的咖啡飲用方式，每一種飲用方式都可充分展現咖啡的特性與風味，大致有下列特色：

▲ 圖 7-6 掛耳式咖啡包

（一）　**阿拉伯式咖啡**：中東一帶國家的民眾，仍然沿用傳統喝咖啡方式，將咖啡豆深度烘焙，研磨成極細的粉末，煮成極濃且有沉澱物的咖啡，不濾咖啡渣，飲用時加糖，有時加丁香、豆蔻、肉桂。

（二）　**義大利式咖啡**：咖啡是義大利人的民生必需品，義大利街上到處可見咖啡小店，一杯濃縮咖啡供人站著一飲而盡，義大利咖啡烘焙程度從北部到南部愈來愈深，南部羅馬咖啡濃郁。義式咖啡風行全世界，義式咖啡以義式咖啡機利用大氣壓力，萃取咖啡精華成為濃縮咖啡，然後以濃縮咖啡為基底，加入不同比例的牛奶，便有卡布奇諾、拿鐵等口味的咖啡。

（三）　**美式咖啡**：美式咖啡的濃度低，美國人把咖啡當作一般性飲料，口味淡薄，美式咖啡分為濃淡兩類，美國南歐及拉丁裔比較喜好濃烈

咖啡，美國各地可以品嘗到自己喜愛的咖啡口味，美國人很少喝即溶咖啡。

（四）**法國咖啡文化**：傳統法國咖啡館是政治思想家、藝術家與文人作家的生活空間，當成社交的場所，法國人喝咖啡講究環境和情調，露天咖啡館帶有一種浪漫情調、享受生活的咖啡文化，這是法國人的咖啡生活寫照。

（五）**日式咖啡**：以手工沖煮方式製作咖啡，有虹吸式壺、摩卡壺及濾泡式等沖煮方式，手工沖煮式咖啡比較能呈現咖啡豆的獨特性，咖啡在日本生活上是重要的飲料。

　　咖啡改變了人類的飲食習慣，也改變了社交與政治習慣，人們首度在公開場所進行聚會而不用飲酒，開始時帶有社交消遣性質的咖啡，演變到後來影響到政治，擔心人們在咖啡屋說政府壞話的統治者，的確值得憂慮，咖啡屋內所散播的討論內容，確實影響到法國大革命（邱文寶譯，2008）；現在咖啡成為全世界的三大飲料之一，而且沖泡方式可簡單、可複雜。現在的咖啡沖泡方式可分為（黃校翊，2017）：

（一）**義式沖泡法（Espresso）**：咖啡粉經義式咖啡機高壓萃取，沖煮水溫為攝氏 90.5 ～ 96 度，沖煮壓力約 8.5 ～ 9.5 大氣壓力，沖煮時間約 20 ～ 30 秒，煮出的咖啡較濃，且有一層油沫。

（二）**賽風式沖泡法（Siphon）**：賽風式是利用虹吸式原理，先將下壺水加熱，產生水蒸氣與壓力，將下壺的水從玻璃管推送到上壺，便開始泡煮咖啡粉，萃取後移開火源，下壺呈半真空狀態，把上壺的咖啡液吸下，咖啡渣阻擋於上壺的濾布，完成萃取，賽風式沖泡器有下壺、上壺、濾器、濾紙或濾布、攪拌棒與酒精燈等。

（三）**摩卡沖泡法（Mocha）**：利用摩卡壺沖泡，為蒸餾式的一種，摩卡壺分為上下兩部分，水在壺下半部被煮開至沸騰，水滾時藉由蒸氣的壓力使滾水上升經過裝有咖啡粉的過濾器，至壺的上半部。

（四）　過濾式：研磨咖啡粉倒在濾紙中，以滾水慢慢注入咖啡中央後及其周圍，再由周圍回到中央，滾水經過研磨的咖啡粉再滴入壺中。

（五）　美式咖啡機。

（六）　掛耳包。

貳、臺灣咖啡文化發展

臺灣傳統咖啡店講求情調，有人員服務，屬於高價位的休閒品味，現在平價咖啡形成一股風潮，咖啡連鎖店有速食店的亮度，又帶有一股清靜悠閒氣氛，非常受到現代人的歡迎，現在各咖啡店大多使用義式咖啡機煮出來的濃縮咖啡，再調配各種風味咖啡飲品，還有咖啡小店由老闆親自手工調製的咖啡、餐點等等，以展現精緻及個人的咖啡風味。臺灣連鎖咖啡店所提供的咖啡口味種類有：

一、　黑咖啡：直接用熱水沖煮咖啡豆，不加奶、不加糖，享受咖啡原味。

二、　濃縮咖啡：以咖啡機藉由熱水高壓沖泡研磨咖啡粉末，而煮出的咖啡。

三、　卡布奇諾：蒸氣加壓煮出的濃縮咖啡，加上攪拌成有泡沫的溫牛奶，通常咖啡、牛奶和牛奶泡沫各占 1/3。

四、　拿鐵咖啡：蒸氣加壓煮出的濃縮咖啡，加上等量的溫牛奶。

五、　調味咖啡：咖啡加巧克力、糖、肉桂、肉豆蔻等不同調味料的咖啡。

六、　摩卡咖啡：咖啡加巧克力、牛奶和攪拌奶油，有時加入冰塊。

七、　歐蕾咖啡：法式牛奶咖啡，咖啡加大量溫牛奶和糖。

八、　美式咖啡：咖啡加大量熱水成口味比較淡的咖啡。

九、　愛爾蘭咖啡：製作過程複雜的咖啡，用深焙咖啡豆煮成咖啡，再加入威士忌，頂部放上奶油泡。

臺灣所種植的咖啡有非常好的香氣，口味溫和順口，品質風味佳，臺灣引進的咖啡樹品種主要是阿拉比卡，是經過長期馴化的品種非常適合本土生產，臺灣山區日夜溫差大，能夠種出高品質的咖啡豆，像雲林縣古坑鄉、惠蓀農場、阿里山、花蓮縣瑞穗鄉、臺南東山鄉、屏東原住民部落、臺東太麻里鄉和鹿野鄉等地。在栽植方面，1990 年後政府開始注重地方文化產業的發展，農業發展朝精緻農業、休閒農業、產銷體系並結合地方特色進行農業升級，據農糧署初步統計，至 2011 年全臺已有 763 公頃咖啡栽植面積，產量約 824 公噸，南投縣、臺東縣、屏東縣及嘉義縣等面積均在 100 公頃以上，新一代的咖啡栽植者從栽培到後製、烘焙及銷售一連貫作業，確保咖啡品質與在地生產，直接接觸消費者，定位臺灣咖啡為精品咖啡，發揮臺灣農產品精緻特性，並結合在地文化及觀光產業，然臺灣咖啡目前仍面臨價格昂貴、總產量少、品質不一等問題（黃校翊，2017）。

　　臺灣咖啡品質好，烘焙香氣、酸度、濃醇度、總體香味及氣味均有相當水準，但是臺灣咖啡豆比非洲其他國家貴，原因在於產量少、人工成本高，臺灣大型咖啡店在成本考量下都用進口咖啡豆，而不是採購本土生產的咖啡豆；臺灣咖啡產業配合休閒產業掀起臺灣本土咖啡風潮，臺灣咖啡樹的種植遍及全臺，大都是農民自產自銷為主，咖啡栽種者從栽培到後製、烘焙及銷售一貫作業，當作精緻農業發展，屏東縣三地門德文咖啡館和烏拉魯茲咖啡館為屏東山區所出產的咖啡在休閒產業上找到一條出路。

▲ 圖 7-7 咖啡配甜點

參、咖啡成分與保健功能

東京藥科大學名譽教授岡希太郎，將咖啡譽為「百藥之王」，他提醒「過猶不及」，咖啡飲用過量可能造成反效果，咖啡從遠古時代起就一直被視為有療效的藥方，咖啡豆的成分有「咖啡因」、「綠原酸」、由葫蘆巴鹼遇熱轉變的「菸鹼酸」（維他命 B₃）及「N- 甲基吡咯烷酮」（NMP）等化學成分，能幫助預防癌症、心臟病、腦中風、第二型糖尿病等（林怡廷，2017）；咖啡因屬於嘌呤類生物鹼化合物，有 60 餘種植物含有咖啡因，如咖啡豆、茶葉、可可豆、柯拉果、瑪黛葉、瓜拿納（Guarana）等，咖啡因會刺激人體中樞神經系統、心血管、呼吸系統、胃腸、肌肉等，也會使細胞代謝速度增加、利尿等，對於一般人的作用時間可達 3 ～ 4 小時（張月櫻，2017）。

阿拉比卡種的豆子有較多的蔗糖與葫蘆巴鹼；羅布斯塔的咖啡因及綠原酸含量則較多，綠原酸並不耐熱，必須採用淺烘焙方式，具有抗氧化、延緩醣分吸收，以避免飯後血糖急速上升、刺激副交感神經，以降低血壓等多種功能；深烘焙咖啡藉由加熱烘焙，葫蘆巴鹼會轉變成菸鹼酸和 NMP，菸鹼酸是治療高血脂症的藥物，也有保護血管、降低血小板活性，使血管不容易阻塞的作用，NMP 可以刺激副交感神經以穩定情緒，並促進大腸蠕動、降低血壓，具有強烈的抗氧化作用，對致癌物質有解除毒素的效果（林怡廷，2017）；咖啡對一般健康人的「利」是能提振精神、增加警覺性、專注力和反應力、降低心血管疾病和神經退化疾病，甚至長壽等，「弊」是引起心悸、引發睡眠障礙、焦慮、易怒、影響骨骼健康和腸胃功能，對懷孕婦女則可能影響胎兒健康（張月櫻，2017），懷孕中的女性過量的咖啡因可能增加早產和寶寶出生體重過低的風險。同時咖啡因會阻止鈣在腸道的吸收（黃齊，2008），對健康的人而言，咖啡因會促進細胞內存有鈣質的囊泡釋出鈣質，咖啡因的這種作用會加速細胞活化，但對骨質疏鬆症患者來說，卻浪費寶貴的鈣質，罹患骨質疏鬆症要少喝咖啡，沒有這種困擾的人，可以在咖啡

中加入富含鈣質的牛奶飲用（林怡廷，2017）。基本上，咖啡豆成分有咖啡因、丹寧酸、酸性脂肪、揮發性脂肪、糖、礦物質、菸鹼酸等，咖啡既然是「百藥之王」，對人體又有益，愛好喝咖啡者要在喝法上多下功夫，才能享受更美好健康的生活，並得到喝咖啡的下列好處：

一、 咖啡含有菸鹼酸、脂肪酸、咖啡因、單寧酸等能有利身體的新陳代謝。

二、 咖啡對皮膚有益處，咖啡因可加速細胞活化，可以促進代謝機能。

三、 咖啡可以消除疲勞，振奮情緒，能促進代謝功能。

四、 咖啡有保健功能，具有抗氧化、降低血壓、開胃促進食慾、消除脂肪、避免失智、保護血管等作用。

五、 咖啡可以穩定情緒，揮發性脂肪所帶來的咖啡香氣令人心情愉悅。

　　當然，飲用咖啡需要注意一些事項，咖啡會降低鈣的吸收，喝咖啡時間最好在兩餐之間。根據「美國 2015-2020 飲食指南」建議健康成人每天可以喝 3～5 杯咖啡（以每杯 240 毫升計）、咖啡因攝取量以 400 毫克為限，除了含咖啡因飲料外，有些食品如以巧克力原料製成的餅乾、蛋糕或冰淇淋等，膳食補充劑、藥品等都可能含有咖啡因（張月櫻，2017），同時咖啡豆含有雙萜類（Diterpene）就是咖啡豆醇（Kahweol）與咖啡醇（Cafestol），會導致血液中的膽固醇及中性脂肪增加，要使用濾紙沖泡，雙萜類中的油分即會溶出且留在濾紙上，藉由這種方式，雙萜類的含量可減少 1～5%（林怡廷，2017），因此，減肥的人要飲用黑咖啡；患有高血壓、冠心病、動脈硬化等疾病的人不可大量飲用咖啡，會引起心血管疾病；中老年婦女飲用咖啡會減少鈣質吸收，而引起骨質疏鬆；胃病患者喝咖啡過量會使胃病惡化。同時含有咖啡因的食物，有咖啡、茶葉、巧克力、可可豆、檳榔及可樂果等，每天都不可食用過量，如此的話，便能在生活中享受咖啡的芬芳及身體的健康。

第三節　酒文化

我們都知道人類需要飲料才能生存，水是最基本的飲料，然而隨著人類文化的發展，便有茶、咖啡及酒文化的發展。而酒這種飲料是屬於全世界各民族共同嗜好的一種含酒精性的飲料（謝明成、林龍勳，1993）；從遠古以來，酒經常是祭祀的必備用品，在中國古代進行各種活動都要用酒，相傳遠古時中國的杜康善於造酒，後世將杜康尊為酒神，造酒業奉杜康為祖師爺；在文學中曹操在《短歌行》中寫了「何以解憂，唯有杜康」，唐朝詩人杜甫寫了「杜酒勞頻勸」的詩句，中國酒文化源遠流長，酒用於祭祀、婚喪喜慶場合，更與詩歌、戲曲有著豐富的連繫，有「明月幾時有，把酒問青天」、「唯願當歌對酒時，月光長照金樽裡」的人生感受，更有「醉臥沙場君莫笑」的豪情壯志。

中國人喝酒講究「共飲」，全桌人一起圍桌共同分享酒；而西餐是套餐，分為前菜、主食，各搭配不同的酒。根據「時代生活雜誌」所出版的《酒典》：飯前開胃小菜宜配阿爾薩白酒；湯和雪莉酒配匹最相宜；有殼海鮮最佳良伴是查布里白酒；無殼海鮮應和淡味白酒相配；吃豬排和雞肉可以用淡味紅酒相配；鴨肉和紅酒搭配；牛排和羊排最好是喝濃郁紅酒（楊本禮，2009）；法國人每一頓飯不能沒有酒，一天至少喝一至二次，每天試酒，今天試隆河（註：隆河生產的葡萄酒）配燉肉，明天拿雷絲玲（註：雷絲玲生產的葡萄酒）配海鮮，一天實戰一回，成為「實用」的知識（陳上智，2009）。外國人喝酒是以飯前、飯後來分類；中國人覺得這樣分類沒意思，喝酒是針對酒的功效著眼，對身體有益的酒就是最好的酒，中國人認為白蘭地酒是補的，有凝聚力的，特別是對男性的精力有益，相對的，威士忌是散的是發的，喝下去對男性的精力是有損的，而日本人則不如此，找了 20 幾家飯館沒有白蘭地酒，都是威士忌酒，日本人並不把喝酒和補不補聯想在一起，可看出文化的差異，使喝酒的態度有很大的改變（李亦園，2009）；當然有人把飲酒做為人際衝突的緩衝，用酒精麻痺自己的痛苦、喝

酒幫助入睡、喝酒來展現活力重新得力或對抗無聊（顏婉娟，2000）；根據文獻指出，飲酒行為被青少年視為具有幫助其人際關係的建立、互動，並能適時因應生活壓力與學業壓力的方法。從青少年的飲酒動機來看，人際關係的建立、互動與壓力的因應，是影響青少年飲酒的共同變項（Abbey et al., 1993）。而北歐國家的政府則為了國民嗜酒危害健康制定了飲用酒的法規，可見酒是人類生活上很受歡迎的飲品。

壹、酒的種類

有關酒的種類和製造方法、原料有關，而製酒的原料與生長、氣候、土壤有關，所以酒的種類複雜，謝明成和林龍勳（1993）把酒的種類分為：

一、 **釀造酒**：在製造過程中必須經過發酵釀造而成的酒，如直接以穀料為原料（大麥、稷麥）等發酵的啤酒，以葡萄或其他果實為原料釀造而成的葡萄酒、蘋果酒，酒精濃度較低、酒性平和、顏色較黃。

二、 **烈性酒**：凡是製造酒類的原料經發酵後，再經過蒸餾、冷卻而成的酒，酒精濃度高，顏色白而透明，如白蘭地酒、威士忌酒、伏特加酒等。

三、 **甜酒或混合酒**：凡是利用烈性酒，經過混合添加糖液再配合各種鳳梨、香蕉、巧克力、李、梅或草莓等果實的香料，混合調配而成的一種含酒精飲料，如香蕉甜酒、巧克力甜酒、薄荷甜酒、鳳梨甜酒。

依照原料來分類的話，酒的種類可分為：

一、穀物類的酒

（一）黃酒是一種釀造米酒，以稻米為原料釀製成的酒，將稻米煮熟後加麥麴和酵母，經過發酵，壓榨製成酒液，因色澤呈黃色而得名。有紹興酒，常做為調味料使用或直接飲用；另外有花雕酒又名「女兒紅」，產自浙江紹興，臺灣埔里酒廠有釀造花雕酒，酒色橙黃清亮，

可做花雕雞、花雕燴蟹肉等美食。臺灣的花雕酒的原料為米麥與酵母，發酵後釀造而成，品質優良，酒質芳香，色黃澄透明，為紹興酒中之最高級的醇酒（謝明成、林龍勳，1993）。

（二）白酒又稱燒酎、中國燒酒、白乾，是一種傳統蒸餾酒，以穀物為原料，釀造時先用熟穀物和菌種混合培養製成麴，再和穀物混合發酵製成酒液、再蒸餾，如果製酒發酵時使用高粱，便稱高粱酒；米香型的中國燒酒用大米做麴，用玉米做麴會稱玉米白酒。中國燒酒依據麴種的不同分為「大麴酒」和「小麴酒」、「麩麴酒」、「混麴酒」等類型，中國大部分名酒都產於北方或夏季氣候涼爽的四川，大多是大麴酒。大麴酒原料是採用高粱麥麴經過發酵後釀造蒸餾而製成大麴酒，公賣局完成以古法製酒，並在酒窖中長久貯存，成熟後才裝出售，酒精濃度高（謝明成、林龍勳，1993）。

白酒是中國北方及四川、貴州地區酒桌上最常喝的酒，貴洲茅台酒是大麴白酒，被稱為「國酒」；金門高粱酒以清澈透明、質地純淨、芳香濃郁著名；其他的中國燒酒有汾酒、貴州醇、貴州大麴、二鍋頭、竹葉青、酒鬼酒等等數十種有名的中國白酒。

▲ 圖 7-8 中國白酒

（三）威士忌酒是以穀物為原料所製造出來的蒸餾酒，只能使用穀物做為原料，剛蒸餾的新酒和伏特加一樣強烈，威士忌需要在橡木桶中陳放一定時間後才能裝瓶出售。威士忌是由愛爾蘭人和蘇格蘭人所創造的，而且愛爾蘭以創作品牌著稱，愛爾蘭威士忌用發酵的麥芽磨碎後蒸餾而成；蘇格蘭

▲ 圖 7-9 早期的酒器

威士忌是用含發酵的麥芽威士忌和沒有發酵的麥芽威士忌混合蒸餾而成的；傳統上蘇格蘭威士忌是一種比愛爾蘭威士忌更強烈、更嗆人的飲料（全中妤譯，2005）；威士忌是撫慰蒼涼的生命之水，蘇格蘭荒涼又冷，再加上食物不對口，還好有威士忌，讓生命中的一切都變得美好，在下午 3 點就天黑的冬天，就連蘇格蘭人自己也都會開始抱怨起天氣，還好有威士忌，它就是生命之水，把人們從絕望的寒冷中拯救出來（賴佳昀，2007）。常見的威士忌酒種類有：

1. **蘇格蘭威士忌酒**：是在蘇格蘭地區生產製造的威士忌，蘇格蘭威士忌在製造過程中使用當地盛產的泥炭烘烤發芽的大麥，威士忌便帶有泥炭的味道，再加入酵母發酵後經兩次蒸餾器，存放在木桶至少 3 年以上，最好品質的威士忌都是存放在木桶之中達 10 年之久，在 10 年存放過程中會由於蒸發原因而損失 25% 的威士忌酒，市場上的威士忌一般直接由麥芽或穀類製成，較便宜的威士忌混合 70% 穀粒製造，最好的威士忌只混合 3% 穀粒製造（謝明成、林龍勳，1994）；目前市面上有關威士忌酒的廣告，有單一麥芽威士忌和麥芽威士忌。

2. **波本威士忌酒**：是一種美式威士忌酒。波本威士忌的名稱源自於美國肯塔基州波本郡，這裡的石灰岩泉水不含鐵質很適合用至玉米釀造波本酒。將玉米威士忌放在橡木桶發酵，1986 年意外發現使用經過燒黑的橡木桶做波本酒，不僅酒色好看，還有股煙味，肯塔基最受歡迎的飲料是薄荷冰酒（波本酒加糖或糖漿，再加點新鮮薄荷），通常用銀杯飲用（全中妤譯，2005）；波旁威士忌產於美國，是由玉米、裸麥與大麥發芽後再發酵蒸餾而成，波旁的名字取之於法國波旁王朝，其成份至少含有 51% 以上之玉米的烈酒（謝明成、林龍勳，1994）；只有在美國境內製造的威士忌酒才能冠上波本威士忌酒。

(四) 啤酒的顏色與味道是因為使用各種不同類型與顏色的麥芽經過發酵釀造的原因。麥芽在容器中經過加熱後，再放入磨粉機中磨成粉

狀，再將其浸泡於攝氏 65 度至 66 度的熱水中約 2 小時，然後將未發酵的麥芽汁放入銅製容器中，煮沸約 2 小時，再加入糖漿和啤酒花混合，然後再抽出啤酒花與大麥芽汁混合液蒸煮，直至混合液汁冷卻至攝氏 15 至 21 度，加入酵母，在發酵容器中經過 7 天的發酵過程，便成為生啤酒，生啤酒風味特佳，但不宜久存必須加熱處理才能成為熟啤酒；主要的瓶裝啤酒都是高溫殺菌的熟啤酒，同時沒有沉澱物（謝明成、林龍勳，1994）；有些啤酒會添加香草或水果等改變啤酒的風味，啤酒已經成為全球性的釀酒工業。

1. 德國人酷愛喝啤酒，德國啤酒主要是由小麥和啤酒花釀製而成。德國啤酒有甜的、苦的、淡的、或烈的，通常採用底部發酵的製造方法（即釀造時酵母會沉在木桶底），Lager 是經過 6 個星期的底部發酵所釀造而成的啤酒，是德國最普遍的啤酒，有一種烈酒叫 Mazenbier 啤酒，介於淡黃色啤酒和黑啤酒之間，只有在慕尼黑啤酒節時才喝（全中好譯，2005）；每年 9 月末到 10 月初在德國慕尼黑舉行啤酒節，每年都有幾百萬人在啤酒節裡狂歡和大啖美食，慕尼黑啤酒節又稱「十月節」，是慕尼黑一年中最盛大的活動，每年都有來自世界各地的觀光客到慕尼黑親身體驗德國人歡慶節日的熱鬧和喜悅。

2. 比利時啤酒是比利時修道院僧侶於西元 5 世紀就開始釀造的啤酒，以支付修道院的基本開支並用來推動地方慈善事業，正統修道院啤酒（Trappist Beer）在修道院中釀造帶有獨特的風格，是最頂級的比利時啤酒，比利時啤酒有非常多的種類。在比利時喝啤酒的下酒菜是由當地乳牛們製造出來的硬乳酪，羊隻們的羶味羊乳酪，豬兒們的風乾火腿、豬血腸、香腸等，啤酒也可用來做菜，並成為最好的下酒菜，「列日獅子頭」是豬肉和小牛肉剁碎煎炸後再加啤酒，做法繁冗已漸失傳，有地區改良成「啤酒兔肉」（盧玉文，2007）；啤酒是一種很「嬌嫩」的飲料，比利時人把啤酒冷藏到攝氏 10 度再喝，因為在這種溫度之下，啤酒的芬芳才能夠全部散發出來（楊本禮，2009）。

（五） 日本清酒是釀造米酒，酒精濃度平均在 15% 左右，以米、米麴和水
發酵後的濁酒，再經過濾成為清酒，這是日本最具代表性的酒類，
也稱日本酒；大部分的日本酒皆為米酒，
清酒釀造所需的主要原料有水、米、麴，
再加上酵母和乳酸菌；佛教有禁止飲酒的
戒律，日本的佛教僧侶稱呼酒為「般若
湯」。日本市面上的清酒超過 2 萬種，北
起北海道、南至沖繩，約有 2 千個的酒廠
各自釀製著深具當地特色的絕美佳釀；大
部分的清酒都很適合搭配海鮮或西式冷盤
菜（賴佳昀，2007）。

二、水果類的酒

▲ 圖 7-10 日本清酒

（一） 葡萄酒是用新鮮葡萄果實或葡萄汁，經過
發酵釀製而成的酒精飲料，葡萄的葡萄糖
及果糖含量較高，貯存一段時間就會發酵
產生酒味，葡萄酒是目前世界上產量與銷
量非常大的酒，中國唐朝詩人王翰寫了一
首詩叫《涼州詞》－「葡萄美酒夜光杯，
欲飲琵琶馬上催，醉臥沙場君莫笑，古
來 征 戰 幾 人 回 。」葡 萄酒分為紅葡萄
酒、白葡萄酒及粉紅葡萄酒（謝明成、林
龍勳，1994）：

▲ 圖 7-11 威士忌酒和葡
萄酒

1. 紅葡萄酒是由黑色葡萄製造而成，經
過發酵過程，顏色是由含在皮中的色
素所變成的，新製的紅葡萄酒通常是紫色，陳年葡萄酒是微紅的
棕褐色。

2. 白葡萄酒是由白色葡萄製成，也能以黑色葡萄或是黑色葡萄和白

色葡萄混合製成，將黑葡萄直接將它的果汁從果實中擠壓出來，仍然能製成白葡萄酒。

3. 淡紅色葡萄酒是由好幾種方式製成的，最好的方法是在製造紅葡萄開始發酵時，除去部分發酵的黑葡萄皮中之色素，直到我們需要的淡紅色為止。

白葡萄酒顏色是黃色、黃綠色或金色，在釀造時使用的是果肉，它的果皮可能是黑色或白色，製酒的葡萄汁壓擠出來後馬上與葡萄皮分隔，以避免葡萄皮內的色素滲入葡萄汁。楊本禮（2007）依葡萄酒的色澤、濃度和味道分為紅酒、玫瑰酒、紅酒加強酒、白酒、中度酸澀白酒及甜酒等六大類；品嘗紅、白葡萄酒時要掌握四個原則：

1. **味感**：四個原則中算是比較難的一個。

2. **葡萄年分**：葡萄年分可以決定一瓶酒是否屬於極品。

3. **色澤**：色澤十分重要，每一種酒都有一定的色澤。

4. **餘味**：餘味對於葡萄酒的良莠有決定性因素。

另外，法國香檳地區按照嚴格的法律規定釀造的一種葡萄氣泡酒，稱為香檳酒。香檳葡萄酒歷史可追溯到中世紀，因為教堂擁有葡萄園，僧侶釀造葡萄酒用於聖禮，香檳酒需要在葡萄酒瓶中進行二次發酵，產生二氧化碳，從而產生氣泡；在法國，氣泡酒是偶然釀成的，瓶內過大的氣壓，往往使瓶身爆裂或瓶塞彈出，所以又有「魔鬼酒」之稱（維基百科，2018）。

香檳酒以二次瓶內天然發酵，產生二氧化碳而成；可單獨飲用或配海鮮，適飲溫度為攝氏 5 ～ 10 度；另外將香檳氣泡酒搖晃，泡沫噴灑而出的開瓶，是慶功宴中的戲劇效果（林慶弧，2017）；法國香檳省最為人所知的氣泡葡萄酒，在法國唯有本地出產的氣泡酒才可以合法地被稱為香檳酒（全中好譯，2005）；法國有一個香檳酒委員會專門管理香檳酒生產與製造規定，在 1942 年成立由生產葡萄者、製

造香檳者與政府官員共同組成，以保證葡萄收穫的品質能夠在高標準的水平（謝明成、林龍勳，1994）。現在法國生產的葡萄酒舉世聞名，波爾多（Bordeaux）和勃艮地（Bourgogne）兩大產區的葡萄酒始終是兩大樑柱，法國對於葡萄酒也有類似法規，其他生產葡萄酒的國家像葡萄牙、德國、西班牙與義大利都有類似的法規，美國、智利、澳洲、阿根廷等生產葡萄酒的國家都有各自的分級種類標準，像美國加州納帕山谷、俄勒岡州威拉米特河谷等地都有生產很受歡迎的葡萄酒。

（二）白蘭地酒是用水果為原料所製造出來的蒸餾酒。以葡萄榨汁的渣漿蒸餾，再將這種初酒貯在於酒窖中的黑色橡木桶中，橡木含汁特多，至少要保存在木桶中 8 至 10 年。白蘭地酒的品質完全決定於生產地的土壤好壞，法國南科尼克土壤含有白堊土成分很高，其對生產葡萄非常有利，最佳的白蘭地就產於法國南科尼克，還有其他以蘋果、櫻桃、覆盆子、李梅、梨等水果酒，所蒸餾製成的白蘭地酒（謝明成、林龍勳，1994）；法國在阿爾薩斯林區的蒸餾酒，有櫻桃白蘭地酒和覆盆子白蘭地酒，及諾曼第區的蘋果白蘭地酒（全中好譯，2005）；目前世界上最好的白蘭地酒產地在法國，而世界著名的白蘭地酒品牌有軒尼詩、馬爹利、人頭馬。

貳、飲酒與保健

原始社會認為酒精飲料具有超自然的屬性，能夠讓人產生飄飄然的感受，而酒具有與眾人共飲的特質。在現代社會裡，酒變成人際交往的「必要罪惡」，本來吃飯、喝酒是一種享受，但是華人為了「拼酒」，意氣之爭的尷尬場面往往就會出現，而把氣氛破壞，尤有甚者，拼酒後因酒醉駕車肇事，禍及無辜；其實喝酒，有如賞花，要慢慢品嘗體會，才能窺視堂奧之祕（楊本禮，2009）；我們常看到「飲酒過量，有害健康」的警語，過度飲酒確實容易引發一些疾病，而適度飲酒可能有助於健康。

就葡萄酒來說，葡萄酒是由葡萄果實發酵而成，葡萄酒所含的成分有：水、酒精、糖分、多元酚類物質，含有單寧、有機酸、礦物質（有鉀、鈉、鈣、鎂、錳、鐵，及銅等大約 20 種礦物質）及含有豐富的維他命 C、維他命 B 群、葉酸，葡萄酒的單寧酸可刺激消化道，促進小腸蠕動及膽汁的分泌，能刺激膽汁及胰腺的分泌，有利於脂肪之分解利用；葡萄酒所含的鉀和鈉是人體調節滲透壓的重要元素，鉀具有利尿的作用，可消除水腫並有助於血液維持微鹼性，對改善人類酸性體質有良好的功效；葡葡酒的多酚可以減少血液中之 LDL 的氧化作用，減少血小板的凝集力，有延緩動脈粥硬化形成，避免血栓的形成（吳幸娟，2012）。

　　從營養學來說，穀物類的酒，其主要成分是澱粉含有大量糖分、有機酸、胺基酸和各種維生素，具有較高的營養價值，以大米和麥類為原料，經過長時間的糖化、發酵製成的，原料中的澱粉和蛋白質被酶分解成為小分子的物質，易被人體消化吸收。黃酒含有鈣、鎂、鉀、磷等常量元素和鐵、銅、鋅、硒等微量元素，鎂可促進糖、脂肪、蛋白質代謝，可維護肌肉神經興奮性和心臟正常功能，保護心血管系統所必需的；硒可消除體內過多的活性氧自由基，而有提高機體免疫力、抗衰老、抗癌、保護心血管和心肌健康的作用（吳幸娟，2012）；飲酒可能可以有助於促進人際關係、減輕壓力，當人們壓力過大時，有些人會藉飲酒紓解壓力，甚至以酗酒來逃避壓力。工作壓力是影響個人飲酒行為的一個主要因素，為了因應工作場所的壓力，飲酒成為逃避困難情境、克服工作壓力的一種調適方式（楊明仁等人，1999）；許多婦女會因為先生酗酒，而自己也藉由酗酒做為回擊（顏婉娟，2000）。

　　而美國及西方國家認為酗酒的人會減少食物的攝取而缺乏硫胺，同時酒精會降低硫胺的吸收，身體缺乏硫胺會影響維他命 B_1 的攝取，而得到腳氣病（黃齊，2008）；酒精濃度過高時，身體會利用微小粒乙醇氧化系統代謝酒精，同時造成代謝藥物能力降低，酒精能產生熱量，但不含豐富營養素，過度攝取可能會導致肥胖，造成脂肪肝與肝炎等酒精性肝臟疾病，長期酗酒

易造成慢性酒精中毒、營養不良，及心臟、肝臟、腎臟、神經等方面的疾病（謝明哲、楊素卿，2012）；而且高素月（1995）研究指出，有飲酒習慣者較容易產生高憂鬱情形，其罹患高憂鬱的風險是沒有飲酒習慣者的 3.44 倍。林寬佳（1996）研究金門縣金湖鎮社區民眾發現男性高尿酸血症盛行率為 25.8%，女性高尿酸血症盛行率為 15%；高尿酸血症患者罹患痛風之比率為男性 11%、女性 3%，痛風好發於男性 40～60 歲之年齡層，其主要的影響因子為尿酸濃度及喝酒習慣之影響；楊純玲（1997）針對金門縣金湖鎮 30 歲以上民眾所做的調查發現，高尿酸血症的危險因子有三酸甘油酯高、肥胖、血中膽固醇高、高血壓、空腹血糖值高、血中肌酸酐高、喝酒及使用利尿劑；痛風的危險因子為血中尿酸值、喝酒及利尿劑的使用。

　　基本上，酒真的具有一種致命的吸引力，讓人快樂，也讓人在興奮中誤了自己，喝酒無法取代健康的飲食和運動，喝酒無法當成增進健康的主要方法；健康的人要適量飲酒才能有益於健康，過量的飲酒不僅影響個人的健康、工作、人際及婚姻關係，更造成許多社會問題。在充滿競爭壓力的時代，如果想擁有健康又能享受生活，就以適量的咖啡、適量的酒、適量的茶，才能讓自己既能擁有休閒愜意的生活，又能保有健康保健的人生。

1. 請問中國茶葉依照發酵的程度可分為幾類？同時目前有哪些茶葉加工產品？

2. 請問茶葉含有哪些成分？具有哪些保健作用？

3. 請問咖啡果實採收後大致用哪些方式處理？而咖啡可以分為哪些口味？

4. 請問咖啡含有哪些成分？同時適量喝咖啡有哪些好處？

5. 請問酒依照製作原料可分哪些種類？同時適量飲酒具有哪些保健作用？

6. 請問珍珠奶茶有哪些成分？就保健上對人體有哪些影響？

Chapter

8

飲食文化與性別

人類在生活中透過社會文化的直接或間接增強，而建構了適當的性別角色與行為，人們在生活上、工作上及飲食文化都隱含著性別相關的角色行為，孟子的「食色性也」傳達了飲食與性的連結關係。人類在成長過程中，社會文化在生物性身體上做了許多干涉，灌輸男孩、女孩種種對於身體的知識與價值觀（張珣，2007），而人類學家可以從食物的顏色、材料、味道、禁忌規範，及對於食物的品味等，來分析食物所傳遞的性別社會關係（林淑蓉，2007）。飲食與性是人之本性，不僅二者可以相互借用、相互隱喻，某些特定的食物亦被認為具有增進性功能的效力，這也可以說明為何以食物來增進、調整性能力的治療方法，中醫在傳統及大眾醫療文化中都占據著重要的位置（Farquhar, 2002）；漢人的文化身體並不全然相同於現代西方的文化身體，漢人強調男女身體有別，也有共通之處，後天文化挑選其中一部分的差異，加以凸顯並擴大給予其價值與重要性，在中醫養生飲食理論中可以呈現補身觀念共通於男女，但是偏重點不同（張珣，2007）；中國本著男女有別的思維，在傳統文化上把女性視為陰性，男性視為陽性，就性別上便有陰陽之分，而女性的體質相對於男性是屬於偏寒性，這便形成了傳統中醫的醫療與保健理論基礎，中醫將食物分為溫熱和寒涼兩類性質，介於溫熱與寒涼屬性之間的是平性食物，在中醫保健觀念上，日常生活的飲食必須將食物的溫熱、寒涼屬性隨著個人體質、季節等差異而靈活運用選擇，才能使人體達到陰陽平衡，進而使身體保持健康。

第一節　性別與飲食分工

　　每一個人一出生就以第一性徵分辨為女生或男生。我們以性器官區分男性和女性，性是生物學領域（Sex），這是無法改變的生理構造，是先天的遺傳與基因；而性別（Gender）包括性、性別的觀念，性是先天生理特徵，而性別是後天習得的社會角色表現（李瑞娥，2001），每個人從小便被教育依

照本身的性別角色來表現行為，有關性別角色的評定與應有的行為表現，則是社會文化所形塑出來的，每個社會對於男女特質與角色的認定不太相同，有時還會有相互衝突的概念。

壹、性別角色發展

每個人在成長過程會從社會文化中學習有關性別的角色扮演與行為表現，社會學習論者 Bandura（1983）認為性別認同、性別分化與環境中的父母、師長、同儕、一般成人有關，因為人類的性別認同發展經常藉由模仿而來，性別認同是指一個人對自己生理上性別的自然認知，在心理上認知自己是男性還是女性的自我概念，性別自我概念是指個人對自我所歸屬性別的自我知覺。社會文化在界定「性別差異」時，亦處理了個人如何建構其性別認同，以及如何實際生活於社會文化中（Moore, 1993）；當孩子瞭解到自己是男的或女的，以及性別的概念，必須經過一段時間發展才能形成性別角色行為，性別角色的發展是經由生活中不斷的模仿、強化及自我社會化等歷程而形成的概念，並建立應有的性別行為，就是所謂的性別刻板印象，又稱為性別意識型態（李瑞娥，2001）。這是由社會文化所形塑的性別角色與行為，性別角色行為是在社會文化情境下，對男性與女性行為所建構的共同認可、接納的行為模式。

中國傳統社會認為男女有別，便建構貌似和諧的分工社會－「男主外，女主內」的性別行為模式，日常生活中，男性通常是領導性、權威性的角色；女性則處在支持、隸屬的角色。在傳統性別分化的社會，強調嚴父慈母、職業分工，男性背負著光宗耀祖、養家活口重任、傳香火的期許；女性則依附夫家、沒有自我、自我犧牲、以夫為貴，女性終其一身都在家庭中找尋自我，這是性別意識型態所形成的社會性別角色（李瑞娥，2001）；男性的生命軌道循著工作前進，相當一致，而女性的生命軌道卻繞著婚姻轉，生命輪廓顯得複雜而多變（何青蓉，1999）；我們可以理解到人類的性別概念

發展與社會互動有密切關係，並且形成一種無形、微妙的障礙影響著女性的生涯發展。

在社會變遷中性別觀念逐漸朝向中性化發展，女性可以在生涯發展中勇敢追求真實的自我，在女性主義發展潮流下，許多學者開始關注女性在社會上的不平等地位，而提倡性別平等教育，協助社會大眾檢視社會的性別偏見與性別歧視，以建立性別平權的地位與互動；行政院教育改革審議委員會在1996 年正式將性別平等教育的主張納入教改理念，各級學校積極推動性別平等教育。性別平等教育就是鼓勵女性自我意識的現身，修正男尊女卑的性別意識，以建立兩性的新倫理觀，以愛和尊重為出發點，理性的追求性別平等（李瑞娥，2001），因此，在多元文化的社會，無論男女應多充實自我、肯定自我，並提升自我的「三力」能力（徐西森，2003）：

一、 **行動力**：兩性重新思考不利於女性自我發展的傳統思維，如夫唱妻隨、女人運動神經不發達、男性與女性的關係是保護者／被保護者的議題考量。

二、 **成長力**：提升個人時間管理、情緒管理、人際管理、心理管理的能力，如爭取成長空間、個人成長與家庭成長不衝突、以「頭腦」凌駕「拳頭」、以「方法」面對人力招數。

三、 **自主力**：男女要更自在、自由、自主的掌握自己，以實現個人的生涯規劃，重新思考女人無數字概念、屬於家庭、只能做小事、瑣事。

基本上，性別平等教育是以婦女位置為基礎，以瞭解因性別不同，而受到社會制度忽略與壓迫的情況，期待能藉此建立溫馨和諧的性別關係。

而飲食在人類社會的性別議題，則是人類社會中經常以食物交換來從事社群的交易與結盟。男人常以「食物禮物」（food gifts）來換取婚姻關係外的「性」，或做為吸引可能的結婚對象之重要媒介，在婚姻交換中，許多社會以「食物禮物」來交換「女人的移轉」，事實上其所企圖交換的乃是女人

的「身體與性」（林淑蓉，2007）；馬來西亞的 Langkawi 人以共享食物（米飯）將新移入者同化納入為親屬社群，女人在家戶的火塘進行煮食、提供餐食等行動，經由共享食物將新嫁娘逐漸地轉換成親戚（Carsten, 1997）；同樣的，何翠萍（2000）研究中國西南少數民族發現，食物提供了結群以及社會性的重要脈絡，米飯是社群成員共享的食物，是社群互動過程中重要的交換物，更落實在重要的生命儀禮中。而中國西南的侗族人，每逢婚喪喜慶時會以同房族的成員身分來分擔主家所籌備的送禮物資，亦可能以姻親的身分來參與村寨內外的送禮活動，贈送或收受婚姻交換脈絡中不同階段的「食物禮物」，侗人在進行婚姻交換時，禮物的交換乃是相當重要的（林淑蓉，2007）；我們可以理解食物與性別的關係經常建立在飲食活動的人際互動行為，而這些行為便是社會文化建構性別關係的潛在力量，食物在社會群眾的活動過程中，可當作一種社會關係規範與信物，可做為增進社群關係的飲食活動；我們可以發現飲食是建構社會文化的重要物質，也是建構性別關係的物資，人類的飲食文化與生態環境、生產活動有緊密相連的關係，同時在其社會歷史的發展過程中扮演著重要角色，具有建構族群自我認同與性別認同的功能。

貳、飲食與性別分工

人類的性別認同在日常生活中的學習與實踐，從小便在家庭與社會中學習、模仿並實踐性別的分工，並理解男人與女人在家庭與社會中的性別角色與行為。一個社會的性別分工與經濟、政治活動有關係，從中可瞭解這個社會所隱含的性別意識型態與性別權力關係（Counihan, 1999）；中國傳統的男女角色分工方式，主要是基於男性先天的體型優於女性，便負責在外打獵、覓食，以供大家食用，而女性便在家照顧小孩及處理飲食等較不需體力的家務事，這樣的分工才能讓人類的生命延續下來，然而這種從生理差異所扮演的家庭性別分工，卻衍生出一系列的性別價值關係，男性所承擔的社會分工被認為是重要的工作，女性所承擔的社會分工則被認為是次要的、附屬的雜務。

我們習於賦予男性領導性、權威性的角色，在專業領域中男性超越女性的角色，在非正規組織中男性亦理所當然的成為領導者，女性則處在支持、隸屬的角色；在社會生活中男性亦很自然的成為領導角色，他們自願且樂意接受如此的角色，而女性在能選擇領導角色時，總是會為了種種理由拒絕，以符應社會生活上所扮演的支援角色，聽從男性、照顧別人（李瑞娥，2001）；在臺灣的男性是不下廚做事的，如果男人下廚去做菜、洗衣就會譏為「兒子當媳婦」（張維安，1994）；而從陸緋雲（1999）對客家婦女生命週期的研究可以看到，客家婦女無論是對老弱的扶持、幼兒的教養、家庭的料理，或親朋的應酬，計畫充實家計之策，都無不做到美滿周到，家務事概由女性包辦，烹飪洗掃、紡織裁縫等等，客家男子極少承擔家務，一個充分扮演好妻子、好母親、好媳婦、好婆婆的客家婦女是受到社會極大尊重的角色。

張珣（2007）認為以責任來說，婦女在家庭中一方面照顧幼兒老人飲食，一方面婦女在漢人宗教活動中，雖然在公開舉行祭典的場合是男人的權力，但是在事前事後，或是祭典食物的準備上都是婦女在做，還有在一年的歲時祭儀，從正月準備接神、元宵節、端午、普渡、中秋、重陽、冬至、年夜飯等等，都是家中婦女的責任，從年糕、湯圓、艾草粿、潤餅、粽子、到油飯，從祭神的牲禮、到祭祖先與祭鬼的菜飯等等，婦女經常互相學習製作方式與材料搭配共同製作供品。同時，魯凱族的狩獵是一項具有重要社會意義的生計活動，有非常嚴格的性別禁忌，女性不得碰觸獵具，如有違背，需舉行拔除儀式來去除可能的危險，狩獵是一項社會意義，是魯凱社會判斷男性能力的重要指標，在魯凱族傳統的住屋中，一入門為廚房，廚房的牆壁是男主人展示獵貨的主要地方，狩獵除了滿足生計之需求外，亦有提升社會地位的功能（喬宗忞，2001）；而美國傳統上原住民有許多部落認為男人應該負責打獵和照顧家畜的工作，女人負責採集、烹調並貯存食物，還要製作烹飪器皿，例如不透水的籃子和用泥土做的鍋、壺等，有部分地區男人、女人都必須參與農場工作，有些部落男人地位高居第一，其次才是女人，有些部落男人必須烹煮他們所捕捉到的獵物給女人吃（全中妤譯，2005）。顯然

的，自古以來人類社會在家庭飲食上便有性別分工的現象，男性與女性在飲食上各自扮演著應負責的角色。

根據林淑蓉（2007）研究中國侗族發現，有關食物的烹調工作：

一、 女孩子自 5、6 歲開始，當大人必須工作、家中沒有成人可以做飯時，她們會幫忙煮米飯，等到大人做完活回到家中後，再燒個一、二道菜即可進食。

二、 日常的煮食工作是男女均可做，煮食仍然是女人做得多；男人通常是女人有事忙或不在家時，才會動手做飯菜。

三、 公共事務有關的煮食工作，例如婚姻、喪葬、或政府官員來視察時，男人會出來主掌，女人僅需在一旁協助，或根本不會出現在這種場合。

四、 在食物的製作與貯存方面，需將坡地上的產物，若需要晾曬與醃製時，都由女人來做；而田所產出的稻米之晾曬與貯存，由於工作粗重，由男人來負責。

五、 過年過節時，女人負責蒸煮糯米飯，將糯米飯打成圓圓的粑粑，男人負責殺豬、分配豬肉等較粗重的工作。

五、 殺雞、殺鴨等較不需體力的工作，男女均可做。

六、 醃製鯉魚是女人專屬的工作，男人最多幫忙清洗鯉魚，其餘交由女人。

七、 男人負責到山上砍柴火，以提供煮食所需之柴火；女人承擔挑水的工作，男人參與了許多日常的煮食、處理食物的工作，但不做挑水工作，也很少自己動手洗衣服。

傳統上，父系社會便透過教育與社會實踐，而建構了家庭與社會的性別分工角色。同樣的，在母系社會的噶瑪蘭族文化，噶瑪蘭人利用神話文本，讓個人透過儀式的實踐，與日常生活中的講述，而形構成一種日常生活中的食物道德禁忌，同時合理化塑造女性的角色或身體成為創造生命、帶來陸稻幫人類解決飢荒，及主要的稻作生產者；男性則是貧窮、懶惰一無所有，是飢荒及麻煩的製造者，並且帶來了死亡，是一種負面的角色（劉璧榛，

2007）；噶瑪蘭族利用不斷重複舉行宗教神話儀式所傳達的禁忌、角色分工，讓族人遵奉及延續女神在神話中的示範行為或交代，這樣才能擁有健康的身體與好運，及女性保有母系社會權力的性別角色。

社會變遷中的知識與環境有著非常大的改變，現在有愈來愈多的女性獲取高學歷，而走出家庭進入職場工作。就飲食工作方面，在傳統社會中廚師的地位是極低的，調查發現在中國大陸山西地區的老人們把廚子、樂戶及茶房（接待客人的行業）認為是最低下的三種服務業，總稱之為「老三行」或「老三門」，屬於「底邊階級」；廚師有男有女，在現代臺灣的辦桌機制中，主持人即總鋪師主要是男性，但底下的「掌鑽」、「掌鼎」、「洗菜」師傅等則以女性為多，在宋代人的記述中廚娘最為下色，她們的地位類同奴婢，男廚應相似（喬健，2009）。在第二次世界大戰後，經濟快速起飛，女性被鼓勵增加勞動參與，使婦女在勞動市場的過程中面臨「工作」、「家庭」孰輕孰重的兩難，對婦女來說，家庭的瑣事與育兒問題都會干擾到上班的工作情緒與效率，而職場上未完成的工作或承受的壓力與焦慮會帶回家庭，也會影響到家庭生活的品質和夫妻間的婚姻滿意度，這種工作／家庭相互干擾的情況，已普遍存在於雙薪家庭中的男女雙方（Barnett, 1994），而母親擔負起照顧孩子的大部分責任，從計畫、組織、安排、督導到完成，如果男人對家事投入的越少，他會對婚姻越感到滿意（王仁志，2006）；社會變遷的影響，噶瑪蘭族在勞動力換取貨幣薪資的資本主義邏輯中，女性控制生產與消費稻米的影響力已漸漸降低，女人的巫師宗教儀式與稻米分配權力開始被邊緣化、萎縮，女人雖然在米食相關的食物生產中的優勢地位減弱，不過在今日傳統文化及傳統知識場域較占優勢，在 1990 年代之後的正名運動中，女性主導的 kisaiz/pakelabi 稻米分享消費相關儀式被劇場化，女人扮演對外文化展演發聲的角色，有一種文化詮釋權，舊的米食文化範疇仍然繼續存在個人生命儀式中，如祖先靈魂信仰中，如 palilin 儀式的舉行，或以想法、傳統知識型態出現在社會各種活動、各個層面的機制中，或轉換成日常生活的消費飲食面向，而有多元的面貌（劉璧榛，2007）。

我們可以瞭解人類在食物的生產、分配、交換與消費等的行為所形成的性別與權力關係，仍然影響著現代人的婚姻關係，雙薪家庭的家事分工上，妻子仍然負擔較多的家事，即使妻子的薪水高過先生的家庭，有關家庭家事分工是個複雜，卻是相當重要的課題，家事分工會影響夫婦關係。通常男人對家事投入的越少，會對婚姻越感到越滿意（王仁志，2006）；在中國大陸傳統農村裡「男主外、女主內」及「重男輕女」的觀念在 1949 年之後已逐漸有所改變，到了人民公社時（1958-1978），由於婦女直接參與農業勞動，並賺取工分，她們的地位也相對提高，她們經濟地位的提高，便具有更大的自主性，改革開放的十多年來，農村副業的發展，使得農村的兩性關性與家庭分工有進一步的改變，家庭主婦負責農村工作，她們的工作直接影響到家庭的生計，因此婦女經常需做許多決定，便培養出獨立精神和自主能力（黃樹民，2009）；而美國飲食文化研究學者 Kittler 和 Sucher 認為在比較不重視女性的社會，生活的品質高於一切；比較傾向女權的國家裡，眾人比較工作導向且物質化，如丹麥、荷蘭、挪威和瑞典，只見大家努力工作，使得整個社會受惠（全中好譯，2005）。畢竟時代不同了，無論是西方或是東方的家庭性別分工角色都已經在轉變了，顯然如果男性願意幫忙分擔家事的話，家庭一定會更幸福、更溫馨。

參、飲食與婚姻習俗

　　我們知道食物對人類是非常重要的生活必需品，而人類的傳宗接代也是非常重要的任務，所以婚姻與食物連結便成為很有意義且值得深思的議題，Moore（1988）認為性別在食物生產為中心的活動中的重要性，就如同性別在使人類社會、歷史、意識型態、經濟體系及政治結構能夠結構化一樣重要；Schlegel（1977）觀察到人類社會把食物的生產、分配到消費，當成是最主要的生計與經濟系統，在這種食物資源的重要場域內，男人、女人運用權力和權威，建構男女的社會地位與性別階層化議題；劉璧榛（2007）以稻米、野鹿與公雞為題研究母系社會的噶瑪蘭人，發現其祖先把飢荒、稻作生產、女

神女性及死亡、巫師治病等儀式連結起來，賦予特殊的意義，而建構母系權力關係。人類生活環境與互動的差異，便造成每一個族群社會都有其特殊的性別關係與婚姻習俗，也就建構了不同社會族群的飲食文化與婚姻習俗。

中國傳統上重視子孫繁衍的思維，飲食便在婚姻習俗扮演著許多祝福新婚夫妻多子多孫的禮儀角色，張珣（2007）認為生育原是夫婦雙方共同的社會責任，我們可以看到婦女所承受的壓力遠大於丈夫，媳婦在家族中的地位完全取決於能否生育後代，為了加強懷孕機會與生產順利，所有的補身或是醫療方式也就落在婦女身上，無論是臺灣地區，或是中國大陸都呈現相當一致的觀念與做法。臺灣婚嫁時女方會帶著一株石榴樹和蓮蕉花，石榴多子，蓮蕉花是早生貴子的意思，還有帶路雞（娶親雞），結婚時隨著新娘攜到夫家，代表新娘婚後能像雞一樣生小雞的多子多孫，這是古老典型的農業社會百姓的共同願望，有些地方在新婚當天，新郎新娘共同食用由紅棗、花生、桂圓、蓮子等物做成的甜湯，象徵「早生貴子」，這些習俗傳達結婚是要繁衍後代，女方負有替男方生男孩的責任，歸寧時，新郎要帶禮品，有椪餅、椪柑，象徵新娘肚皮會懷孕。

臺灣原住民阿美族的婚禮形式上採用漢人發喜帖、喜餅、宴客、包紅包等習俗，也融合基督教或天主教的婚禮儀式，但是，殺豬、分肉、婚宴後的舞會、巴哥浪、三天的婚禮期間，新郎家門口隨時隨地都有親戚聚集等等，顯現了阿美社會中的文化特質（原住民數位博物館，2017），原住民各族訂婚時，男方聘禮都有食物如：

一、 阿美族為一牛車的柴薪、豬肉、牛肉、米酒等。

二、 泰雅族為珠裙、紗布、青布、黑布、米酒、豬肉、首飾等，或聘金。

三、 排灣族有鍋、斧、鐮、鍬、鋤、牛等，或珠串首飾、頭帕等，或聘金。

四、 布農族為牛、豬、酒、鍋、刀、鋤、毛氈、麻布等，或聘金。

五、 魯凱族有鐵鍋、佩刀、檳榔、小米糕、小米酒及豬隻等。

六、 賽夏族為珠裙，或布疋、蕃刀，或米糕及酒等。

七、 邵族為酒、豬腿、米糕等。

　　林淑蓉（2007）認為討妻者以「食物禮物」來交換給妻者的女人，亦即以食物來交換女人的性與生育力，這些做為交換的食物禮物隱含了非常明確的男女性別意象，以食物來表達性與生育力等文化意涵的效力；在婚姻交換的脈絡中，男女雙方房族，歷經從訂親、接親、生育、到死亡等生命儀禮過程，分別以討妻者（男方）或給妻者（女方）的身分贈送與收受代表不同的文化意涵的食物禮物。在新幾內亞東南角落的 Wamira 族使用了豬隻來類比女人的生產力與珍貴性，豬隻可以代替女人成為男人的財產與社會關係的衍生，兩群男人可以互相交換豬隻與女人，只有在固定的群體之間，可以互相交換女人與豬隻（張珣，2007）；蘭嶼達悟族的文化規定是男人出海捕魚，女人在水田種芋，說明男人的活動空間是村落外乃至外海，女人的活動空間是村落內或鄰近的山田，在社會活動上，男主外，女主內，男參與聚落事物，女主持家內事物，可以得出一連串的二元象徵對應關係，男：女，魚：芋，外：內，海：村等等（陳玉美，1995）。

　　在母權社會以女性主體的社會建構過程，把未婚男性主體的建構過程，跟其打獵的「生產」活動所帶回來的食物／產品息息相關，特別是其手中的獵物－野鹿，已婚男性的象徵已不是在林中自由奔跑的美麗動物，而是家裡被馴化仍雄赳赳的公雞，在母系社會將野鹿比擬為未婚男子，是未馴化的動物，而公雞是已婚男子，是家居的家禽，男人在親屬組織中是必須婚入妻家的，由妻子加以馴化（劉璧榛，2007）；在澳洲的土著民族 Wik-mungkan 生活中有許多食物禁忌，在採集蛋、貝類、山芋、蜂蜜等食物時，因為它們個別象徵了男女性器官或性行為，而限制了可以食用這些食物的人，如蛋象徵男人睪丸，特別在食用鵝蛋與龜蛋時有嚴格禁忌，男人不可隨便拿蛋給女人吃，小男孩也不可以任意拿蛋給父母吃，女人之間則無所謂，食用貝類帶有性交暗示，只能讓女人採集貝類，多數是女人在食用貝類（Mcknight, 1973）。

人類的父權社會運用豬隻、神話、儀式掌控權利與女性，母系社會則利用稻米、鹿的神話與儀式掌控社會權利。在田野訪問中，我們可發現生活的文化習俗與傳說，有許多「社會潛意識」仍默默的對我們兩性生活世界產生重要的意義（張維安，1994）；人類藉由食物建構性別關係，從日常生活實踐、神話建構、禁忌規範及行動展現影響力，族群運用飲食文化透過傳遞、演化、實踐，而建構了豐富又複雜的性別關係，就誠如 Moore（1993）所言，性別的建構不僅在處理文化如何形塑性別差異，更涉及個人如何學習、建構本身的性別認同，並實踐在日常生活性別範疇。因此，無論是父權社會還是母權社會，其性別建構都是落實在日常生活的性別分工、共食習性，及食物生產、消費與交換等活動中，藉此區隔男人與女人的差異，而建構個人性別意象與性別認同；我們可以瞭解到性別的社會關係與行動空間可以對應到食物的種植與食用，小孩從小便在飲食分工中學習到社會性別認同中所應該表現的角色與行為，食物可說在人類社會的性別議題上扮演著非常重要的角色。

第二節　食物屬性與性別

　　人類社會從日常飲食的生產、食用、交換中建構性別角色與行為，而就飲食方面中醫認為男女生理上有差異，飲食上便需要有差別。中醫主張飲食有冷／熱、生／熟、海／陸、乾／濕、男／女、水煮／油炸等等分類（張珣，2007）；中國醫療理念將食物分為熱性、冷性、平性等三類，而人的體質也分為寒涼性、燥熱性、不寒不燥等三種體質，身體內部寒氣較重的人，要選擇食用溫熱性質的食物，溫熱性質的食物吃後身體會發熱，使機能興奮、活力增加、血脈暢通，能改善衰弱的身體狀況及萎縮的機能；身體內部燥熱的人，生命力旺盛，血液充足，應該適當食用屬於寒性的食物降溫、去火，如果再大量地吃溫熱性質的食物，便會有燥熱上火現象（馬悅凌，

2009）。中國人講究陰陽調和，避免過偏陰或陽，所謂陰性食物通常指的是生的、溫和的、必須低溫烹調、白色或淡綠色的食物；陽性食物大都是屬於高卡路里的食材，須高溫烹調，口味較重，紅色、橘色或黃色的產品，中東國家、部分拉丁美洲國家、菲律賓、印度等也將食物做熱食和冷食的分類，這種熱飲冷食概念是源自於古希臘的人體醫學（全中好譯，2005）；傳統中醫及民俗醫療都頗為重視食療，並有「醫食同源」的觀念，認為食物都是藥物，注意飲食便能防止疾病侵入，也稱為「食養」，食物一方面可以預防疾病如「採補」，吸取外在的營養資源來補虛養命與治病護身，民間生活中常燉煮中藥湯來調氣血養身，另外針對疾病也透過食物醫治，像是針對健脾胃、潤肺益肝、補血益氣、補腎壯陽等（李瑞娥、陳順勝、陸銘澤，2014）。

　　中醫是一套醫療方式，它涉及中國社會人民歷經千年生活經驗，累積的處理身體、社會與人際關係的成套方法、人生觀與哲學觀，有「上工治未病，不治已病」觀念，中醫注重養生，包括平日的預防勝於治療，以及病後的保養，也就是鼓勵一般人養成一套健康的生活方式（鄭惠珠，2008），因此，在中國飲食文化中，認為身體是冷底的人便不適合吃生冷食物，並有「冬令進補」、「補冬」等中醫食療保健的觀念，漢人的飲食文化在中醫養生觀念的影響下，日常飲食便具有預防疾病與保健的觀念。

壹、中醫養生飲食與性別

　　在中醫養生保健主導下的漢人飲食原則，就是飲食要注意冷熱平衡，及身體體質與飲食的冷熱平衡，同時主張性別在體質上先天就有差異，女性身體體質偏向寒性，且女性每個月的月經會流失血液，漢人的婦女大多會注意食物冷熱屬性及食補的觀念。

　　Geertz 認為人類與其他動物的不同是人類生物性身體有待後天文化來完成，人類生物性身體與文化身體是互相滲透影響的，女人身體屬陰性，食物不能攝取太冷，尤其是每個月的排經，更讓婦女自覺陰虛，而盡可能地補

血，漢人婦女從小被教育要注重血液對身體的重要性，與之相對地是男子勿輕易排精，注重保存精氣以養生（張珣，2002）。產婦做月子的食譜中常用當歸、川芎、紅棗、黃耆及桂枝等中藥材搭配主食的雞或魚來燉煮補身體（李瑞娥、陳順勝、陸銘澤，2014），多數婦女認為月經期間若是講究的話，可以吃生化湯，幫助排除經血，經期前後，吃四物湯幫助生血補血，不吃中藥的話，則是多吃紅菜（紅鳳菜）、紅豆湯，或是豬肉、雞肉等營養的食物，還要吃熱性的食物，幫助壞血排出體外，如豬肉炒老薑加麻油、加麵線，或是麻油雞、當歸鴨等等（張珣，2007）；臺灣幾乎所有婦女，無論其所屬經濟階層或是年齡層，都強調經期或是產前、產後等生育期間需要中藥，尤其是四物湯等的補身以及調經（Furth, 1999），月經結束後，薑、麻油經常是女性使用的食材，將冷性的蔬菜用薑、麻油熱炒，以補充較偏寒的身體，當歸可在月經不順及血虛體弱時和肉類燉煮當作食療。

而墨西哥人傳統上將疾病分成寒性和熱性兩種，治療方法就是吃一些相反物的食物，例如女人的月事或生產被視為熱性，在此期間不可吃豬肉等熱性食物，或極寒的食物如黃瓜、番茄、西瓜等，以免引起身體的失調（全中好譯，2005）；美洲印地安 Yurok 族（位於美國加州西北部）的婦女認為在月經期間需要單獨居住，這段時間她的力量達到最高峰，要獨處以便冥想，面對自我生命的意義，讓自己心靈的力量集中，而不要浪費時間於家庭或是世俗事物，婦女在月經小屋內，或是家屋內的一個小房間，自己吃住，與家人隔離，丈夫要自己煮食，善用這段時間工作，累積財富（Buckley, 1988）。

同時，民間中醫對於「坐月子」認為產婦在生產過程中因創傷、出血及身體變化，消耗母體的「元氣」，其體質虛寒，飲食上宜清淡，避免油膩、忌食生冷食物，其他常見的習俗有（徐成金，2012）：

一、 忌喝水：認為水是寒性食物，水分多的食物易致內臟、乳房下垂、水腫、皮膚鬆弛，且因懷孕而變大的腹圍會難以消除。

二、 **生化湯**：作用為促進子宮收縮、幫助惡露排出、加速子宮平滑肌代謝、鎮痛、消炎等，不需服用西藥子宮收縮劑後，再和醫師討論服用時機，若惡露變淡就宜停用，否則反而會造成惡露過多。

三、 **食補**：麻油雞中的麻油含有脂肪酸可幫助子宮收縮，其實雞肉是蛋白質的良好來源，而腰子、豬肝、鱔魚等為高蛋白質，配合四物、四君子等燉煮，具有補血、補氣的功效，另豬腳燉花生可增加熱量，增加乳汁的分泌，但仍須注意飲食均衡，否則易造成熱量過剩、營養不均衡。

四、 **避免食用產氣食物**：剖腹產者在產後數天易有脹氣情形，可能會使傷口疼痛，故避免食用產氣食物，如豆類、洋蔥、蕃薯、蘋果、香蕉等，補充足夠的維生素 C 則有利於傷口的癒合。

　　印度飲食文化中通常是不太鼓勵孕婦吃太寒或太熱的食品，萊姆汁加入蜂蜜可預防生產時大量出血，孕婦對抗噁心嘔吐的方法是喝些加了葫蘆巴籽的發酸牛奶，而精製奶油可以使孕婦身體柔軟有利生產（全中妤譯，2005）；臺灣人在生育小孩後，婦女必須坐月子，充分補充養分、忌諱勞動；當小孩滿 1 個月後，外祖父母會準備禮物送給外孫，俗稱為「做滿月」。在客家人的禮俗中，如果生兒子，親友在 12 天後可能送雞來給產婦進補，但如果是生女兒，則可能沒有這個禮數；若生了兒子，在滿月時，夫家將會宴請親友慶祝，而生女兒則沒有滿月之喜，女性的重點在於為社會造就人才，為父權社會生育子嗣而已（張維安，1994）。

　　翁玲玲（1994）在澎湖紅羅村研究，發現澎湖人做月子不食用雞肉來補身，而是食用新鮮、好吃又方便的魚，特別是石斑和鯽魚，可以補血、補奶；鄭琇惠（2005）訪問臺灣南部哺乳婦女，哺乳期間都會強調食用營養並能增加奶水的食物，但是更多哺乳婦女注重的是什麼不能吃，以免影響母體與奶水，有一位都會職業婦女哺乳期間每天準備黃耆、枸杞湯長達 8 個月，

以補充母親本身體力。母親可攝取適量的豆、魚、肉、蛋及蔬果，並多喝水分、湯汁或新鮮果汁等液體，以利生成足夠的乳汁，放鬆心情多休息，依寶寶需求多多哺乳，是促進乳汁分泌的重要原則，雖然哺乳期約為 1 年左右，但乳汁實際能提供的營養大約只有 6 個月的時期，母體乳汁中的鐵質及其他營養素會有不足的情況，需由其他副食品來補足（徐成金，2012）；而草藥與野生植物知識在臺灣阿美族醫療體系中，是相當重要的部分，許多植物在日常飲食中食用，同時針對其特性或是不同部位而做為藥用，例如咸豐草、藤心等可以去燥熱，而生產完的婦女吃藤心身體會太涼，會沒有足夠奶水哺乳（簡美玲，1994）。

張珣（2007）認為在漢人可用食物中，被文化渲染上性別意涵的食物，例如虎鞭、鹿鞭、海馬等具有增強男人雄性威力，而帶有女性意涵的食物，多數目的不是在增強婦女性能力，而是增強婦女的受孕能力。中國人把飲食與性能力連在一起，有助於男性雄風的食物分為兩類，一類是吃什麼補什麼的具體象徵，如鹿鞭、虎鞭，另一類是難以歸類兼跨兩界的東西，如海馬、蛤蚧、人參，都是增強能力之物，而這些食品都是介乎食物與藥品之間的東西（李亦園，1989）；在美國，有些食物是依性別區分的，例如牛排是一種男性的食物，而沙拉卻屬於女性，男人多喝啤酒，女人卻喜白酒（全中好譯，2005）；在漢人飲食文化中，四物湯是以當歸、白芍、熟地黃、川芎熬成的湯，有補血、行血、活血的成分，日常飲食中的四物湯與當歸湯男女都可以食用，可以料理成四物燉雞湯、四物燉排骨湯等等，然而報章雜誌、廣播電台、電視廣告的四物丸、四物湯都以婦女觀眾為對象，一般人也都認為四物湯、當歸湯是女人的食物；人類的社會一直都在建構飲食與性別的關聯性與差異性。

就性別與健康來說，根據臺灣營養健康調查（2009）2005～2008 年國人的營養健康顯示：

一、 國人三酸甘油酯過高之盛行率，19～44歲青壯年時期與45～64歲中年時期，女性的血脂狀況均優於男性，到65歲以上之老年時期，男性血脂狀況優於女性。

二、 三酸甘油酯盛行率不管在男女性，皆比1993～1996年「國民營養健康狀況變遷調查」高。

三、 總膽固醇過高之盛行率，在19～44歲青壯年時期與45～64歲中年時期，女性的血脂異常狀況均低於男性，到65歲以上之老年時期，男性則低於女性。

四、 男性高總膽固醇盛行率在2005～2008年調查高於1993～1996年調查，但女性族群較1993～1996年調查的盛行率來得低，顯示血脂異常狀況於過去10年間女性有較大的改善。

五、 在各年齡層中，男性痛風盛行率均高於女性。

六、 男性代謝症候群之盛行率由19～30歲的8.2%，至65歲以上年齡層之44.5%，女性19～30歲之代謝症候群盛行率較低，至65歲以上年齡層，有57.3%之女性罹患代謝症候群，女性上升速度尤勝於男性。

七、 中壯年男性（31～44歲）高血壓盛行約11.4%。但65歲以上高血壓盛行率上升到55.9%，各年齡層的男性高血壓盛行率都高於同年齡的女性。

八、 各年齡層的男性過重比例皆高於女性，女性過重的比例雖有降低，但值得注意的是輕度肥胖的比例卻提高了。

　　根據潘文涵（2000）的調查報告，總哺乳時間超過1年的白種美國婦女比從未哺乳的白種美國婦女日後肥胖的風險減少至0.68；英國哺乳婦女肥胖機會減少，而日後罹患代謝症候群的風險會降低。哺乳可以減少婦女得心臟血管疾病的風險，但是根據陳麗美等人（1997）的調查，臺灣地區1996年產後1個月純粹母乳哺育率僅5.0%，配方奶及母乳混合哺餵者亦僅35.9%，政府相關單位的推展後，2011年滿月時哺乳率為87.5%（純母乳

哺育率 61.8%），6 個月大時哺乳率則降至為 50.4%（純母乳率 24.2%），同時，根據 2012 年於世界衛生組織第七屆愛嬰醫院倡議協調員會議內容，臺灣在 6 個月大時的純母乳哺育率於太平洋東亞國家中，遜於日本及南韓（兩者皆超過 50%），高過澳洲及紐西蘭的 15% 及美國的 13%。還有根據張玨等人（1995）的研究，臺灣婦女平均自然停經年齡為 49.3±3.8 歲，顯示婦女有三分之一的人生是在停經之後度過。而更年期婦女因荷爾蒙改變、中年期發展或家庭結構等面臨各方面的轉變，停經婦女的雌激素會降低及老化，加上新陳代謝率下降，易造成體重增加，同時身體脂肪組織分布會改變，腹部肥胖成為健康隱憂，若是一直維持年輕時的飲食習慣，更年期後便很容易體重上升，而提高罹患代謝症候群、高血壓、糖尿病與高血脂等心血管疾病的風險。

同時，婦女體重增加與某些癌症的發生率亦有顯著相關，如：乳癌、大腸直腸癌，女性在更年期前後常有腰酸背痛、四肢關節及腳跟酸痛等問題，停經肥胖婦女發生踝足骨折和大腿骨折的風險高於非肥胖婦女，在更年期骨量流失明顯加速，容易導致骨質疏鬆（潘文涵，2000）；我們從國民營養健康狀況變遷調查結果可以瞭解到性別與健康狀況確實是有差異的，男性的高血壓、體重、三酸甘油酯、血糖、痛風都比女性高，但是女性在更年期後則代謝症候群逐漸高於男性，且容易罹患骨質疏鬆症，因此，自古以來，中醫有關性別在飲食的差異或是禁忌，顯然是很合乎性別在健康調查上的狀況。我們從性別角度探討人類飲食文化發展，可瞭解食物在人類日常生活中承載著社會生活文化意義，及為了繁衍子孫的飲食保健與任務，中醫認為婦女應注意食材的冷熱性質以進行日常生活的食補，並且把中藥草燉煮的湯當作藥膳食用，這樣才能使婦女擁有健康的身體。

貳、食物的屬性分類

人類在科技不發達、靠天吃飯的年代，日常所食用的食材都是當地、當季所生產的食物，要不然就是自行加工保存食物；每個地區因為氣候和

地理不同便有適合種植的蔬果與食材，熱帶地區多盛產西瓜等寒性水果，而寒冷地區多盛產馬鈴薯、大豆等性平食物，當地生產的食物便適合當地人身體所需要的營養。在熱帶的臺灣，有適合冬天種植的蔬菜與水果，有適合夏天種植的蔬菜與水果，以因應人類在不同季節食用不同質性的食物，然而現代交通發達，加上運用科技的溫室栽培，市面上所供應的食物已經沒有季節分別。

我們如果不熟悉各類食物的溫熱、寒涼屬性，在天冷時大量食用寒性的水果、蔬菜和飲料，就是不斷地給身體及體內各臟器降溫，而使人們整體的身體素質下降，不斷產生疾病並提前衰老（馬悅凌，2009）。墨西哥人認為屬於熱性的食物，有酒類、香味飲料、牛肉、豬肉、辣椒、玉米外莢、油脂、洋蔥、紅皮蘿蔔和玉米粄等；寒性食物有柑橘類水果、熱帶水果、乳製品、大部分的新鮮蔬菜和山羊肉等（全中好譯，2005）；在中國的許多食物可能是藥，也可以是食物，例如山藥、百合或銀杏，曾經是藥，現在經常在一般人家或是餐廳菜餚中出現，前幾年孫安迪醫生提倡的補氣湯，像當歸、黃耆、紅棗、枸杞，幾乎成為一般人經常使用的飲品（張珣，2007）。傳統中醫認為食物有五味，分成酸、苦、甘、辛、鹹五類，平日就應均衡吃進各種味性的食物，才能讓身體得到滿足，五味調和是以中醫的陰陽學說、食物的四氣五味學說、辨證論治等為理論導向，這五種類型的食物，可以延展到人體機能，味道不同，在人體中也會起不同的作用（常春月刊，2013），有關食物的五味分類有（馬悅凌，2009）：

一、穀物類飲食

（一） **性平**：大米、玉米、青稞、米糠、番薯（山芋、紅薯）、芝麻、黃豆、白豆、豌豆、扁豆、蠶豆、紅豆、黑大豆、燕麥。

（二） **性溫**：糯米、黑米、西谷米（西米）、高粱。

（三） **性涼**：粟米（小米）、小麥、大麥、蕎麥、薏苡仁、綠豆。

二、肉類飲食

(一) **食性平**：豬肉、豬心、豬腎、豬肝、雞蛋、鵝肉、驢肉、野豬肉、鴿肉、蛇肉、蝗蟲（螞蚱）、阿膠（驢皮膠）、牛奶（微涼）、酸牛奶、人奶、甲魚（微涼）、龜肉（微溫）、干貝、泥鰍、鰻魚、鯽魚、青魚、黃魚、烏賊、魚翅、鱸魚、銀魚、鰣魚、鯉魚、鯧魚、鮭魚、鯊魚、剝皮魚、海參。

(二) **性溫**：黃牛肉、牛肚、牛髓、狗肉、貓肉、羊肉、羊肚、羊骨、羊髓、雞肉（微溫）、烏骨雞、麻雀、野雞肉、鹿肉、蠶蛹、羊奶、海馬、海龍、蝦、蚶子（毛蚶）、淡菜、鰱魚、白帶魚、鯿魚、鯰魚、刀魚、草魚、鰷魚（白條魚）、鱒魚、鱔魚（黃鱔）、大頭鰱。

(三) **性涼**：水牛肉、鴨肉、兔肉、馬奶、蛙肉（田雞）、鮑魚（性寒）、鴨蛋（微寒）、馬肉、螃蟹、海螃蟹、蛤蜊（沙蛤、海蛤、文蛤）、牡蠣肉、蝸牛、田螺（大寒）、螺螄、蚌肉、蜆肉（河蜆）、烏魚、章魚。

三、水果類飲食

(一) **性平**：李子、鳳梨（菠蘿）、葡萄、橄欖、葵花子、南瓜子、芡實（雞頭果）、蓮子、椰子汁、柏子仁、花生、白果、榛子、山楂、板栗。

(二) **性溫**：桃子、杏子、大棗、荔枝、桂圓肉、佛手柑、檸檬（微溫）、金橘、楊梅、石榴、木瓜、檳榔、松子仁、核桃仁、櫻桃。

(三) **性涼**：蘋果（微涼）、梨、橘子、橙子、草莓（微涼）、芒果、枇杷、羅漢果、菱、蓮子芯、百合。

(四) **性寒**：柿子、柿餅、柚子、香蕉、桑葚、楊桃（洋桃）、無花果、奇異果（獼猴桃）、甘蔗、西瓜、甜瓜（香瓜）。

四、菜類飲食

（一） **性平**：山藥、蘿蔔（微涼）、胡蘿蔔、高麗菜、茼蒿（微涼）、大頭菜、青菜、母雞頭、豆豉、豇豆、馬鈴薯（土豆）、芋頭、洋生薑、海蜇、黑木耳（微涼）、香菇、平菇、猴頭菇。

（二） **性溫**：蔥、大蒜、韭菜、芫荽（香菜）、雪菜、洋蔥、香椿頭、南瓜。

（三） **性熱**：辣椒。

（四） **性涼**：番茄（西紅柿，微涼）、西洋芹、水芹菜、茄子、油菜、甘藍、茭白、莧菜、菠菜、金針菜（黃花菜）、萵苣（萵筍）、花菜、豆腐（豆腐皮、豆腐乾、豆腐乳）、麵筋、藕、冬瓜、地瓜、絲瓜、黃瓜、蘑菇、金針菇。

（五） **性寒**：慈菇（微寒）、馬齒莧、空心菜（蕹菜）、木耳菜（西洋菜）、龍鬚菜（髮菜）、竹筍（微寒）、瓠瓜、絲瓜、海帶、紫菜、海藻、草菇、苦瓜、荸薺。

五、其他飲食

（一） **性平**：白糖、冰糖（微涼）、豆漿、枸杞子（微溫）、靈芝、銀耳（微涼）、燕窩、玉米鬚、黃精、天麻、黨參、茯苓、甘草、酸棗仁、菜籽油、麻油、花生油、豆油、飴糖（麥芽糖、糖稀）。

（二） **性溫**：生薑、砂仁、花椒、紫蘇、小茴香、八角、茴香、酒、奶酪、紅茶、石鹼、咖啡、紅糖、桂花、冬蟲夏草、川芎、黃耆（性微溫）、太子參（微溫）、人參、當歸、肉蓯蓉、杜仲、白术、何首烏（微溫）。

（三） **性熱**：胡椒、肉桂。

（四） **性涼**：綠茶、蜂蜜、蜂王漿、啤酒、菊花、薄荷、澎大海、白芍、沙參、西洋參、決明子。

（五）　**性寒**：醬油、麵醬、鹽、金銀花、苦瓜茶、苦丁茶、茅草根、蘆根、白礬。

　　食物所含的四氣五味強調調和，只要適度運用，就可用以涵養心神，對疾病的預防與治療都有一定功效。《黃帝內經・素問》中強調：五味所入是酸入肝、辛入肺、苦入心、鹹入腎、甘入脾，是謂五入（常春月刊，2013），如果是太熱性的牛肉或鴨肉，可以用白蘿蔔配合水煮，減低其燥熱性，曬乾或是醃製的蔬菜也可以減低其寒涼性質，我們可以看到鄉下使用許多曬乾或醃製的蔬果，例如菜脯、豆脯、菜心（張珣，2007）。在中東地區的黎巴嫩人深信熱食冷食的習慣，將食物的味道、食用方法、親陽光性，而分為熱食和冷食二大類，攝取熱食後需經過一段時間的調適才能再攝取冷食；中國人飲食的陰陽調和要依據外在氣溫的改變，及個人生理上的條件，例如年紀和性別做調整（全中好譯，2005）；根據「臺灣地區老人營養健康狀況調查1999-2000」，發現幾乎每位老年人都有數項飲食禁忌，其中以與傳統或與食物口感質地有關的飲食禁忌，如：寒性、燥熱性、冰冷、粗糙的食物等最普遍，其次是高脂肪、高膽固醇飲食禁忌，對於醃漬發酵物及高澱粉、高糖食物則較少禁忌（陳玉桂，2014）。

　　現代人如果要擁有健康的飲食習慣與飲食方法，可依據大自然的變化及個人的生理狀況，而選擇適當屬性的食材與烹飪方式：

一、　依照時令、季節挑選食材，夏天減少食用溫熱性食物，冬天多食用溫熱性飲食，如薑母鴨、羊肉爐、沙茶牛肉、火鍋，這些食物就不適宜在夏季食用。

二、　寒性體質的人要多食用溫熱性食物，熱性體質的人多食用寒涼性食物。

　　我們一年四季都可食用性平食物和性溫食物，寒性食物可加辣椒、花椒、生薑等性熱食材料理後食用，烹煮寒涼性食物時可使用酒、醋、香辛料來調味，使用酒、辣椒、蔥、薑、九層塔等炒性寒的蟹、蛤蜊，既去腥、好吃，又能符合燥寒均衡原則，生活上經常用蒜頭炒空心菜、冬瓜湯放薑絲、

蛤蠣湯放薑絲、泡菜加辣椒、豆漿配燒餅油條、冬瓜茶加紅糖等都是很典型的冷熱調和飲食文化。

　　我們從人類性別角度探討食物與飲食文化的關係，可以瞭解食物在人類社會關係發展的複雜性，從食物的獲取、食物的消費，及飲食活動的儀式，而建構了人類性別角色認同與行為，從中建構了父權社會與母權社會，然後食物便被性別化了，而中國飲食文化以「男女有別，陰陽有差」等觀念，發展出人體有燥寒之分，食物有冷熱屬性的食療與保健的養生觀念，我們從性別與飲食文化的關係中，讓我們釐清食物在人類社會文化中所具有的人際互動意義與關係。

1. 請問食物的烹調工作有哪些性別分工？另外飲食在婚姻習俗上有哪些關係？

2. 請問人類社會傳統上認為性別在飲食上有哪些區別？根據臺灣營養健康調查發現國人在性別上有哪些營養健康的差異？

3. 請問哺乳期的婦女應注意哪些飲食？

4. 請簡述食物可分為哪些屬性？我們要如何依據保健身體？

Chapter

9

生機飲食與保健食品

臺灣飲食文化不斷隨著社會變遷改變，這幾年來飲食業者漸漸引入健康養生飲食觀念，餐食業將飲食加入一些養生食材，配合特殊的烹調方式料理成「養生餐飲」，同時有些人因為個人健康問題，以天然有機的食材改善體質而獲得理想的成效，有機養生飲食因而成為臺灣飲食文化的一股潮流，民眾在品嘗美食之餘，亦關注健康與保健的概念；另外，由於生技科技進步、國民保健觀念提升、高齡社會來臨，使得臺灣的保健食品由奢侈品轉變成民眾日常生活上的食品，因此，生機飲食和保健食品是生活在高壓力下的現代人非常關注的飲食議題。

第一節　有機食物與生機飲食

現代人在經濟改善、物質富裕、享受美食的生活下，而形成了肥胖、心臟病、高血壓、癌症等「文明病」，這是現代人在享受美食之餘的夢魘，然後人們便開始注重健康、天然、不含人工添加物的飲食方式，追求低鹽、低脂、高纖及簡單烹調方式的養生飲食，認為養生飲食有預防各種慢性疾病、抗癌的效果。

生機飲食是一種飲食型態，即少吃人工程序干擾的食品，多吃沒經過動作及新鮮的動植物；人工干擾是指農藥、化學肥料、化學添加物、各種防腐添加物及經去殼、研磨、去糠等動作而成的食物，如糙米變白米，全麥麵粉變白麵粉及不當的烹調方式等（林慧麗，2006）；生機飲食具有較多利於人體的膳食纖維、抗氧化物質、不飽和油脂、維生素及礦物質，有助於維持腸胃道的正常功能及預防現代人的文明病，而生食的主要目的，在於增加營養素的吸收，清除體內毒素進而達治病的效果（郭素娥，2005）；《廚扉有愛》一書中，介紹生機飲食先鋒李秋涼女士因為罹患癌症，30 年來以生機飲食的生食調養，而過得健康有活力，並到處宣揚生機飲食的調配原則、原理與益處，同時推廣生食有機食物（李秋涼等，2016）。基本上，「生機飲食」強

調食用有機食物，多吃未經烹煮的新鮮食物，人們在癌症、糖尿病、心血管疾病的威脅下，很多人選擇食用有機食品，希望能活得更健康、更長壽，期盼有機食品能夠有抗癌、減肥、減輕疲勞等等功效。

壹、有機食物

我們一般所食用的蔬果在種植時會噴灑農藥以減少病蟲害，並添加化學肥料促進生長而收穫豐富，以便提供消費者更高品質的食材。但是化學肥料所含氮素，若是沒洗乾淨，則氮素進入胃部，在胃酸的作用下，會轉化成有害的致癌物，累積過量時，則罹患癌症的機會增加（王明勇，2009）；而農藥大多含有有機磷的殺蟲劑，容易引起神經系統障礙，且不易治療，如果農作物供應商未能遵守農藥噴灑規範，到了安全期才採收，而人們烹調前又未能清洗乾淨，將會有食物安全的問題（郭素娥，2017）；有機食物是零污染的食物，凡是不經過化學肥料、農藥、除草劑等污染的食物，且肥料必須是用自然堆肥的有機肥料，而任何會影響土壤的添加物皆不可使用，像自然農耕栽培出來的有機蔬菜，野生放山雞，以蟲為食，還有有機水果、水果乾及有機麵條（林慧麗，2006）；基本上，有機食物的開發就是避免食物中殘留的化學肥料與農藥對人體造成危險，有機食品在種植、飼養及加工過程未使用人造化學添加物。

美國農業部在 2000 年 12 月 20 日制定有機食物國家標準，若要達到「百分之百有機食品」的標準，必須符合下列條件（邱文寶譯，2008）：

一、 未經輻射處理的食品。

二、 非基因改造食品。

三、 無人工殺蟲劑。

四、 無化學肥料。

五、 無化學除草劑。

六、 無生長激素。

七、 無污泥。

關於有機的規範並不僅限於農作物，任何植物在栽種過程中能符合有機標準所製作的東西就是有機的食物、商品，包括糖、咖啡、化妝品、衛生棉、洗髮精等等。有機食品的必備條件（王明勇，2009）：

一、 農作種植的水源、土壤與原料、肥料必須符合有機農業標準。

二、 生產、收成及加工過程不得使用殺蟲劑、合成（化學）肥料、農藥、化學添加物。

三、 土壤必須休耕 3 年。

四、 食材不得經過任何基因工程改造。

五、 必須通過政府機構的管制與認證。

六、 有機飼養肉品飼料必須符合有機規範的天然飼料。

七、 動物一定要在適合其生存的自然戶外環境放養。

八、 動物禁止使用抗生素、賀爾蒙或生長激素。

九、 人道對待飼養的動物。

有機食物最大的好處在於「無污染」，生長環境的水、土壤等都必須經過相當嚴格的認證程序，確定是在一種必備條件環境下培養出來的食物，才能冠上「有機」兩個字。根據研究調查，有機栽種的蔬菜比起一般栽種的蔬菜，所含營養結構比較完整且豐富，其中鎂、維他命 C 和鐵質至少會多出 40% 以上，一顆有機栽種的蘋果，所含的葉酸可能比一般蘋果多出 2 倍以上，再加上精緻農業使食物營養退化，50 年前一把菠菜含有 8,000 單位的維他命 A，現在只剩下 700 單位（王明勇，2009），很多方面都證明有機食品比慣行農法生產的食物健康，而且營養成分比較好（陳世雄，2007）：

一、 從營養的觀點來看，美國農業部的研究，目前慣行農法生產蔬果的維他命含量，僅及 1960 年代的一半，歐洲營養期刊及英國實驗結果，有機比非有機蔬菜湯含有高 6 倍的水楊酸，水楊酸為植物天然產生，它

可以抗植物逆境和疾病，有機食品不管是在維他命 C、礦物質含量、或在抗癌的有效成分上都較高。

二、 從食品風味來看，有機食品風味也比較好，除有較好的風味，有機食品因為特殊的維他命及黃酮類含量較高，特別是許多抗氧化物質例如多酚類、黃酮類，以及其他揮發性化合物，可以讓人們在品嘗有機食品時，有較好的風味。

三、 從食品安全的角度，有機驗證體系要求禽畜糞便要經過堆肥化，施用禽畜糞田地需經兩期作非食用作物的輪作，才能再繼續耕作有機作物，聯合國農糧組織報告，優良的有機農場管理可以降低大腸桿菌及微生物毒素對食品的感染，而經常食用加工肉製品的人，會多出 67 倍胰臟癌的風險，非有機食品常用的添加防腐劑硝酸鈉，就是提升癌症發生率的主要原因。

四、 減少化學物質的殘留，研究顯示慣行農法生產的食品，含有農藥及其他化學藥劑的殘留，而且都是好幾種人工合成的毒物，美國疾病管制中心發現，大部分美國人血液和尿液中含有多種毒性的化合物，大部分生物也都會有多種人造毒物的殘留。

五、 減少農藥的殘留，美國研究顯示，有機水果和蔬菜都比慣行農產品有顯著較低的農藥殘留，澳洲曾對 30,000 個經驗證的有機食物樣品，進行 14,000 項農藥殘留的試驗研究，研究結論顯示，有機產品完全沒有農藥殘留。

　　同時，英國研究證據最明確的是，一項以 2,800 個 2 歲以下幼童為對象的荷蘭研究發現，嚴格遵守有機飲食的幼兒，罹患濕疹的機率比較低（有機農業全球資訊網，2010），基本上，有機農業對人類的好處有：

一、 可避免吃下殘留農藥與化學肥料，及靠化學藥物飼養的禽畜食品，而能保有健康的身體。

二、 可避免化學肥料和農藥滲入地下污染水質，而傷害地球上一切有生命的物種。

三、 可以保護農民避免直接接觸農藥，以避免傷害農民的健康。

四、 可以維護土質，化學肥料能增加農作物的生長，但會侵蝕土壤及破壞自然界的食物鏈基礎。

五、 食用有機食材能促進身體健康及預防慢性疾病。

　　陳世雄（2007）認為大家應多買本土有機食品，特別是當地、當季農產品，有機農業強調食物「在地生產、在地消費」，只要每星期買一、二次有機食物，就會鼓勵更多農民投入有機生產，我們的水土和生態資源就會多一分保障，社會就更符合「健康、生態、公平、關懷」的原則；根據有機農業全球資訊網（2010）消息，大家都願意多花錢購買有機食品，相信有機的更健康，但是英國一項新的研究，並沒有發現有機食物更有營養，或是對健康更有好處的明確證據，如果出於健康的目的採用有機飲食，恐怕只是浪費錢而已，不過這項研究並沒有將「有機耕種」不使用殺蟲劑、化學肥料、抗生素或是賀爾蒙等，這些有害健康也會傷害環境的因素列入探討。有關有機食材的生產需要思考一些問題：

一、 種植環境本身確實沒有使用農藥、化肥，同時注意附近農田使用農藥及化學肥料的問題。

二、 有機肥料可能含有化學肥料，有機肥料含量很低，但是生產的農作物和有機作物一樣是很環保、健康。

三、 有機作物通常無法抵擋作物的病蟲害與天然災害，卻需抵抗病害與災害，因此產量常常非常低。

四、 檢驗體制未健全，不肖業者可能以較低價的非有機食物，以較高價位的有機食物販售。

　　其實，有機是否更有營養，是個問題，營養價值不盡然是選擇有機飲食的唯一目的，有機耕種不使用殺蟲劑、化學肥料，抗生素或是賀爾蒙，這些東西不僅有害健康也會傷害環境（有機農業全球資訊網，2010），因此，有機食材是否真的比較營養並不是重點，關鍵在於有機種植不使用化學物質對

地球生態、社會公平性、與關懷有很多的利基點，人們選擇食用有機食材不只在於關心自身及家人的健康，更重要的是能關懷地球上的自然資源及生態保育。

貳、生機飲食

現代人壽命長、吃得豐盛，蛋白質、脂肪攝取過多，礦物質、纖維素攝取不足，於是慢性病增多，生機飲食是回到食用天然食物的年代，期待藉由生機飲食方式維護身體健康與保健。在臺灣被稱為生機飲食，在美國和日本，這種飲食法則被稱為粗食派，許多知名人士如瑪丹娜都是採用這種飲食法（王明勇，2009）。美國自然醫學先驅 Humbart Santillo 博士認為約有80% 的疾病，是由於消化不良的食物所產生的次級產物被身體吸收所導致，如果食物經過度烹調，破壞了裡面的酵素，當我們吃下食物以後，胃部在進行消化作用時，食物中只含有來自唾液的澱粉酶，可以幫助一部分澱粉分解，烹調過的食物對於內分泌腺會產生重大影響，使內分泌腺負荷過重，因而產生體重增加、急性低血糖、肥胖等後遺症（鹿憶之譯，2014）；而生機飲食的「生食」扮演著不可或缺的角色，提供身體所必需的酵素及遇熱即被破壞的維生素 C，請記得生食材料一定要有機栽培，而且要仔細洗乾淨，過程中要注意不要無意中把自來水中的氯污染找進來（李秋涼等，2016）。生機飲食強調食物盡量以不經加工烹調的方式入口，減少營養素的破壞，生食較能保留營養素，例如生食蔬菜汁，富含維生素 A、C、E、高量的鉀與少量的鈉以及纖維素，而維生素 A、C、E 是抗氧化劑，可增強體力並提升免疫力，降低罹患疾病的機會（鄭金寶，2000），但是，生食不是生機飲食的唯一方式，根莖類最好全熟，才比較容易被人體消化吸收，四季豆、豌豆等豆莢類，因為莢殼的纖維需水煮軟化，煮熟比較好，有些營養素烹調後吃會比較健康，有些植物的抗癌成分是在它的組織破壞後，才有利人體吸收，像大蒜等。因此，郭素娥（2017）將生機飲食分為：

一、 **完全生機飲食**：完全生機飲食強調採用生食，而且是完全素食，也就是說日常飲食排除禽、畜、魚等肉類，亦不含蛋類、乳類及其製品。

二、 **部分生機飲食**：大致上遵循完全生機飲食的精神，仍然採用完全素食，但是不刻意強調生食。

三、 **中庸式生機飲食**：在於選用無污染的動植物性食物，不強調素食，飲食中可加入深海魚及少量有機肉、有機蛋或乳製品，而且減少烹調用油量，避免油炸、油煎或油酥的高油烹調方式，改用清蒸、水煮或涼拌的方式。

　　生機飲食的主食類以全穀類的五穀雜糧為主，再搭配有機蔬菜、水果，如小麥草、苜蓿芽、堅果食物等，這些食材含有豐富的纖維素，可促進腸道蠕動，縮短食物在腸道停留的時間，可預防便祕、大腸癌以及其他病變之發生（鄭金寶，2000）；芝麻、堅果、豆類是生機飲食中很重要的脂肪和蛋白質來源，可拌菜、可生吃，建議先催芽，冒出的一點小芽或幼苗種子，內部營養結構會改變，產生植物胎盤素比較容易消化吸收（李秋涼等，2016）；生機飲食強調食用植物性的食物，如五穀根莖類、豆類、蔬菜及水果等，和一般飲食比較起來，生機飲食含有較多利於人體的膳食纖維、抗氧化物質、不飽和油脂、維生素及礦物質，有助於維持腸胃道的正常功能及預防現代人的文明病，容易造成心血管疾病的飽和脂肪酸及膽固醇也少了許多（郭素娥，2017）。

　　林慧麗（2006）認為芽菜為各種種子如豆類（苜蓿芽、綠豆、紅豆、黑豆等）、五穀類（小麥、蕎麥等）等經催芽後或待子葉長出以供食用，芽菜類含有較豐富的蛋白質、碳水化合物、維生素 C、維生素 B 群、鈣質及膳食性纖維；小麥草含有多量鉀、維生素及維生素 C，對高血壓患者有幫助，可強化動脈血管壁，預防血管硬化及血栓的形成，並含有豐富葉綠素，葉綠素可造血，富含艾酸，能抑制癌細胞的成長；苜蓿芽除富含蛋白質，並有礦物質鈣、鉀、鐵、磷及豐富維生素 A、B_1、B_2、C、D、E、菸鹼素、

泛酸等，屬於鹼性較高的食物，可預防酸性結石。美國農業部對於食物經過烹調處理前後的熱動力學，發現經過處理的食物普遍都有能量明顯降低的情形，四季豆和紅蘿蔔會流失 30% 的能量；肉類和海鮮會失去 7 到 31%；牛乳製品最多會失去 50%；穀類最多會減少 15% 的蛋白質、65% 脂肪、80% 維生素 B_1、40% 維生素 B_2（核黃素）、66% 維生素 B_3（菸鹼酸）、94% 的維生素 B_6；植物會失去 40% 到 70% 的維生素。舉例來說，桃子經過加熱處理，會失去 70% 的維生素 B_3、A、C、B_2、B_1，波菜烹煮後會流失 35% 的水溶性維生素（鹿憶之譯，2014）。因此，食材在加熱烹煮中破壞、損耗營養素與保健要素，如果烹飪的方法錯了，養分就會大量流失，像維生素 C，同時烹調過的食物會缺乏酵素，大部分食物中的蛋白質在加熱後便被破壞了，而正確食用生機飲食，及適當增加適合體質的「生食」，可能可以使許多醫學上無法解決的疾病找到適合的處理方式，使人們能輕易獲得健康的身體及過著有生機的優質生活。

根據世界衛生組織（WHO）建議每人每天從自然界中攝取蔬菜水果，其富含的各種抗氧化劑，如果每天足夠 400 ～ 800 公克的量，不僅可以預防癌症，同時也可以減少文明病的發生，包括痛風、心臟血管疾病、高血壓、動脈硬化、肥胖症、關節炎、過敏、便祕等等（李秋涼等，2016）；顯然，生機飲食有很多好處，但採用生機飲食，應考慮以下幾點（鄭金寶，2000）：

一、 以均衡飲食為基礎，內容應包括主食類、蔬菜、水果類、牛奶或奶製品、肉魚豆蛋類、油脂類等六大食物，同一餐中多種類的食物比單一食物的營養素吸收較好，不鼓勵完全以蔬果為一餐的主要內容，而造成營養素的偏頗。

二、 以正確健康的烹調方法處理食物，以減少不必要的食品添加物，少吃油炸食物，以半油低溫、清燙或涼拌方式烹調為宜，可避免因油脂攝取過多，而增加心血管病變的危險性，以及避免烹調時溫度過高，造成劣質油品變化所可能引發的各種病變。

同時，生機飲食的食譜中含高量的高纖蔬果、豆類及五穀雜糧，大量食用時對於腸胃道術後或腸胃功能不佳者可能會有腹脹、脹氣的現象，過量的纖維會干擾食物中鈣、鐵及其他礦物質的吸收；生機飲食特別強調飲用精力湯及其他多種蔬果汁，慢性腎臟衰竭及洗腎治療者，過多的水分及高鉀含量的蔬果汁，將影響水分在體內的滯留及透析治療的效果，甚至造成心律不整而危及生命；全穀類食物、堅果、豆類及酵母含高量的磷，會造成皮膚搔癢及使腎性骨病變更惡化（郭素娥，2017）。而生機飲食隱藏在蔬果的五顏六色中的營養素叫做植物化學物質，如下頁表 9-1，帶來人體健康的希望，讓失去健康、愛好健康的朋友自己 DIY，從三餐食中，不煎、炒、炸，從蒸、滷、燉、川燙、涼拌、蔬果沙拉、蔬果原汁中，輕鬆尋找到美麗而且健康的身體（李秋涼等，2016）；生機飲食的觀念強調食材來自有機或準有機的素材，無論是動物性、植物性食材，以熟食、生食等方式食用食材都可以活化細胞，也可調理生理機能，而強調生機飲食最大好處的「生食」，則可有效幫助排除體內聚集多年的毒素與治療疾病，但是值得注意的是有機蔬果不代表乾淨無菌，生食前應特別注意清洗乾淨，以免誤食寄生蟲卵或其他有害病菌。

　　綜合各學者的觀點，生機飲食的好處是個人可以食用乾淨且比較均衡的營養成分，以及含有比較高能量的食物，可以淨化腸道、淨化血液，可以改善體質及增強身體免疫力，而使身體更健康；就環保而言，有機農作物的種植，則有利於地球的永續發展。自古以來「食補養生」是中國非常重視的飲食觀念，而生機飲食是一種養生飲食方式，有關生機飲食療效是體驗者的飲食經驗，其真實療效與個人體質、病況及食用方式有密切關係，而生機飲食療效在臨床上尚未有科學證據前，當身體出現健康問題時應該尋求正統醫療方式處理，然後以生機飲食的調養做為輔助，才能真正有益於身體的康復與保健。

顏色	預防保健	蔬果種類
表9-1　五顏六色食物的保健功能表		
藍靛紫	調整免疫抗體、預防癌症發生、延緩老化、增進敏銳能力	紫山藥、桑葚、茄子、葡萄、紫菜、黑棗梅、葡萄乾、紫高麗菜、紫長豆
紅	降低泌尿道疾病、補血、有助於降低尿酸、排毒、幫助發燒縮短、保護免疫系統、預防癌症、舒緩痛風	原生種紅龍果、紅鳳菜、蘋果、紅色甜椒、蔓越莓、草莓、櫻桃、西瓜、紅番茄、紅紫蘇、紅豆、枸杞、紅棗
橙黃	調整免疫系統正常、預防癌症發生、減少慢性病患者惡化、保護視力健康	蓮藕、柿子、柳丁、橘子、芒果、哈蜜瓜、葡萄柚、甜玉米、紅蘿蔔、木瓜、南瓜、小米、金桔、黃甜椒、黃奇異果
綠	調整免疫抗體、維持心血管健康、保護視力、強壯骨骼與牙齒、清火解熱、增加美白效果、預防癌症發生	青椒、蘆筍、綠奇異果、酪梨、綠茶、檸檬、芭樂、豆莢類、空心菜、地瓜葉、絲瓜
白	保護氣管、潤肺、降火、清肝、顧胃、防癌	蓮藕粉、百合、苦瓜、白色花椰、山藥、洋蔥、蒜頭、白蘿蔔、竹筍、牛蒡、香蕉、梨子、白高麗菜、荸薺、白木耳
黑	增加抵抗力、攝取到微量元素、滋補、養生、防癌	黑糯米、海帶、黑豆、黑芝麻、黑木耳、黑棗、黑糖、糖蜜

來源：（李秋涼等，2016）。

第二節　保健食品

　　現代人注重健康養生的觀念，加上生活壓力大、科技進步、高齡社會，使得保健食品逐漸成為民眾日常生活上的必需品。食品市場創造了許多與食

品有關的新名詞，如機能性食品、功效食品、藥膳食品、營養補充品、養生餐飲、補助食品、生理調理食品、醫療食品、自然食品、有機食品或健康食品（王進崑，2009）；而民眾購買健康食品的主要目的在於預防保健、美容、改善機能等等，保健食品的產品種類繁多，民眾選擇購買的保健食品大致是抗癌、預防慢性病，及提神、養生、促進新陳代謝等營養補充產品。

壹、保健食品定義

人類為了生存創造了許多食品，而我國《食品衛生管理法》第二條將食品定義為供人飲食或咀嚼之物品及其原料。1995 年 9 月聯合國糧食農組織、世界衛生組織及國際生命科學研究所在新加坡共同舉辦一場國際研討會，會議中將具有保健功效或相關概念的食品定名為「機能性食品」或「功能性食品」（周志輝，2009）；我國衛生署於 1998 年 8 月制定之《健康食品管理法》，明文定義能提供特殊營養素或具有特定之保健功效，特別加以標示或廣告，而非以治療、矯正人類疾病為目的之食品，稱「健康食品」，我國於 1998 年開始正式使用「健康食品」這個名詞，中國大陸地區則於 1996 年 3 月訂立《保健食品管理辦法》，將具有保健功能的食品，適宜特定人群食用、具有調節機體功能、不以治療疾病為目的之食品，稱為「保健食品」（王進崑，2009）。我國 2006 年 5 月 7 日將健康食品之定義改為指具有保健功效，並標示或廣告其具該功效之食品，保健功效是指增進民眾健康，減少疾病危害風險，且具有實質科學證據之功效，非屬治療、矯正人類疾病之醫療效能，並經中央主管機關公告者（黃進發、林士民、湯雅理，2009）；2009 年 9 月衛生署已認可的 13 種保健功能分別為有調節血脂功能、牙齒保健功能、改善骨質疏鬆、免疫調節功能、胃腸道改善功能、調節血糖功能、護肝功能（針對化學性肝損傷）、延緩衰老、抗疲勞、輔助調節血壓、不易形成體脂肪功能、促進鐵吸收、輔助調整過敏體質等功能（周志輝，2009）。基本上，保健食品是指具有保健功效的食品，但非療效食品，包括衛生署認證的健康食品、機能性食品、膳食補充食品、特殊營養食品等，其

實，大部分食品都有保健機能功效，食品本身既可提供維持生命所需的營養素，更可以強化生理機能、促進新陳代謝等效果。

根據 Global Industry Analysts（2008）報告指出，2008 年全球保健食品市場約有 1,660 億美元，較前一年成長 6.5%；隨著消費者追求健康生活的意識升起、替代補充醫學的接受度增加及保健食品的科學驗證結果，加速全球保健食品市場的蓬勃發展，至 2010 年市場規模約達 1,880 億美元（林文寶、陳俊誠，2012）；全球已開發中國家的保健食品銷售額每年以 13% 的速度成長，2007 年全球保健食品銷售額已接近 2,300 億美元，美國是保健食品銷售王國，近 20 年間美國保健食品銷售額成長 36 倍，其保健食品銷售額達 850 億美元；而日本是最注重保健養生的民族，有 90% 的國民都長期服用保健食品，20 年來日本保健食品成長 32 倍，2006 年時日本保健食品銷售額達 16,500 億日圓，如再加上特定保健用食品，市場規模將接近 2 兆日圓，年產保健食品 3,000 多種；中國地廣人稠經濟又起飛，2003 年時中國保健食品銷售總額 300 億人民幣，到了 2007 年銷售額衝到 500 億人民幣，使保健食品銷售量大大提升了 66%，2007 年中國保健食品對外貿易創了歷史新高，達到 385.9 億美元，與 2006 年相比增加 25.6%，其中出口 245.9 億美元，進口 140 億美元，貿易順差達 105.9 億美元，為中國賺進一筆相當可觀外匯；歐洲保健食品市場規模 350 億美元，年產 2,000 多種，每年以 17% 銷售額高速度成長（范倩瑋，2008）。

臺灣近 3 年民眾對於自身健康的關切，會因心血管、肝臟、腎臟、肥胖及糖尿病等，而特別重視膽固醇含量、低糖、低熱量等產品屬性，我國消費者對於保健食品的食用率已高達 56%，居調查全球 52 個國家之第四位（林文寶、陳俊誠，2012）；至 2009 年 9 月 17 日止，真正通過認證而獲發許可證的健康食品約 161 件，但市面上許多以養生保健為出發點行銷，以及以保健類食品來自我歸類的產品卻遠超過這個數目，這些產品大多僅在開發時添加一些具生理活性的成分，只屬於具有保健概念的食品（周志輝，2009）；具有保健功效之食品經向衛生署申請健康食品查驗登記，通過審查後取得

「衛署健食字號」或「衛署健食規字號」及健康食品標章（小綠人標章），得依審查認可之科學驗證宣稱功效；未經核准者不得擅自製造或輸入健康食品，亦不得標示或廣告為健康食品或健康食品所具有之保健功效，目前衛生署核准之健康食品共有292項（2013年5月止），調節血脂功能的有104項、調節血糖功能有11項、免疫調節功能有34項、不易形成體脂肪功能有10項、骨質保健功能有6項、胃腸功能改善有64項、延緩衰老功能有3項、牙齒保健功能有6項、護肝功能（針對化學性肝損傷）有29項、輔助調節血壓功能有2項、促進鐵吸收功能有2項、輔助調整過敏體質功能有13項、抗疲勞功能有8項，同時購買保健食品之前一定要有正確的認知，健康食品並不是藥品，疾病的發生仍然需要就醫診斷治療，健康食品的選擇應該充分諮詢營養師，考慮本身的疾病狀況及健康食品的影響（陳玉桂，2014）。

臺灣民眾的所得收入與知識提高後，人人都想追求健康又長壽的生活，在社會人口趨向中老年齡，且在生活壓力所形成的憂鬱、肥胖、失眠、過勞、便祕等疾病的人漸漸增多下，加上保健食品業者以直銷、電視、購物台、網路、各種媒體等行銷手法不斷的宣傳，使得發展「保健食品」成為食品業最有利的趨勢。

貳、保健食品的種類

近年來高科技產業的主流之一，就是發展生物科技產業。生物科技繼資訊科技之後，成為各國競相投入全力發展的明星科技產業，各先進國家均將生物技術列為國家級之重點科技，我國政府近年來為鼓勵科技研發以及產業創新，大力扶持「兩兆雙星產業」，於2007年6月中旬通過《生技新藥產業發展條例》，包括生技製藥產業的租稅獎勵將可延長至2021年，並享有較寬鬆的研發、股東投資抵減與技術入股所得緩徵等獎勵優惠方案，我國生技產業涵蓋生技藥品、再生醫療、醫用診斷、農業生技、食品生技、特化生技、

環保生技以及生技／製藥服務業等產業，範圍牽連甚廣（林文寶、陳俊誠，2012）。有關保健食品的分類可以原料成分區分與以原料種類區分（黃進發、林士民、湯雅理，2012），綜合各學者將保健食品的種類區分方式，將保健食品依據材料分類整理為：

一、 **微生物類**：海藻、綠藻、藍綠藻或螺旋藻、乳酸菌、酵母菌（健素糖或酵母片）、紅麴、靈芝類。

二、 **植物類**：紅麴產品、卵磷脂、苜蓿製品、人參、刺五加、大蒜、麥草、銀杏葉、杜仲茶、花粉、桑葚、棗子、酪梨油、靈芝、冬蟲夏草、香菇等等。

三、 **動物類**：雞精、燕窩製品、蜂王漿（乳）、牡蠣抽出物、鯊魚軟骨、魚油、魚精、卵黃油等。

四、 **其他成分**：膳食纖維、寡糖、甲殼素、蛋白質及肽、必需胺基酸、酵素產品、必需脂肪酸、DHA、EPA、核酸、維生素類、β-胡蘿蔔素、礦物質等。

依據范倩瑋（2009）坊間調查，保健食品以國內製造、與進口之產品在數量上難分軒輊，不過國內原料素材缺乏，有90%需仰賴國外進口；市場上常見到產品型態以錠劑、顆粒、膠囊狀為最大宗，因而在貿易而言，進口值一直大於出口值；這幾年台肥公司轉型往高科技產業發展，生技部門積極投入「保健食品」行列，「膠原－補骨錠」的產品問世是一項創舉，這類「葡萄糖胺＋軟骨素」保健食品在市面上很夯！但是「膠原－補骨錠」在市場中同類型同性質產品有18種以上，除了競爭激烈不說，品質、價位、行銷、管理要非常努力，方有生存空間。而日本2001年保健食品規模近8,500億日圓，相當於2,300億元臺幣，更可從中嗅到保健食品的商機。目前投入保健生技行列的傳統產業，有統一、味全以食品起家；葡萄王是機能性飲品；台糖、台鹽為國營企業；永豐餘是造紙；美吾髮是美容，這些原本各據一方的傳統產業，卻在這幾年擠進生技領域，其中又以食品業占多數（李

鈞，2004）；目前臺灣知名的保健食品公司有杏輝、台糖、統一、中油、台鹽、味全、味丹、葡萄糖、台塑、台肥、永信、好市多，我們可以瞭解到保健食品市場可說正處於戰國時代，各公司不論是從資金規模、人力資源、組織、多樣化產品、產品潛力及行銷管理等都有自己的一套經營模式。

同時，我國膳食型態保健食品也創造多元化功效的保健食品，傳統中藥與草藥時代，主攻中藥市場的藥廠以勝昌、順天堂為代表；順天堂對於製藥流程的品質控管是世界肯定的，中藥製程複雜，從原始藥材收集、半成品加工、炮製蒸煮，到實驗研究，順天堂以垂直整合上下游產業，確實掌控每個細節，這也成為順天堂立足製藥界的關鍵。而日治時期在臺灣進行這方面的研究最有心得要算是杜聰明，他參考東京帝國大學醫科大學助教授朝比泰彥的技術，利用現代化分析和萃取有效成分等手法，針對傳統藥方裡的生藥材進行化學及藥理分析，一度分析常山和柴胡的成分，希望找出代替奎寧的藥品；到了 1920 年開始，科學漢方不斷推出，例如仁丹（口腔清新劑）、中將湯（女性滋補藥品）和龍角散（咳嗽藥粉）等藥品，還在廣告中附以帝大或醫博科學研究、實驗證明有效等字句（劉士永，2008）；杜聰明和他的門生持續的研究，例如提出苦參子、魚藤、八角蓮、麻黃、木瓜葉和鴉膽子等有效成分和作用，尤其是有效地從木瓜葉萃取治療阿米巴痢疾的重要成分，可有效殺死赤痢原蟲（楊玉齡，2002）。順天堂是臺灣最早也是最有規模進行中藥科學化的廠商，加入了保健食品市場，具有中草藥製藥基礎的優勢，靈芝、冬蟲夏草、人參等保健食品，便是順天堂這幾年開發出來的，近幾年順天堂的營收中，養生食品的比重就占了 10% ～ 15%（李鈞，2004）；靈芝子實體的萃取物（液）具有多項生理活性，如抗癌、免疫調節、護肝、抗氧化、抗發炎、抗過敏、降血糖、降血壓等；針對延緩衰老而言，除了基因本身功能退化之外，目前以「抗氧化」理論所做的研究最多於動物試驗中，餵食靈芝多醣能保護小鼠因 Alloxane 引致胰臟的損傷，清除胰臟中的自由基，在人體臨床實驗中，服

食靈芝萃取物，於急性期（3 小時）及短期（10 天）試驗期間內，都可顯著增加血漿的抗氧化能力，靈芝的品種多，有效成分的含量差異大，而且加工的過程中亦可能破壞其中的有效成分，選擇靈芝相關的保健食品，應該選擇含較高有效成分的靈芝產品，目前核可的健康食品包括雙鶴極品靈芝、靈芝王、統一活力寶典特級蜂膠等具有免疫調節功能，但是嬰兒、孕婦及對蜂膠產品過敏者不宜使用（陳玉桂，2014）。顯然，從傳統中藥草萃取成分所製造的保健食品確實具有一定程度的療效。

根據經濟部工業局發布資料，2006 年臺灣保健食品產值約 380 億新臺幣，成長率年增 10%，2008 年產值可達 460 億新臺幣，參與廠商多達 600 家，特別一提的是，臺灣綠藻產量及產值都居全球的第一名，主要外銷日本（范倩瑋，2008）。限於法令的規定，不管是電視或廣播的賣藥，通常都不是「治癒疾病的西藥處方」，而是「養生保健的中藥」，而以健康的議題來連接所販賣藥品，成為節目最基本的型態，而且透過 Call in 和主持人對談，讓聽眾感受到對病情關懷，使病人聽眾獲得無法從醫師身上取得的安全感，主持人是否是醫藥專業人員變的並不重要，重要是主持人對閱聽人表達的關懷之意（陳婷玉、王舜偉，2006）；鑑於保健食品和生活結合商機無限，因而促使國內中藥廠商積極投入這塊市場，中秋節將至，順天堂不僅順勢推出養生月餅，也推出各養生禮盒搶占市場，臺灣保健食品的市場約 200 億元左右，市場潛力驚人，吸引順昌、順天堂這類老中藥廠投入這塊市場，連同統一、台糖、葡萄王、味全、光泉、愛之味、大成長城等老牌食品廠，也加入戰場（李鈞，2004），同時根據調查研究扣除有 45% 消費者認為不需要食用保健食品外，尚有不少消費者仍有食用保健食品的意願，只是在於市售保健食品太貴、或是並非物超所值等，未來我國保健食品的發展，應是因應整體大環境變化，提供消費者更適切的產品，如更便宜價格、更立即感受功效、更加使用方便、更具品質保證、更多樣化產品類別，相信必能迎合消費者青睞（林文寶、陳俊誠，2002）。

目前國內保健食品大多來自於中草藥植物及作物之萃取，中草藥植物與其作物之發展對於國際市場將有相當的競爭利基，國內藥草植物具有多樣性，但其相關的科技研發活動相對較低，加上許多研究忽略成分的有效性評估，往往從原物料直接闡明健康效應，其中有效的生理活性成分的鑑定與活性成分對生理的機轉並不明確，也缺乏相關的研究來證實，這應是學研界未來應努力的方向（李鈞，2004）。根據新華社（2002）報導，中華人民共和國衛生部公布「既是食品又是藥品的物品名單」，其中可用於保健食品的物品如下頁表 9-2。

就保健食品發展來說，大家都知道我國民眾有愛好吃藥的習慣，保健食品是值得投入研究與生產的食品，傳統中草藥保健功效科學化是目前許多科學家研究的方向。目前核可的健康食品，例如佳格食品股份有限公司出產天地合補頂級玫瑰四物飲，宣稱具有助於增加血漿中總抗氧化能力及經易老化老鼠動物實驗結果顯示，有助於延緩老化的功效，天地合補頂級玫瑰四物飲的主成分包括四物－以當歸、川芎、熟地、白芍為基礎之配方，品管指標以總多酚為品管指標成分，而桂格養氣人參，保健功效相關成分為人參皂 Rg2，根據動物試驗結果，對四氯化碳誘發大鼠肝臟損傷具有可降低血清 GOT、GPT 值及可增加血清中白蛋白含量，另外天地合補含鐵四物飲（佳格食品）及四物鐵飲料（中天生物科技），兩項產品根據動物試驗結果顯示，具有助於促進鐵吸收及增加血紅素生成的功效（陳玉桂，2014）。

而消費者服用保健食品有三大原則：一、天天定時定量才能達有效劑量；二、精準記錄用量，掌握自己吃了多少；三、要正確保存才能避免變質，同時購買保健食品，除了慎選通路、避免選購來路不明的產品外，也要破除認為「藥品級」、「有認證」的產品一定比較好的迷思（江守山，2012）。同時自然界中沒有單獨存在的葡萄糖胺，在人體內，葡萄糖胺由葡萄糖結合穀氨醯胺而成，市面上有許多葡萄糖胺補充劑，通常添加了硫酸軟骨素、硫酸氨基葡萄糖胺、N-乙醯葡萄糖胺、甲殼素和鹽酸氨基葡萄糖胺

表9-2	既是食品又是藥品的物品名單			
人參	人參葉	人參果	三七	土茯苓
大薊	女貞子	山茱萸	川牛膝	川貝母
川芎	馬鹿胎	馬鹿茸	馬鹿骨	丹參
五加皮	五味子	升麻	天門冬	天麻
太子參	巴戟天	木香	木賊	牛蒡子
牛蒡根	車前子	車前草	北沙參	平貝母
玄參	生地黃	生何首烏	白及	白朮
白芍	白豆蔻	石決明	石斛	地骨皮
當歸	竹茹	紅花	紅景天	西洋參
吳茱萸	懷牛膝	杜仲	杜仲葉	沙苑子
牡丹皮	蘆薈	蒼朮	補骨脂	訶子
赤芍	遠志	麥門冬	龜甲	佩蘭
側柏葉	制大黃	制何首烏	刺五加	刺玫果
澤蘭	澤瀉	玫瑰花	玫瑰茄	知母
羅布麻	苦丁茶	金蕎麥	金櫻子	青皮
厚朴	厚朴花	薑黃	枳殼	枳實
柏子仁	珍珠	絞股藍	胡蘆巴	茜草
蓽茇	韭菜子	首烏藤	香附	骨碎補
黨參	桑白皮	桑枝	浙貝母	益母草
積雪草	淫羊藿	菟絲子	野菊花	銀杏葉
黃氏	湖北貝母	番瀉葉	蛤蚧	越橘
槐實	蒲黃	蒺藜	蜂膠	酸角
墨旱蓮	熟大黃	熟地黃	鱉甲	

資料來源：（新華社，2002）。

等都取自動物來源或在實驗室製成，鹽酸氨基葡萄糖胺是在實驗室製成，以玉米發酵提取物做為部分原料，不能歸納為天然來源的葡萄糖胺，而甲殼類的殼，如蝦殼和螃蟹殼等，為保證養殖的存活率，以追求更高的經濟效益，某些不法商販在養殖過程中添加抗生素、生長激素等，這將對人體造成危害（陳昭妃，2015）；消費者於選購健康食品前務必藉由官方網站進一步搜尋相關資訊，並且仔細閱讀包裝上之「標章及核准字號」、「警語」、「注意事項」、「建議攝取量」及該產品「保健功效」之實質意涵，食用前請務必請教「醫師或營養師等專業人員」之建議，才能正確選購食用真正對自身狀況有助益的健康食品（陳玉桂，2014）；常常有人說「吃藥傷腎」，保健食品雖然不是藥物，但是製作過程可能受到污染，保存方法不正確都會影響保健食品的功效，可能原本的補品變成有毒的食品，而對腎臟造成嚴重的威脅。

第三節　保健飲食料理

壹、保健飲食料理

我們都知道食物是人體生長發育、調節機能的營養物質，沒有食物人類就不能生存，人類以穀類為主食，主要提供碳水化合物、植物性蛋白質、維生素 B ，穀類食物是熱能的主要來源，主食以外的副食，包括蔬菜、水果、肉、魚、蛋、奶、糖、酒、茶及其加工品和各種調味品，主要是提供蛋白質、脂肪、維生素、膳食纖維和熱量。

漢人的飲食文化非常具有特色，經常把既是食材也是藥材的食材加入菜餚中當作日常食物來食用，成為既可獲取營養又可預防疾病的養生料理，有時也可做為醫療疾病的方法，這些養生觀的飲食原則最主要是注意冷熱平衡，俗語常說「冷底的人，不適合吃生冷食物」，或是「冬令進補」、「補

冬」。現在還是有慢性病的人會到中藥房買中藥草回家熬煮調養，像肝病，愛喝酒的人經常有肝的問題，就買中藥草回去自行熬煮調養；以前的人在冬至時都會買八珍、四物回家燉補，生意非常好，現在營養那麼好，沒有人買中藥回去燉補了（李瑞娥、陳順勝、陸銘澤，2008）；中醫比較注重養生，包括平日的預防勝於治療，以及病後的保養，就是鼓勵一般人養成一套健康的生活方式（鄭惠珠，2008）。傳統上，食物在食療與食補上經常互相交換運用，許多食物可能是藥，也可以是食物，例如山藥、百合或銀杏，現在家庭或是餐廳經常會有相關的料理菜餚，做為日常食物或藥膳菜餚食用。

高雄市中醫醫院全球資訊網（2011）提供「90 冬之美祿」的藥膳食譜供民眾自行料理保健食物食用，如下：

一、 **漢方醉梅雞**：藥材有烏梅 3 錢、山楂 2 錢、花椒 1 錢、小茴香 1 錢、大茴香 1 錢、甘草 0.5 錢，加水熬煮成湯汁，放山雞 1 隻、蔥 2 支、子薑 1 兩、調味料（鹽、糖、高粱酒、梅子酒、紹興酒）適量，滾煮後熄火，浸泡 40 分鐘，取出冰冷，切大塊加入藥汁及高粱酒、梅子酒、紹興酒一起浸泡 6 ～ 8 小時後，置入冰箱冰涼，然後剁塊排盤上桌，功效有幫助消化及維持消化道機能。

二、 **花旗海味羹**：藥材有花旗參 1 錢、當歸 1 錢、黃耆 3 錢、枸杞子 3 錢，加水熬煮成湯汁，綠海藻 200 克、小魚 50 克、干貝絲 100 克、蟹腿肉 150 克等洗淨濾乾，金針菇 30 克洗淨去頭切斷，嫩豆腐 1 盒切細丁加入蛋白、調味料（胡椒粉、香油、鹽）等調味，再加入藥汁煮熟芶芡成羹狀，撒入枸杞，功效有滋補強身及增強體力。

三、 **冬蟲人參蝦**：藥材有冬蟲夏草 1 錢、高麗參 2 錢、黃耆 3 錢、當歸 1 錢、川芎 1 錢、桂枝 1 錢、紅棗 3 錢，大草蝦 450 克洗濾乾、排骨 100 克剁小塊，蔥、薑、調味料（酒、鹽）等適量，黃耆、當歸、川芎、桂枝等加水熬藥汁，冬蟲夏草、高麗參、紅棗置於鍋中，加入藥

汁、排骨、薑先蒸 40 分鐘後，再放草蝦、酒一起燉熟，功效有滋補強身和增強體力。

四、 **四君白果露**：藥材有黨參 2 錢、白朮 1 錢、茯苓 2 錢、甘草 0.5 錢、黃耆 2 錢、蓮子 10 錢、生白果 10 錢、紅棗 5 錢、龍眼肉 5 錢，及生腐皮 200 克洗淨加水浸軟、蛋、白糖適量，黨參、白朮、茯苓、甘草、黃耆等加水熬煮藥汁，蓮子、白果洗淨，加水、白糖小火慢熬 1 小時至糖汁吸盡，腐皮、紅棗加藥汁及適量水煮滾，加白糖調味，調入蛋花攪拌均勻後，放入蓮子、白果、龍眼肉後，熄火燜 10 分鐘，冰涼食用，功效有促進食慾和維持消化道機能。

其實，有關保健飲食料理最簡單就是在廚房裡準備富有養生功效的五穀雜糧，我們手上可選擇的健康食材越豐富，就會對垃圾食品越沒興趣，而我們很幸運擁有多種營養又美味的雜糧，如黑豆、糙米等可做為膳食（陳潔雲譯，2017）：

一、 **藜麥（Quinoa）**：藜麥屬於種籽，是非常棒的植物蛋白質，富含 B 族維生素、所有 9 種必需胺基酸，能極好地補充纖維、鐵和鈣，可以試著做成香料飯，或者在早晨煮粥代替燕麥片。

二、 **小米（Millet）**：小米不含麩質，對身體具有鹼化作用，其蛋白質含量雖然比藜麥少，但也有 15% 左右，是鐵、鎂和鉀等礦物質的最佳來源。

三、 **小扁豆（Lentils）**：很好熟的豆類，可快速提供豐富的蛋白質（1 人份約含 17 克），還有相當豐富的可溶性纖維和葉酸、維生素 B_6、鎂等微量營養素，可以用來煮湯、燉菜，還是配藜麥或意麵使用，要快速吃一頓健康的飯，糧食筒裡最好有小扁豆。

四、 **黑豆（Black beans）**：黑豆常見於古巴菜和墨西哥菜，是最佳的蛋白質來源，每半杯約含 8 克，這種低熱量的豆類有健腦益智功效，含有花青素－經科研證實可改善腦功能的成分。

五、 燕麥（Oats）：燕麥含有多孔的可溶纖維「β-葡聚醣」，有助於降膽固醇，每次吃麥片，還能補充錳、鎂、硒等礦物質、維生素 B 群。

六、 斑豆（Pinto beans）：斑豆富含纖維和蛋白質，磷、錳、鐵、鉀等礦物質，是維生素 B 群和鉬的好來源，鉬是消化許多食物（和酒）中的亞硫酸鹽所必需的微量元素，養生功效強大的斑豆，有助於提升免疫力，讓人不容易感冒和染流感。

七、 糙米（Brown rice）：精米被刨去的外層－米糠（米麩）營養豐富，將它留下，就多了一種養生食物，糙米是膳食纖維、蛋白質、維生素和礦物質的絕佳來源，1 杯米飯可以提供人體每日所需的錳，有助於保護我們免受自由基的傷害。

　　根據 2009 年臺灣營養健康調查結果，男性的死亡風險高於女性，且平均餘命較女性來得低，2011 年男性的平均餘命為 75.98 歲，女性的平均餘命為 82.65 歲，且男性的平均餘命較前一年降低，而女性的平均餘命較前一年增加，男女性的健康風險差異有逐漸擴大的趨勢；男性自幼起就比女性肥胖，男性的過重和肥胖高於女性，肥胖便導致高血壓、高血脂等代謝疾病，及其併發症，以致男性壽命比女性較短。陳玉桂（2014）認為飲食是每天必須接觸而且直接影響健康的主要因素，維持老年人健康，必須從每日健康飲食做起，研究指出，日本沖繩人「長壽」的關鍵在於沖繩居民的生活方式及飲食的習慣，沖繩的飲食文化以基本、簡單、自然、健康為主，飲食的內容主要以蔬果、全穀類或豆科植物，配合大量的辛香料、藥草及海藻，1 星期吃 3 次魚，因為大量使用辛香料，在烹飪上也少糖、少鹽，很少喝酒、卻喝大量的水或茶，這樣的飲食方式，可能與長壽具有相關性，不但減緩老化，也少病多健康，研究指出「熱量限制」可以延長壽命，及延後與年齡有關的器官變化，維持體重是成功老化的重要策略，高脂飲食被認為可能為阿茲海默症的危險因子。

　　李秋涼等人（2016）提供生機飲食的「國王早餐」食譜：

一、 燕麥糕點：將 3 杯燕麥粒洗淨泡 3 杯水 2 ～ 3 小時後，放入調理機內

啟動高速 1 分鐘，再倒入電鍋內鍋加入紅糖，外鍋 2 杯水，跳起燜 16 分鐘即成，

二、 蔬菜餅：將高麗菜、芹菜、紅蘿蔔切細丁各 1/4 碗，加香蕉泥 1/4 碗、麵粉 1 碗、蛋 2 粒、鹽、油、水各少許攪拌均勻，然後在鍋中倒入油，把材料放入鋪平、煎熟即成，

三、 健康果麥餅派：將麵粉 4 杯、酵母 1 茶匙、胚芽 1 杯、蘋果丁 1 杯、堅果半杯、葡萄乾、香蕉泥、黑糖各少許、加水 5 杯攪拌均勻，倒入底部抹油平底的鍋子裡鋪平、發酵完整後，再放入蒸鍋大火轉中火蒸 15～20 分鐘即成，

四、 芝麻糖生菜沙拉：把美生菜、小黃瓜、芽菜洗淨後擺盤，再搭配芝麻糖、桑葚果醬食用，另外還可以把地瓜蒸熟後、直接沾芝麻粉食用。

根據 DASH 得舒飲食原理（Dietary Approaches to Stop Hypertension）（陳玉桂，2014）：

一、 鉀：這個礦物質是一個細胞內含量最高的礦物質，它有抵抗鈉離子，改變對鹽敏感、血壓因鹽攝取過多而上升的體質；在蔬菜、水果和奶類中特別豐富。

二、 鎂：是體內含量第四位的礦物質，鎂參與身體許多酵素的功能，豐富的鎂，能改善胰島素敏感度，在葉綠素環狀結構裡螯合著鎂這個礦物質，蔬菜水果是其主要來源之一，含麩皮及胚芽的全穀類，像糙米、燕麥、麥片、蕎麥含量也高。

三、 鈣質：主要是奶類（必須是脫脂奶或低脂，全脂奶動物脂肪含量太高，對身體不好），其次是豆乾（和一些經過加石灰加工的豆製品）、深綠色蔬菜、海菜類、帶骨的小魚，其鈣質含量也很豐富。

四、 膳食纖維：可阻斷單糖的快速吸收進入血液循環中，能改善胰島素抗性的體質，纖維豐富的食物包括蔬菜、水果、全穀類，根莖類有蘿蔔、菜心、芋頭。

五、 **飽和性脂肪**：攝取過多，會提高內生性膽固醇，促進動脈硬化，最主要的來源為家畜類，牛肉、羊肉、豬肉、內臟類都要盡量少吃，勿食用肥肉和牛油／奶油、豬油，和用這些油做的食品。

六、 **不飽和性脂肪**：可以抵抗飽和性脂肪的作用，主要來源為種子／核果，有芝麻、核桃、杏仁、松子等，及各種植物油，像是沙拉油、葵花油、麻油、菜籽油、玉米油、橄欖油都不錯。

現代人生活忙碌每日攝取蔬果與奶類的份量不足，導致缺乏維生素和鈣質，飲食熱量失衡，造成體脂肪過高而使心血管疾病與糖尿病人數激增，同時現代人的代謝症候群成為目前飲食營養健康上最大的問題，我們可以將具有養生功效的五穀雜糧及蔬菜水果，做成簡單且營養均衡的保健飲食料理，這些以保健生機為基礎的簡單料理食譜，可供現代人在選購生技保健食品外，自己在家裡可試著料理些簡單的保健飲食。

貳、飲食與創造力

現代社會是以智慧取勝的時代，無論是為了課業或為了工作都需要有清醒與創意的思維，有關學習、工作、事業的成功，都脫離不了大腦的高效運轉，而飲食習慣可以使人變得更健康、更聰明、更有創意，不必花大錢也不用花時間，只要餐前選擇適當的食物，我們的飲食便可能增進個人的大腦活力與創造力。人的腦組織要消耗非常大量的能量，其實大部分脊椎動物的基礎代謝有 2% ～ 8% 用於腦，而人類高達 20% ～ 25%，大腦皮質中的活躍區域會比不活躍區域消耗更多的能量，葡萄糖（血糖）是大腦組織活動的唯一能量來源，它在血液中透過氧化、磷酸化過程為腦部組織活動提供能量，在過程中必須有充足的維生素 B_1 和菸酸參與，否則葡萄糖代謝不完全會產生過多的中間產物如乳酸、丙酮酸等，而損害腦及神經組織（張福德，2007）；頭腦有驚人的消耗力，頭部重量占體重的 2%，但會耗去全身所需熱量的 20%，也消耗掉全身 20% 的氧氣來燃燒葡萄糖（邪金寶譯，1995；

蔡承志譯，2003）。根據調查，在 20 至 30 歲時，腦細胞會以 10 萬個的比率逐漸減少，雖然如此，DHA 仍具有使剩下的腦細胞活性化的力量，充分地提高記憶及學習能力，目前較普遍的 n-3 脂肪酸有二十碳五烯酸、DHA 和亞麻油酸三種，DHA 被認為可以增進大腦細胞之發育－在大腦皮質中，DHA 是神經傳導細胞的主要成分，亦是細胞膜形成的主要成分，大部分的 DHA 不會被胃液所消化，而直接進入血液，被肝或腦等器官吸收，而 EPA 及 α-亞麻油酸卻不被吸收，主要原因是由於 DHA 可經由血腦屏障進入腦細胞，而同是屬 n-3 系列不飽和脂肪酸的 EPA 及 α-亞麻油酸卻無法通過血腦屏障被腦吸收（陳玉桂，2014）。

我們可以用食物養腦，就是透過飲食攝取足夠的和特定的營養來改善大腦的營養狀況，以提高大腦的功能活動，延緩腦細胞的衰老過程（張福德，2007）；日本東京大學的醫學博士春山茂雄（1997）認為頭腦需要的營養有：

一、 **蛋白質**：許多神經傳導物質由胺基酸和膽素組成，掌管腦記憶核酸的營養源，蛋白質不足的小孩，智能很低，身體就會限制神經傳導物質形成。

二、 **脂質、醣類**：脂肪與醣類攝取遽增或遽減，將造成傳導物質不平衡，除去水分之外，脂質占大腦重量的一半，攝取時要以良質植物油的形態為佳。

三、 **維生素**：要使腦充分發揮，得仰賴維他命 B_1、維他命 B_6、維他命 B_{12} 的幫助，而維他命 B 群的複合體泛酸也很重要，尤其以 B_2 更為重要，它是腦部不可或缺的記憶物質。

四、 **礦物質**：鈣、鉀、鐵、磷及微量的錳、鋅、碘也都是重要的物質，另外孕婦的飲食一旦缺乏鈣、鐵、磷，會對胎兒腦部發育造成不良的影響。

五、 **水分、氧氣**：腦的重量有 70% 是水分，一旦水分不足，腦部功能會出現嚴重障礙，而大量氧氣的取得可藉由有氧運動、深呼吸及頭部按摩等方式。

羅伯‧哈斯（Robert Haas）認為如果人要達到最佳心智狀態所要做的第一步就是攝取高蛋白質食物，並適時加入複合性醣類，然後必須加入高能量的精品營養補充劑，如維生素 B 群、維生素 C、維生素 A、維生素 E，另外膽鹼、卵磷脂可增加腦中的乙醯膽鹼，而心智適用性營養素似乎也能使一個人的創造力及藝術天分增強（邪金寶譯，1995）；許多研究人員深信長期暴露於低壓力程度的人，腦部老化作用可能會加速，DHA 俗稱「腦黃金」，是人體中最為重要的益腦脂肪酸，可以促進記憶力，減緩腦部老化，每週最好能吃 3 次富含 DHA 的食物，例如鮭魚、鮪魚、沙丁魚、鯖魚等深海魚類，維生素 B 群有助大腦紓壓，當人處於壓力大的狀態下，消耗的維生素含量約是平常的 2～5 倍，適時補充，能幫助減壓，富含維生素 B 群的食物有糙米、全麥麵包、番茄、深色蔬菜等，維生素 B 群和維生素 C 是抗壓力維他命（賈竑曉，2014），維生素 C、維生素 A、維生素 E 及鈣、鉀、鈉、鎂，均與腦和神經組織的正常活動有密切連繫，鋅可以製造肝醣，平衡血糖（張福德，2007）。

羅伯‧哈斯（Robert Haas）認為我們可以運用適當的營養喚醒心智，首先攝取足夠的蛋白質，如豬肉、雞肉、海產、豆類、豆腐等，可以提供 L-酥胺酸做為大腦的興奮性介質，再食用心智能量主要來源－葡萄糖，如複合性醣類含量高的全麥、糙米、未精緻的穀類和麵粉及蔬菜、水果，複合性醣類具有「漸漸釋放」的特性，可以給我們一個較長時間的穩定血糖，使生理和心理都能有較多穩定的能量；而綠茶和銀杏葉是大腦的興奮劑；最後食用可以提供卵磷脂的花生、小麥胚芽、火腿、鱒魚及甘藍芽（小高麗菜）、燕麥、高麗菜、花椰菜、菠菜、蘿蔔、萵苣及馬鈴薯等都含有一些氧化膽鹼，再配上含有維他命、葉酸的蔬菜、海鮮、乳製品（邪金寶譯，1995）；天然健康網 Naturally Savvy 主編和主要作者之一吉爾‧艾廷格（Jill Ettinger）認為食物中複合式碳水化合物、不飽和脂肪酸及抗氧化劑有健腦功效，並提供可提升創造力的 29 種食物（陳潔雲譯，2017）：

一、 **複合式碳水化合物**：富含複合式碳水化合物的食物可向大腦源源不斷地輸送葡萄糖，複合式碳水化合物需要更長時間分解，可以更好地被身體和大腦所調節，如 1. 全麥麵包、2. 燕麥、3. 藜麥（奎奴亞藜）、4. 糙米、5. 小米、6. 莧籽、7. 斯佩爾特小麥、8. 大麥。

二、 **健康的脂肪**：含健康脂肪的橄欖油，人體必需的多種不飽和脂肪酸在大腦運作中發揮著關鍵作用，它們有助於大腦處理和理解信息，這對創造性思維和解決問題至關重要，在膳食中增加富含不飽和脂肪酸的食物，如 9. 火麻仁、10. 奇異籽、11. 亞麻籽、12. 核桃、13. 酪梨、14. 橄欖油、15. 椰子油。

三、 **抗氧化劑**：抗氧化劑可保護我們的細胞免受自由基損傷，這對大腦尤為重要，抗氧化劑可以增強免疫力，讓我們保持健康，多吃富含 β 胡蘿蔔素、維生素 C 和 E 的食品，這些都是有效的抗氧化劑，如 16. 漿果（所有品種）、17. 柑橘類水果、18. 深綠色蔬菜（羽衣甘藍、瑞士甜菜、芥菜等）、19. 青花菜、20. 甜菜、21. 山藥、22. 南瓜類、23. 巧克力（黑巧克力，或生巧克力更好）、24. 小麥草、25. 螺旋藻、26.「祕魯人參」馬卡根（Maca）、27. 人參、28. 蜂花粉、29. 綠茶。

　　一般來說，日常飲食多攝取好脂肪，像魚有 Omega-3 脂肪酸，有助提高記憶還可預防衰退，Omega-3 可分為 DHA、EPA 和亞麻油酸，DHA 可幫助腦神經及視神經發育，素食者可經由含亞麻油酸的食物獲得相同的效果，如豆類、核桃、堅果、橄欖油都含 Omega-3，可降低罹患心血管疾病和中風的風險；而來自肉類、乳酪、油炸蔬菜油等含有的壞脂肪 Omega-6，可能造成腦部慢性發炎（蔡承志譯，2003）；人體各種老化現象是構成細胞物質的核酸發生所致，核酸可從食物中攝取，含核酸的食物有豆類及其食品，其次是海產、肉類及各種肝臟，蔬菜也含較高核酸，補腦的食物很多，共有紫菜等 28 項食物，選擇幾項介紹（張福德，2007）：

一、 **花生**：營養學家稱它「植物肉」，花生含有豐富的蛋白質和不飽和脂肪酸，具有降低膽固醇作用，所含脂溶性維生素 E 與生育和長壽關係

密切，可聰明強智，延緩腦功能衰退，防治高血壓、心臟病、記憶力減退及止血等。

二、 黃豆：營養價值極高，蛋白質含量 40%、脂肪 19% ～ 29%、碳水化合物 25%，黃豆可延緩衰老，降低血液黏度和膽固醇，保持血管壁結構與功能完整性。

三、 黑芝麻：黑芝麻含優質脂肪、蛋白質、維生素 B_2、維生素 E，以及鐵、磷、鈣等營養礦物質，維生素 E 具有延緩衰老作用，對改善血液循環、促進新陳代謝有較好的效果，其脂肪大部分為不飽和脂肪酸，是構成腦細胞的重要物質，經常食用可延緩大腦機能衰退，改善記憶。

四、 鯉魚：鯉魚是健腦佳品，因其含有的營養物質 DHA，對大腦細胞特別是腦神經傳導和突觸的生長發育，有極重要的作用。

五、 核桃：素有「長壽果」之稱，原因有二：一是說核桃樹本身壽命長，二是說其果肉營養豐富，對人有強腎補腦之功，令人長壽。核桃仁含有脂肪、蛋白質、碳水化合物，鈣、磷、鐵等無機鹽、及胡蘿蔔素、維生素 B_2、維生素 E 等，核桃是健腦之品，對大腦神經有營養作用。

六、 桂圓：俗稱「龍眼肉」，桂圓性溫、味甘、具有補益心脾、養血安神，助靈長智的功效，可用於心悸易驚、失眠，又有補血作用。

七、 紫菜：紫菜中的蛋白質含量高，脂肪含量少，碳水化合物多，含有維生素 A、維生素 B 群、硫胺素、胡蘿蔔素、菸酸和碘。紫菜可增加人的記憶力，因紫菜含有較豐富的膽鹼是神經細胞傳遞訊息不可缺少的化學物質，常吃紫菜對記憶衰退有改善作用。

八、 大蒜：大蒜可和維生素 B_1 產生一種叫「蒜胺」的物質，這種物質的作用與維生素 B_1 相同，甚至還比它強些，適當吃些生蒜，對腦功能有益。

九、 雞蛋：含大量蛋白質、脂肪、維生素和鈣、磷、鐵等無機鹽，這些都是大腦新陳代謝不可缺少的營養特質，其所含的乙醯膽鹼是大腦完成記憶所必需的特質，雞蛋有健腦及加強記憶力的作用。

另外，根據高雄市中醫醫院全球資訊網（2011）所提供益智藥膳食譜有：

一、 **益智天麻魚**：材料有白朮 3 錢、黃耆 5 錢、黃精 2 錢、天麻 5 錢，及鮮魚 1 條洗淨劃紋、薑絲、蔥，白朮、黃耆、黃精加水熬汁，天麻用熱水泡軟，切片和藥汁淋上魚身蒸熟，灑上蔥花淋熟油即成。

二、 **益壽首烏雞**：材料有何首烏 2 兩、黑大豆 3 兩、黃耆 8 錢、當歸 2 錢、川芎 2 錢、紅棗 5 錢、桂枝 2 錢、花椒 3 錢、黑大豆、米酒，及烏骨雞 1 隻洗淨切塊，將何首烏、黑大豆、米酒、適量的水熬汁，燉鍋中先放入藥材，黃耆、當歸、川芎、紅棗、花椒、桂枝，再放入雞肉排列整齊，加藥汁做湯和酒燉熟。

三、 **鴛鴦人參凍**：材料有人參 5 錢、山楂 1 兩、枸杞 1 兩、白木耳 1.5 兩、烏梅 5 錢、洋菜 8 錢、冰糖，白木耳洗淨，泡開去蒂後入鍋煮熟後加糖放冷，人參以熱水熬汁，過濾稀釋後加入洋菜粉拌勻，煮溶後加冰糖放冷成凍，山楂、烏梅熬汁稀釋後加入洋菜粉拌勻，煮溶後再加冰糖放冷成凍，將人參凍與山楂烏梅凍各半合併，旁邊鋪上枸杞、白木耳。

西洋參和人參含有人參皂苷，西洋參萃取物含有超過 30 種人參皂苷，包括 Rb1、Rb2、Rb3、Rc、Rd、Re、Rg1、Rg2、Ro 和 F2，而 Rb1 和 Re 構成了西洋參中超過 75% 的人參皂苷總量，Rb1 是一種抗氧化劑，可以預防潰瘍，幫助人體對抗壓力，並可提高學習效率，可促進神經的再生。人參所含的人參皂苷，有助於提高大腦中神經生長因子（NGF）的含量，NGF 對維持神經系統和大腦正常發育至關重要，它是有助於維持神經元的生存健康及增長的蛋白質，人們經常利用人參和人參果實來緩解壓力疲勞（尤其是精神上的疲勞），同時也用來改善記憶力和注意力（陳昭妃，2015）。人類的保健飲食都與大腦有關，我們知道人類的大腦重量只占體重非常少的部分，但是腦部所消耗的能量卻占了體重的很大比例，我們應該多多補充大腦的營

養素，如蛋白質可以提供 L- 酥胺酸做為大腦的興奮性介質，食用蛋白質食物會讓大腦更清楚、思考更敏捷，同時多食用複合型醣類像全麥麵包、雜糧等，會使精神比較好，而多吃多元不飽和脂肪酸，像魚、堅果，能讓大腦運作更順暢；當然，大腦也需要富含維生素與菸鹼酸的蔬菜、海鮮、乳製品，才能促進營養素的新陳代謝，如果身體內部的營養素代謝順利，大腦便能更容易獲得能量，讓思路更清晰、更有專注力，而使生活更有活力，學習更有效率，更容易解決問題，這便是高創造力的表現。

1. 請問什麼是生機飲食？什麼是有機食物？

2. 請問有機食物需注意哪些條件？它具有哪有保健作用？

3. 請問保健食品的定義是什麼？而保健食品依據材料可分為哪些種類？

4. 請問哪些食物可提升創造力？含有什麼成分？

5. 請問我們的大腦需要哪些營養素？

Reference

參考文獻

- A+ 醫學百科（2017）。茶樹。取自 http://cht.a-hospital.com/w/%E8%8C%B6%E6%A0%91

- A+ 醫學百科（2017）。橄欖油。取自 http://cht.a-hospit al.com/w/%E6%A9%84%E6%A6%84%E6%B2%B9

- Abbey, A., Smith, M. J. and Scott, R. O. (1993). The relationship between reasons for drinking alcohol and alcohol consumption: An interactional approach. *Source Addictive Behaviors*, *18*(6), 659-670.

- Atkinson, J. M. and Shelly, E. (Eds.) (1990). *Power and difference: Gender in island Southeast Asia*. Stanford: Stanford University Press.

- Banks, J. A. (1995). Multicultural education: Historical development, dimensions, and practice. In J. A. Banks (Ed.), *Handbook of research on multicultural education*. New York: Macmillian.

- Banks, J. A. (2007). Approaches to multicultural curriculum form. In James A. Banks and Cherry A. McGee Banks (Eds.), *Multicultural education: Issues and perspectives* (6th ed.)(pp. 247270). Boston, MA: Allyn and Bacon.

- Barnett, R. (1994). *The limits of competence, knowledge, higher education and society*. SRHE and The Open University Press, Buckingham.

- Buckley, T. (1988). Menstruation and the power of Yurok Women. In. Buckley, T. and Gottlieb, A. (Eds.), *Blood Magic* (pp. 187-209). Berkeley: University of California Press.

- Carsten, J. (1997). *The heat of the hearth: The process of kinship in a Malay Fishing Community*. Oxford: Clarendon Press.

- Castells, M. (2000). *End of millennium*. Oxford: Blackwell.

- Counihan, C. M. and P. Van Esterik (Eds.). (1997). *Food and culture: A reader*. New York & London: Routledge.

- Cwiertka, K. J. (2006). *Modern Japanese cuisine: Food, power and national identity*. London: Reaktion Books/University of Chicago Press.

- Farquhar, J. (2002). *Appetites: Food and sex in post-socialist China*. Durham & London: Duke University Press.

- Furth, C. (1987). Concepts of pregnancy, childbirth, and infancy in Ch'ing Dynasty China. *Journal of Asian Studies*, *46*(1), 7-35.

- Furth, C. and Shu-yueh, C. (1992). Chinese medicine and the anthropology of menstruation in contemporary Taiwan. *Medical Anthropology Quarterly*, *6*(1), 27-48.

- Hektner, J. M., Schmiolt, J. A. and Csikzentmihayi, M. (2007). *Experience sampling method measuring the quality of everyday life*. California: Sage Publications.

- Marion, B. (1995). *Introductory foods*. New York: Macmillan College Pub. Co.

- Mauss, M. (1925). *The gift:Forms and functions of exchange in archaic societies*. New York: W. W. Norton & Company.

- McKnight, D. (1973). Sexual symbolism of food among the Wik-Mungkan. *Man*, 8(2): 194-209.

- Moore, H. L. (1988). *Feminism and anthropology*. Cambridge: Polity Press.

- Nicholson, N. (1997). Evolutionary psychology: Toward a new view of human nature and organizational society. *Human Relations*, 50, 1053-1078.

- Schlegel, A. (1977). Male and female in Hopi thought and action. In Alice Schlegel (Ed.), *Sexual stratification: A cross-cultural view* (pp. 245-269). New York: Columbia University Press.

- Taylor, E. B. (1871). *Primitive culture, 1*. Retrieved from http://books.google.com/books/about/Primitive_Culture.html?id=AucLAAAAIAAJ

- Usher, R., Bryant, I. and Johnston, R. (1997). Adult learning in post-modernity and econ figuring the other': Self- experience in adult learning. In *Adult education and the postmodern challenge*. London & New York: Routledge.

- Waters, W. (2001). *Globalization* (2nd ed.). London: Routledge.

- 丁志音（2008）。代代相傳的另類醫療。載於成令方、傅大為、林宜平（編），**醫療與社會共舞**（27-35頁）。新北市：群學。

- 丁怡、翔昕（譯）（2002）。**筷子刀叉匙：食具：東西方的文化記號與飲食風景**（原作者：山內昶）。臺北市：藍鯨。（原著出版年：2000）

- 丁雪娟（2007）。從東南亞女性外籍配偶面臨的困境論多元文化教育的展望。**網路社會學通訊期刊，63**。

- 于長江（2009）。融合與變遷－北京地方飲食文化的發展。載於黃克武（主編），**食巧毋食飽－地方飲食文化**（一）（193-218頁）。臺北市：財團法人中華飲食文化基金會。

- 于美芮（2016）。**泰國廚藝小旅行：來去泰國學料理**。臺北市：健行出版。

- 中文百科在線（2017）。天主教。取自 http://www.zwbk.org/MyLemmaShow.aspx?zh=zh-tw&lid=1419

- 中文百科在線（2017）。魚露。取自 http://www.zwbk.org/MyLemmaShow.aspx?zh=zh-tw&lid=244967

- 內政部統計處（2018）。104年國人平均壽命。取自 http://www.moi.gov.tw/stat/

- 王子輝（2009）。飲食文化綜論。載於王秋桂（主編），**飲食文化綜論**（81-105頁）。臺北市：財團法人中華飲食文化基金會。

- 王仁志（2006）。雙薪家庭中男性工作壓力與家庭衝突對生活滿意度之影響。**網路社會學通訊期刊，53**。

- 王宇博（2008）。氣派而豐盛的俄羅斯餐桌－談俄羅斯人的飲食（上）。歷史月刊，**242**。

- 王明勇（2009）。**不能吃的祕密：打造無毒的飲食生活**。臺北市：皇冠。

- 王明智、羅豐胤、陳常蘭、邱泰穎（2009）。**客家健康飲食文化的新潮流系列一：以紫蘇與紅麴為例**。行政院客家委員會獎助客家學術研究報告。臺北市：行政院客家委員會。

- 王長華（1995）。魯凱族－飲食文化。載於許木柱等（編纂），**重修臺灣省通志，卷三，住民志同冑篇**。臺灣省文獻委員會編印。

- 王秋桂（編）（2009）。**飲食文化綜論**。臺北市：財團法人中華飲食文化基金會。

- 王進崑等（合著）（2009）。**保健食品概論**。臺中市：華格那企業。

- 以色列中文網站（2015）。以色列人吃什麼？取自 https://shalomtaiwanisrael.word-press.com/2015/02/14/%E4%BB%A5%E8%89%B2%E5%88%97%E4%BA%BA%E5%90%83%E4%BB%80%E9%BA%BC%EF%BC%9F/

- 冉亦文（1992）。葡萄酒與健康。**製酒科技專論彙編，14**，195-200。

- 生田哲（2005）。**大腦元氣飲食**。臺北：天下雜誌。

- 田哲益（2002）。**臺灣的原住民－魯凱族**。臺北市：台原出版社。

- 白雲老禪師（2015）。**生命的最後**。高雄市：千佛山白雲出版社。

- 白壽雄、陳惠蓉（1999）。由葡萄酒來看保健功能食品。**生物產業，10**，28-31。

- 石毛直道、鄭大聲（編）（1995）。**食文化入門**。東京：講談社。

- 石志雄（2008）。客家美食－創意客家料理。**客家文化季刊，23**，50-52。

- 石朝穎（2012）。宗教的多元文化觀初探。**宗教哲學，60**，29-43。

- 伊斯蘭之光網站（2008）。穆斯林為什麼不吃豬肉？取自 http://islam.org.hk/index.php?action-viewnews-itemid-1475

- 全中妤（譯）（2005）。**世界飲食文化－傳統與趨勢**（原作者：Pamela Goyan Kittler、Kathryn P. Sucher）。臺北：桂魯出版。（原著出版年：1999）

- 全中和（2008）。台灣正流行的鄉土野菜。**科學發展學刊，430**，60-67。

- 有機農業全球資訊網（2010）。有機飲食，只是浪費錢而已？！取自 http://info.organic.org.tw/supergood/front/bin/ptdetail.phtml?Part=news20100604-2& Rcg=100361

- 朱柔若（2008）。**全球化與臺灣社會：人權、法律與社會學的觀照**。臺北市：三民。

- 朱振藩（2012）。**點食成經：袁枚《隨園食單．須知單》**。臺北市：麥田。

- 江守山（2012）。**吃對保健食品！江守山醫師教你聰明吃出真健康**。臺北市：新自然主義。

- 江燦騰（1992）。**臺灣佛教與現代社會**。臺北市：東大圖書公司。

- 行政院農業委員會茶葉改良場（2017）。茶副產品之研發利用。取自 http://www.tres.gov.tw/view.php?catid=1404

- 西爾維亞‧洛夫格倫（2006）。明爐慢火推出饕餮饗宴。美國飲食文化－燒烤篇，取自 https://web-archive-2017.ait.org.tw/infousa/zhtw/PUBS/SocietyValues/American_food_I.html

- 何佩儀（譯）（2014）。**圖解中‧日‧西式餐桌禮儀**（原作者：市川安夫）。新北市：遠足文化。（原著出版年：2002）

- 何青蓉（1999）。婦女、婚姻與識字教育。**成人教育雜誌，52**，14-21。

- 何翠萍（2000）。米飯與親緣中國西南高地與低地族群的食物與社會。第六屆中國飲食文化學術研討會論文集（427-450頁）。臺北市：中國飲食文化基金會。

- 余艾莉（2007）。辛香料養生事典。臺北市：三采文化。

- 余舜德（1999）。夜市的研究與臺灣社會。徐正光與林美容主編人類學在臺灣的發展：經驗研究篇論文集。臺北市：中央研究院民族學研究所。

- 余舜德（2009）。夜市小吃的傳統與臺灣社會。載於黃克武（主編），**食巧毋食飽－地方飲食文化（一）**（109-130頁）。臺北市：財團法人中華飲食文化基金會。

- 佛陀紀念館（2016）。佛館緣起。取自 http://www.fgsbmc.org.tw/intro_origin.html

- 吳幸娟（2012）。**營養評估＝ Nutritional Assessment**。臺中市：華格那企業。

- 吳國弘（2002）。**中國大陸客家文化特質之研究**（碩士論文）。新北市：淡江大學大陸研究所。

- 吳雪月（1999）。吃草的民族－阿美族飲食文化的認識。**中國飲食文化基金會會訊，5(2)**，21-25。

- 吳雪月（2006）。**台灣新野菜主義**。臺北市：天下文化。

- 吳維寧（2017）。Kosher：一個字搞懂猶太人飲食文化。英語島，取自 https://www.thenewslens.com/article/64744

- 吳翰中、吳琍璇（2010）。**美學 CEO**。新北市：繆思出版。

- 李亦園（1989）。飲食男女－吃的文化內在邏輯探索。**聯合報**，副刊。

- 李亦園（2009）。中國飲食文化的理論基礎與研究課題。載於王秋桂（編），**飲食文化綜論**（9-25頁）。臺北市：財團法人中華飲食文化基金會。

- 李秋涼等（2016）。**廚扉有愛**。臺南市：聞道出版社。

- 李喬（2005）。客家美食文化概述。取自 https://hakkahl.wordpress.com/aa01-4/zz4/

- 李鈞（2004）。製藥產業透視。工業雜誌，**1**。

- 李瑞娥（2001）。國小社會教科書性別意識型態內容之分析研究。**屏東師院學報，14**（下），563-601。

- 李瑞娥（2010）。**生命教育：探索人生歷程的學習（第二版）**。臺北市：麗文文化。

- 李瑞娥（2017）。國宴菜單對多元文化教育的啟示。**美和學報，36**(1)，29-46。

- 李瑞娥（2017b）。臺灣多元飲食文化現象與發展。多元文化社會研討會論文集（21-43頁）。屏東縣：美和科技大學通識教育中心。

- 李瑞娥、陳順勝、陸銘澤（2014）。**重修屏東縣志－健康與醫療**。屏東縣：屏東縣政府文化處。

- 李謁政、陳亮岑（2014）。**重修屏東縣志－文化形態與展演藝術**。屏東縣：屏東縣政府文化處。

- 汪淑珍（2011）。茶的運用。載於汪淑珍等（編著），茶文化與生活。新北市：新文京。

- 汪淑珍、孫丕聖、馮翠珍、蔡娉婷（2011）。**茶文化與生活**。新北市：新文京。

- 貝塚英元（2003）。**日本酒極品精選 205**。新北市：人人。

- 邢金寶（譯）（1995）。**吃出聰明－ 21 世紀的新飲食革命**（原作者：Robert Haas）。臺北市：時報出版。（原著出版年：1995）

- 卓文倩、劉佩怡、王萬（2005）。從國宴菜單看我國飲食文化和政治變遷。California State University of Sacramento 之「第一屆美加中漢學會議」中之講稿。

- 周志輝（2009）。保健食品之管理。載於陳師瑩等（合著），**保健食品概論（二版）**。臺中市：華格那企業。

- 周芬娜（2004）。**飲饌中國**。臺北市：城邦。

- 拔林（2014）。**台麵魂**。新北市：幸福文化。

- 林乃燊（1994）。**中國古代飲食文化**。新北市：臺灣商務印書館。

- 林小愛（2016.1.8）。名家論壇／讓人流口水的墨西哥美食之都－瓦哈卡。取自 http://www.nownews.com/n/2016/01/08/1952278

- 林文寶、陳俊誠（2012）。生物科技保健食品之促銷方式、購買目的與產品屬性對購買意圖之研究－以品牌形象為干擾變數。**臺灣銀行季刊，63** (3)，85-112。

- 林木連、李台強、吳淑惠、王正洪（2009）。**臺灣的茶葉**。臺北：遠足文化事業有限公司。

- 林志城（2015）。客家酸柑茶田野調查與加工貯存對成份變化的影響。**客家學術研究計畫成果報告書**。

- 林怡廷（2017）。「百藥之王」咖啡　你喝對了嗎？取自 https://www.cw.com.tw/article/article.action?id=5082699

- 林政鋒、李玿瑛（2010）。北客庄　北埔　五珍寶　甜進心坎裡。**經濟日報**，AA4版。

- 林茂賢（1999）。**台灣民俗記事**。臺北市：萬卷樓圖書。

- 林淑蓉（2007）。伺人的食物與性別意象。**考古人類學刊，67**，11-42。

- 林開忠（2006）。跨界越南女性邊界的維持：食物角色的探討。**臺灣東南亞學刊，3**(1)，63-82。

- 林嘉翔（2000）。**食樂日本**。臺北市：遠流。

- 林慧麗（2006）。**無限的生機－認識生機飲食營養**。高雄縣：林慧麗。

- 林慶弧（2017）。**飲食文化與鑑賞（第四版）**。新北市：新文京開發。

- 林衡道（2009）。臺灣傳統食品。載於黃克武（主編），**食巧册食飽－地方飲食文化（一）**（45-56頁）。臺北市：財團法人中華飲食文化基金會。

- 林讚鋒（1998）。葡萄酒的保健與醫療功效。**製酒科技專論彙編，20**，172-18。

- 邱文寶（譯）（2008）。**餐桌上的風景－歷史傳說名廚軼事和經典烹調交織的美食文化**（原作者：Linda Civitello）。臺北市：臉譜。

- 邱雪婷（譯）（2014）。牛津大學研究發現－不吃肉比較不會得癌症。取自 https://www.twvns.org/info/research/174-2014-07-27-13-18-40

- 邱萬土（2001）。**臺灣歷史與美食**。臺北：澳洲台灣同鄉聯誼會。

- 邱夢蘋（2012）。**從舌頭出發：一個 Bunun 女孩味覺的跨界**。載於 2012 年會：區域研究＠臺灣人類學。取自 http://www.taiwananthro.org.tw/sites/www.taiwananthro.org.tw/files/conference_papar/ 從舌頭出發 _ 一個 Bunun 女孩味覺的跨界 - 邱夢蘋 .pdf

- 春山茂雄（1997）。**腦內革命**。臺北市：創意力文化事業。

- 春山茂雄（2012）。**新腦內革命：春山茂雄 71 歲，擁有 28 歲青春的不老奇蹟！**臺北市：新自然主義。

- 胡家碩、蕭千祐（2004）。**茶與咖啡－喝出健康好氣色**。新北市：大樹林出版社。

- 范倩瑋（2009）。全球市場超夯保健食品評析與展望。**台肥季刊，50**(1)，49-54。

- 范振和（2010）。清爽客家菜　國宴主廚巧思。**聯合報**，B2 版。

- 原住民數位博物館（2017）。各族傳統文化－社會結構－婚姻制度－阿美族。取自 http://www.dmtip.gov.tw/Aborigines/Article.aspx?CategoryID=3&ClassID=8&TypeID=13&RaceID=1

- 唐芩（2012）。**我的香草花園**。臺北市：朱雀文化。

- 埃德‧萊文（Ed Levine）（2006）。眾口爭誇三明治。取自 https://web-archive-2017.ait.org.tw/infousa/zhtw/PUBS/SocietyValues/22-157465.html

- 夏惠汶、成天明（1998）。**餐飲禮儀與文化**。新北市：統一出版社。

- 宮廷料理（2017）。宮廷料理－韓國飲食文化的精髓。韓國觀光公社，取自 http://big5chinese.visitkorea.or.kr/cht/FO/FO_CH_6_1_2.jsp

- 徐成金（2012）。生命期營養。載於謝明哲等（作），**實用營養學（五版）**。臺北市：華杏出版。

- 徐西森（2003）。**兩性關係與教育**。臺北市：心理出版。

- 徐治平（2015）。客家老柚茶抗發炎與抗大腸癌之功能研究。**客家學術研究計畫成果報告書**。新北市：客家委員會。

- 徐福全（2009）。從諺語看臺灣的傳統飲食文化。載於黃克武（主編），**食巧毋食飽－地方飲食文化（一）**（57-84 頁）。臺北市：財團法人中華飲食文化基金會。

- 徐靜媛（2006）。**韓國泡菜的食文化與營養保健之綜合研究**（碩士論文）。新北市：輔仁大學食品營養系。

- 翁玲玲（1999）。漢人社會女性血餘論述初探：從不潔與禁忌談起。**近代中國婦女史研究，7**，107-147。

- 馬悅凌（2009）。**溫度決定生老病死**。江蘇：大都會出版社。

- 高雄市中醫醫院全球資訊網（2011）。90 冬之美祿網頁。取自 http://www.kmcmh.gov.tw/files/winter90.htm

- 基督教論壇報（2015）。以色列駐台官員秀廚藝－推廣故鄉美食。取自 https://www.ct.org.tw/1268012#ixzz4iiplAJbghttps://www.ct.org.tw/1268012#ixzz4iiodfhvJ

- 常春月刊（2012）。百變咖哩。取自 http://www.ttv.com.tw/lohas/green17589.htm

- 常春月刊（2013）。五味食物怎麼吃？取自 http://www.ttv.com.tw/lohas/green18010.htm

- 張月櫻（2017）。咖啡利弊知多少？專家帶你破解咖啡因攝取的安全密碼。取自 http://www.msn.com/zh-tw/health/topic/%E5%92%96%E5%95%A1%E5%88%A9%E5%BC%8A%E7%9F%A5%E5%A4%9A%E5%B0%91%EF%BC%9F%E5%B0%88%E5%AE%B6%E5%B8%B6%E4%BD%A0%E7%A0%B4%E8%A7%A3%E5%92%96%E5%95%A1%E5%9B%A0%E6%94%9D%E5%8F%96%E7%9A%84%E5%AE%89%E5%85%A8%E5%AF%86%E7%A2%BC/ar-BBBNELE?li=AAazr0y&ocid=spartandhp

- 張玉欣（主編）（2013）。**海味、山味、台灣味**。臺北市：財團法人中華飲食文化基金會。

- 張玨、周松男、陳芬苓、張菊惠、張耀宗（1995）。一般經期與更年期自述症狀的研究。**中華衛誌，14**(2)，191-200。

- 張家蓉（2000）。原住民地區國中教師對多元文化教育之態度－從族群面向研究（碩士論文）。臺北市：國立臺灣師範大學教育研究所。

- 張珣（2000a）。中國傳統飲食的社會文化分析。載於張珣著，**疾病與文化：臺灣民間醫療人類學研究論集**。新北市：稻鄉。

- 張珣（2007）。文化建構性別、身體與食物：以當歸為例。**考古人類學刊，67**，71-116。

- 張福德（2007）。**吃出「聰明」來－這樣健腦最聰明**。新北市：天佑智訊。

- 張維安（1994）。客家婦女地位：以閩南族群為對照分析。**客家文化研討會論文集**（243-270頁）。臺北市：行政院文化建設委員會。

- 張耀宗（2006）。幼兒園所的多元文化教育實踐。**幼兒保育學刊，4**，107-122。

- 許木柱、簡美玲（2009）。飲食與文化－人類學觀點的回顧與展望。載於王秋桂（編），**飲食文化綜論**（55-80頁）。臺北市：財團法人中華飲食文化基金會。

- 許杏蓉、徐可欣（2013）。**探討臺灣茶葉包裝設計形式風格的演變**。茶與藝－坪林街角故事學術論壇。

- 許峰銘（1998）。**酸甜苦辣調味料**。臺北市：希代。

- 許雅惠（2004）。探討我國實施多元文化教育的現況與問題。**網路社會學通訊期刊，40**。

- 連雪雅（譯）（2007）。**不出糗！54個優雅用餐祕訣**（原作者：渡邊忠司）。臺北市：三采文化。

- 連樹聲（譯）（2005）。**原始文化：神話、哲學、宗教、語言、藝術和習俗發展之研究**（原作者：E. B. Taylor）。廣西桂林市：廣西師範大學出版社。

- 郭百修（2000）。**地方文化產業化機制之研究－以美濃鎮為例**（碩士論文）。新北市：國立臺北大學都市計畫研究所。

- 郭佳馥（2004）。客家美食從傳統到創新。Taiwan News財經・文化周刊，**114**，82-83。

- 郭洪紀（1997）。**文化民族主義**。新北市：揚智文化。

- 郭素娥（2017）。淺談生機飲食。青橋田－線上教學教材，取自 http://www.mother-natureking.com/elearning/?parent_id=1463

- 野萍（2010）。**新素食主義：跨世紀的時尚健康新主張愛惜生命與環境的營養新哲學**。臺北：養沛文化館出版。

- 陳乃華等（2010）。**國際禮儀實務：教您培養優雅與風範**。臺北市：新陸。

- 陳上智（2009）。**每日食酒誌**。臺北市：麥浩斯出版。

- 陳世雄（2007）。**有機農業的理念與實務**。農牧綜合型有機畜產品生產研討會。彰化縣：明道大學。

- 陳世雄（2007）。推動有機農業十年－從有機農場到有機校園。**台灣有機農業促進研討會論文集**。臺中市：國立中興大學。

- 陳巧蓁（2009）。大學校院學生之世界公民觀開展－兩個國際志工服務團隊之緬甸行（碩士論文）。臺北市：國立臺灣師範大學公民教育與活動領導學系。

- 陳弘美（2010）。餐桌禮儀－日式、中式篇：用筷子夾出美味。臺北市：麥田出版。

- 陳玉美（1995）。夫妻、家屋與聚落：蘭嶼雅美族的空間觀念。載於黃應貴（主編），空間、力與社會（133-166頁）。臺北市：中央研究院民族學研究所。

- 陳玉桂（2014）。老年人健康與保健。載於湯雅維等（著），老人營養學。臺中市：華格那企業。

- 陳玉箴（譯）（2009）。飲食、權力與國族認同－當代日本料理的形成（原作者：Katarzyna J. Cwiertka）。新北市：韋伯文化國際。

- 陳明汝（2012）。能量代謝。載於謝明哲等（作），實用營養學（五版）。臺北市：華杏。

- 陳板（2002）。化邊緣為資源－台灣客家文化產業化的策略。客家公共政策研討會論文集，**17**，1-23。

- 陳昭妃（2015）。營養．免疫．長壽。臺北市：原水文化。

- 陳美慧（2013）。政治環境異動下的臺灣主食文化發展變遷，載於張玉欣（主編），山味．海味．臺灣味．臺灣飲食歷史與文化。臺北市：財團法人中華飲食文化基金會。

- 陳師瑩等（合著）（2009）。保健食品概論（二版）。臺中市：華格那企業。

- 陳婷玉、王舜偉（2006）。愚昧無知或享受參與？廣播賣藥節目的閱聽人分析。傳播與管理研究，5(2)，1

- 陳潔雲（譯）（2017）。從黑豆到糙米7種最營養健康的穀物豆類（原作者：Jill Ettinger）。大紀元，取自 http://www.epochtimes.com.tw/n212872/%e5%be%9e%e9%b-b%91%e8%b1%86%e5%88%b0%e7%b3%99%e7%b1%b3-7%e7%a8%ae%e6%9c%80%e7%87%9f%e9%a4%8a%e5%81%a5%e5%ba%b7%e7%9a%84%e7%a9%80%e7%89%a9%e8%b1%86%e9%a1%9e.html

- 陳潔雲（譯）（2017）。提升創造力的29種食物（原作者：Jill Ettinger）。大紀元，取自 http://www.epochtimes.com/b5/17/1/24/n8742348.htm

- 陳麗美、黃春雄、謝邦昌、高森永（1997）。臺灣地區嬰兒死亡率、新生兒死亡率、周產期死亡率之流行病學調查研究。行政院衛生署85～86年度科技研究計畫報告書。

- 陸緋雲（1999）。性別與社會：女性主義社會學概念框架和典範轉移。中國社會科學季刊，**25**。

- 陸緋雲（2002）。性別與族群：客家婦女社會地位的反思與探討。客家文化學術研討會論文集。臺北市：行政院客家委員會。

- 鹿憶之（譯）（2014）。**食物酵素的奇蹟－酵素與營養的生命力量**（原作者：Humbart Santillo）。新北市：世茂出版。（原著出版年：2010）

- 傅佩榮（1997）。**文化的視野**。新北市：立緒文化。

- 喬宗忞（2007）。**臺灣原住民史魯凱族史篇**。臺灣省文獻會。

- 喬健（2009）。中華飲食文化的小傳統－以高雄縣內門鄉辦桌行業為例。載於黃克武（主編），**食巧毋食飽－地方飲食文化（一）**（131-164 頁）。臺北市：財團法人中華飲食文化基金會。

- 彭庭芸（2007）。客家飲食文化的成因與特色系。取自 http://web3.hakka.gov.tw/ct.asp?xItem=29274&ctNode=1708&mp=1699&ps=

- 游美惠（2001）。性別意識、教師增能與性別教育的推展。**中等教育，52**(3)，42-57。

- 程健蓉（譯）（2013）。**味噌大學：決定日本飲食文化的關鍵料理味，流傳超過四十年的手作味噌經典圖解**（原作者：三角寬）。臺北市：遠足文化。

- 華人百科（2017）。潑水節。取自 https://www.itsfun.com.tw/%E6%BD%91%E6%B0%B4%E7%AF%80/wiki-8931041-5855231

- 馮奕達（譯）（2017）。**帝國與料理**（原作者：Rachel Laudan）。新北市：八旗出版。（原著出版年：2015）

- 馮翠珍（2011）。茶的介紹。載於汪淑珍等（著），**茶文化與生活**。新北市：新文京。

- 黃克武（2009）。導論。載於黃克武（主編），**食巧毋食飽－地方飲食文化（一）**（1-20 頁）。臺北市：財團法人中華飲食文化基金會。

- 黃克武（主編）（2009）。**民以食為天－地方飲食文化（二）**。臺北市：財團法人中華飲食文化基金會。

- 黃克武（主編）（2009）。**食巧毋食飽－地方飲食文化（一）**。臺北市：財團法人中華飲食文化基金會。

- 黃宏隆、郭文怡、徐華強（1995）。**麵條加工技術**。臺北市：中華穀類食品工業技術研究所。

- 黃政傑、張嘉育（1998）。多元文化教育的問題與展望。**教育研究資訊，6**(4)，69-81。

- 黃校翊（2017）。臺灣咖啡簡史、咖啡烘焙。行政院農委會茶業改良場網頁，取自 http://www.tres.gov.tw/view.php?catid=1488

- 黃進發、林士民、湯雅理（2009）。保健食組成及種類。載於陳師瑩等（合著），**保健食品概論（二版）**。臺中市：華格那企業。

- 黃福武、黃夢初（譯）（2018）。**猶太人：世界史的缺口，失落的三千年文明史－追尋之旅（西元前 1000-1492）**（原作者：Simon Schama）。臺北市：聯經。（原著出版年：2014）

- 黃齊（2008）。**營養學**。臺中市：及第出版。

- 黃樹民（2009）。近代華北農村飲食文化的變遷。載於黃克武（主編），**食巧毋食飽－地方飲食文化（一）**（165-192 頁）。臺北市：財團法人中華飲食文化基金會。

- 黃薇之（譯）（2017）。**咖啡全事典**（原作者：鄭京林、朴孝永）。臺北：木馬文化。

- 園藝編輯組（編著）（2014）。**香草植物栽培與利用**。臺南市：文國。

- 新華社（2002）。既是食品又是藥品的物品名單。取自 http://www.people.com.cn/BIG5/shizheng/3586/20020306/680253.html

- 新華網（2005）。佛教對飲食文化的影響。取自 http://big5.xinhuanet.com/gate/big5/news.xinhuanet.com/food/2005-07/19/content_3238437.htm

- 楊本禮（2009）。**悠遊酒世界：品酒、調酒、釀酒**。臺北市：臺灣商務。

- 楊玉齡（2002）。**一代醫人杜聰明**。臺北：天下文化。

- 楊佳勳（2004）。**新消費工具在台灣－以星巴克為例**（碩士論文）。臺北市：國立政治大學社會研究所。

- 楊明仁、施春華、鄭夙芬、何啟恭、陳順勝（1999）。在台外籍勞工之適應困擾探討。**中華心理衛生學刊**，**12**(1)，93-107。

- 楊明華（編著）（2009）。**有關文化的 100 個素養**。臺北市：驛站文化。

- 楊彥杰（2009）。客家菜與客家飲食文化。載於黃克武（主編），**民以食為天－地方飲食文化（二）**。臺北市：財團法人中華飲食文化基金會。

- 楊昭景（2002）。原住民飲食文化初探與分析。**觀光休閒暨餐旅產業永續經營學術研討會，論文集（第二集）**（355-361 頁），國立高雄餐旅學院。

- 楊紀波、黃種成（2009）。閩臺地域飲食文化。載於黃克武（主編），**食巧毋食飽－地方飲食文化（一）**（21-44 頁）。臺北市：財團法人中華飲食文化基金會。

- 楊淳卉（2016）。蔡英文就職國宴 8 道菜曝光！全用在地當季好食材。今日新聞，取自 https://tw.news.yahoo.com/%e8%94%a1%e8%8b%b1%e6%96%87%e5%b0%b1%e 8%81%b7%e5%9c%8b%e5%ae%b48%e9%81%93%e8%8f%9c%e6%9b%9d%e5%85%89-%e5%85%a8%e7%94%a8%e5%9c%a8%e5%9c%b0%e7%95%b6%e5%ad%a3%e5%a5%bd%e9%a3%9f%e6%9d%90-043636253.html

- 萬建中（1995）。**飲食與中國文化**。南昌：江西高校出版社。

- 賈竑曉（2014）。**吃出最強大腦：吃對關鍵食物，搶救失控的大腦，讓學業、工作效率加倍，記憶力、專注力、抗壓力、學習力全面**。新北市：繪虹企業。

- 維基百科（2014）。中國國宴菜。取自 https://zh.wikipedia.org/zh-tw/%E4%B8%AD%E5%9C%8B%E5%9C%8B%E5%AE%B4%E8%8F%9C

- 維基百科（2016）。法國飲食文化。取自 https://zh.wikipedia.org/zh-tw/%E6%B3%95%E5%9C%8B%E9%A3%B2%E9%A3%9F%E6%96%87%E5%8C%96

- 維基百科（2017）。土耳其軟糖。取自 https://zh.wikipedia.org/zh-tw/%E5%9C%9F%E8%80%B3%E5%85%B6%E8%BB% 9F%E7%B3%96

- 維基百科（2017）。伊斯蘭教與基督教。取自 https://zh.wikipedia.org/zh-tw/%E4%BC%8A%E6%96%AF%E8%98%AD%E6%95%99%E8%88%87%E5%9F%BA%E7%9D%A3%E6%95%99

- 維基百科（2017）。地中海飲食。取自 https://zh.wikipedia.org/wiki/%E5%9C%B0%E4%B8%AD%E6%B5%B7%E9%A3%B2%E9%A3%9F

- 維基百科（2017）。法國。取自 https://zh.wikipedia.org/zh-tw/%E6%B3%95%E5%9B%BD

- 維基百科（2017）。法國蝸牛。取自 https://zh.wikipedia.org/zh-tw/%E6%B3%95%E5%9C%8B%E8%9D%B8%E7%89%9B

- 維基百科（2017）。柏餅。取自 https://zh.wikipedia.org/zh-tw/%E6%9F%8F%E9%A4%85

- 維基百科（2017）。符合猶太教規的食物。取自 https://zh.wikipedia.org/zh-tw/%E7%AC%A6%E5%90%88%E6%95%99%E8% A6%8F%E7%9A%84%E9%A3%9F%E7%89%A9_(%E7%8C%B6%E5%A4%AA%E6%95%99)

- 維基百科（2017）。瑞典鹽醃鯡魚。取自 https://zh.wikipedia.org/wiki/%E7%91%9E%E5%85%B8%E9%B9%BD%E9%86%83%E9%AF%A1%E9%AD%9A

- 維基百科（2017）。辣椒。取自 https://zh.wikipedia.org/zh-tw/%E8%BE%A3%E6%A4%92

- 維基百科（2017）。釋迦牟尼。取自 https://zh.wikipedia.org/zh-tw/%E9%87%8A%E8% BF%A6%E7%89%9F%E5%B0%BC

- 維基百科（2018）。布列塔尼大區。取自 https://zh.wikipedia.org/zh-tw/%E5%B8%83%E5%88%97%E5%A1%94%E5%B0%BC%E5%A4%A7%E5%8D%80

- 維基百科（2018）。香檳酒。取自 https://zh.wikipedia.org/zh-tw/

- 維基百科（2018）。泰國飲食。取自 https://zh.wikipedia.org/zh-tw/

- 臺東縣卑南鄉太平國小（2017）。卑南族飲食文化。取自 https://sites.google.com/site/100nianduminzujiaoyuheji/bei-nan-zu-yin-shi-wen-hua

- 臺灣 WIKI（2017）。黑麵包。取自 http://www.twwiki.com/wiki/%E9%BB%91%E9%BA%B5%E5%8C%85

- 臺灣營養健康狀況變遷調查（2009）。2005-2008 國民營養健康狀況變遷調查。取自 http://nahsit-form.ibms.sinica.edu.tw/public_frontpage

- 認識西亞（2016）。伊斯蘭文化。取自 http://mail.tlsh.tp.edu.tw/~t127/westasia/i.htm

- 趙敏夙（2008）。從國宴看總統馬、扁、李大不同。取自 http://msnews.n.yam.com/mkarticle.php?article=20080520002802

- 趙榮光（2009）。中華民族飲食文化圈、中華飲食文化圈、中國菜區域風格及相關的若干問題。載於王秋桂（編），**飲食文化綜論**。臺北市：財團法人中華飲食文化基金會。

- 劉士永（2008）。日治時期台灣醫藥關係管窺。載於李建民（主編），**從醫療看中國史**（497-537頁）。臺北市：聯經。

- 劉阿榮（2008a）。全球在地化與文化認同－台灣文化認同的轉化。載於王立文（主編），**全球在地文化研究**。桃園縣：元智大學通識教學部。

- 劉美慧、陳麗華（2000）。多元文化課程發展模式及其應用。**花蓮師院學報，10**，101-126。

- 劉維公（2007）。**風格競爭力**。臺北市：天下雜誌。

- 劉璧榛（2007）。稻米、野鹿與公雞：噶瑪蘭人的食物、權力與性別象徵。**考古人類學刊，67**，43-70。

- 潘文涵（2000）。**10011.3-102.3.31 肥胖防治白皮書**。行政院衛生署國民健康局民國100年度委託研究計畫報告。

- 潘昱均（譯）（2010）。**法國美食末日危機**。新北市：繆思出版。

- 潘秋榮（2000）。**小米、貝珠、雷女－賽夏族祈天祭**。新北市：臺北縣政府文化局出版。

- 蔡子強（2010）。國宴的故事。東周網專欄－書寫人生－國宴的故事（上、中、下篇）。東周刊官方網站，取自 http://eastweek.my-magazine.me/index.php?aid=6248

- 蔡承志（譯）（2003）。**讓大腦變年輕：預防記憶減退和大腦老化的創新對策**（原作者：Gary Small）。臺北市：商周出版。（原著出版年：2003）

- 蔡倩玟（2015）。**食藝－法國飲食文化的風貌與流變**。新北市：衛城。

- 鄭力軒（2014）。**重修屏東縣志－產業型態與經濟生活篇**。屏東縣：屏東縣政府文化處。

- 鄭玉卿（1998）。落實多元文化教育的有效途徑：以英國牛津一個教育方案為例。**課程與教學季刊，1**(2)，77-94。

- 鄭金寶（2000）。**吃對了嗎？－吃出健康的祕訣**。臺北市：文經社。

- 鄭培凱（導讀）（2010）。**茶道的開始：茶經**。臺北市：大塊文化。

- 鄭琇惠（2005）。**哺乳技術網絡、規訓、與性別工作－臺灣母奶哺餵網絡中的多重權力關係**（碩士論文）。高雄市：高雄醫學大學性別研究所。

- 鄭惠珠（2008）。中醫專業的興起與變遷。載於成令方（編），**醫療與社會共舞**（42-48頁）。新北市：群學。

- 盧玉文（2006）。**旅行，從布魯塞爾開始**。臺北市：商周出版。

- 盧素梅（2015）。世衛報告：全球人口平均壽命 71 歲。中時電子報，取自 http://www.chinatimes.com/realtimenews/20150514002966-260408

- 賴佳昀（主編）（2007）。**酒食：美酒與佳餚的戀情**。臺北市：美麗殿文化出版。

- 閻雲翔（2009）。北京的速食熱及其對傳統飲食文化的影響。載於黃克武（主編），**食巧毋食飽－地方飲食文化（一）**（219-242 頁）。臺北市：財團法人中華飲食文化基金會。

- 謝定源（2009）。**中國飲食文化**。杭州：杭州大學出版。

- 謝幸芳（2001）。多元文化課程的省思。**教育社會學通訊**，**29**，29-33。

- 謝明成、林龍勳（1993）。**飲料與調酒**。臺北市：大亞美術印刷有限公司出版。

- 謝明哲（2011）。現代人的健康危機及其因應之道。板橋扶輪社 Rotary Club of PANCHIAO，取自 http://www.pcrc.org.tw/art1_show.php?pageNum_address=20

- 謝明哲、楊素卿（2012）。脂、蛋白質。載於謝明哲等（作），**實用營養學（五版）**。臺北市：華杏。

- 謝明哲等（2012）。**實用營養學（五版）**。臺北市：華杏。

- 邁克爾・傑伊・弗裏德曼（Michael Jay Friedman）（2006）。節食健身勢在必行。取自 https://web-archive-2017.ait.org.tw/infousa/zhtw/PUBS/SocietyValues/22-485848.html

- 鍾文萍（2016）。如何將客家文化獨特性轉換為商業模式－好食好味客家菜。創意 HAKAKA GO，取自 https://webc.hakka.gov.tw/hakka_go/km14.htm

- 簡美玲（1994）。**奇美阿美族的野生植物文化與草藥醫療**。臺北市：山海文化。

- 醫學百科（2017）。魚露。取自 http://big5.wiki8.com/yulu_116258/#5)

- 醫學百科（2017）。蝸牛的功效與作用。取自 http://cht.a-hospital.com/w/%E8%9C%97%E7%89%9B

- 顏婉娟（2000）。**烏來泰雅族婦女飲酒經驗之探討**（碩士論文）。國立陽明大學社區護理研究所，臺北市。

- 譚鴻仁（2014）。**銅鑼地區茶產業與地方發展**。新北市：客家委員會獎助客家學術研究報告。

- 譚鴻仁（2015）。**東方美人茶的品質與地方建構：以桃園地區為例**。新北市：客家委員會獎助客家學術研究報告。

- 嚴雲翔、吳燕和、朴相美、大貫惠美子（譯）（2007）。**飲食全球化：跟著麥當勞深入亞洲街頭**（原作者：James L. Watson）。臺北市：早安財經文化。（原著出版年：2006）

- 蘇秀琴（2006）。南北客家料理各有驚喜。**客家文化季刊**，**18**，52-53。

- 釋如暘（2012）。佛學概論。福嚴推廣教育班上課講義，取自 www.fuyan.org.tw/pop_edu/v23/04